浙江师范大学
浙江省非物质文化遗产研究基地　编

第八辑

非物质文化遗产研究

集刊

陈华文　主编

浙江工商大学出版社
ZHEJIANG GONGSHANG UNIVERSITY PRESS

图书在版编目(CIP)数据

非物质文化遗产研究集刊. 第8辑 / 陈华文主编；浙江师范大学浙江省非物质文化遗产研究基地编. — 杭州：浙江工商大学出版社，2015.12

ISBN 978-7-5178-1344-6

Ⅰ. ①非… Ⅱ. ①陈… ②浙… Ⅲ. ①文化遗产一研究一中国一丛刊 Ⅳ. ①K203-55

中国版本图书馆 CIP 数据核字(2015)第 247262 号

非物质文化遗产研究集刊(第八辑)

陈华文 主编

责任编辑 梁春晓 胡亚娟
封面设计 包建辉
责任校对 王俏华 郑梅珍
责任印制 包建辉
出版发行 浙江工商大学出版社
(杭州市教工路198号 邮政编码310012)
(E-mail:zjgsupress@163.com)
(网址:http://www.zjgsupress.com)
电话:0571-88904980,88831806(传真)
排　　版 杭州朝曦图文设计有限公司
印　　刷 杭州恒力通印务有限公司
开　　本 880mm×1230mm 1/32
印　　张 11.25
字　　数 292千
版 印 次 2015年12月第1版 2015年12月第1次印刷
书　　号 ISBN 978-7-5178-1344-6
定　　价 39.80元

编委会

目　　录

非物质文化遗产传承与保护研究

城镇化发展给非遗保护带来的机遇与挑战
——基于浙东民间吹打乐生态现状调查的思考
…………………………………………… 杨和平　葛兆远/001
侗族大歌传承评估体系建设研究 ………………… 陆勇昌/008
人格化载体的培养与美学精神的传递
——浅析昆曲传承的核心内容 ……………… 胡　斌/022
昆曲传承的文化觉醒与自我救赎
——无锡"中万和堂"昆曲班调查研究
…………………………………………… 池瑾璟　吴远华/038
常州非遗展示平台建设与非遗保护教育 ………… 杨卫华/049
非物质文化遗产传承机制的构建 ………………… 陈光军/058
国家级非遗钱王传说的保护研究 ………………… 骆金伟/068
非物质文化遗产保护背景下信阳民歌的传承与发展
…………………………………………………… 李帅超/077
舟山市海洋文化生态保护区的现状及对策建议
…………………………………………… 沈奕汝　王　海/084
试论我国非物质文化遗产保护政策的推进
——兼谈对中国非遗概念的一些看法 ……… 谢　芳/094

非物质文化遗产产业开发研究

浙中文化遗产资源的整合与利用 …………………… 王巨山/109

非遗视野下戏曲脸谱的应用与发展 ………………… 陈爱国/117

黄大仙文化资源开发及其产业化系统要素的探析
…………………………………………………………… 岑孝清/129

产业化语境下民间传统手工艺的创新与发展 …… 孙发成/143

民间宗教文化资源开发中的"圣俗二元再生产"
——以台湾大甲妈祖绕境进香为例 ………… 余海霞/152

非物质文化遗产传承与传统村落保护

让乡愁有依托
——关于舟山传统村落文化保护的若干思考
………………………………………………………… 朱秀华/168

城镇化进程中村落发展与非遗传承方式探讨
——以景宁畲族自治县畲族村落东弄村为例
………………………………………………………… 王二杰/177

非物质文化遗产个案调查与研究

浅谈互联网时代少数民族民间文化的生存状态
——以在广西少数民族地区的实地调查为例
………………………………………………………… 简圣宇/185

皖南皮影戏的历史与现状调查研究 ……………… 吴衍发/198

关中地区民间泥哨的工艺与造型研究 …………… 周利明/213

传统潮州木雕民俗风物类题材分析 ……………… 郭肖蕾/223

初探嵊泗海洋剪纸 …………………… 彭 纲 吕佳燕/233
山西寿阳剪纸的生存与发展现状探析 …………… 霍文花/244
浙西南菇民宗教信仰研究 ………………………… 杨震山/254
宁强草川子村羌绣艺术田野考察报告 …………… 侯小春/273
景宁敕木山畲民生活现状调查
——基于史图博《浙江景宁敕木山畲民调查记》的比较
……………………………………………………… 钟梦迪/284
贵州安顺地戏面具视觉艺术语言的语汇研究
………………………… 朱晓君 刘思瑾 张 超/292
明代条幅书法的发展演变 ………………………… 刘 凯/304
石塘渔区宗教信仰流变与海洋传统文化保护 …… 邵银燕/317

非物质文化遗产与数字化

手工技艺类非物质文化遗产数字化档案建立原则的思考
……………………………………………………… 杨项讷/325
云南省非物质文化遗产的数字化保护述评 ……… 杨建荣/337

城镇化发展给非遗保护带来的机遇与挑战

——基于浙东民间吹打乐生态现状调查的思考

杨和平　葛兆远[1]

（浙江师范大学音乐学院　浙江金华　321004）

内容摘要　在城镇化进程的加快发展中，新的生产生活方式正在改变传统文明的生态环境，正在改变着社会的人际关系、审美取向以及由此共同孕育的种种文化的生存境遇。城镇化进程的加快，同样给以浙东民间吹打乐为代表的非物质文化遗产的保护与传承带来了新的机遇，也使其面临着严峻的挑战。本文基于对浙东民间吹打乐长时间的田野调查和分析研究，对城镇化发展给浙东民间吹打乐带来的机遇与挑战进行剖析，借此为城镇化语境中的非物质文化遗产保护问题提供参考、借鉴。

关键词　城镇化　非遗保护　浙东民间吹打乐

---

① 杨和平，男，浙江师范大学浙江省非物质文化遗产研究基地副主任，浙江师范大学音乐研究中心主任，浙江师范大学特聘教授；葛兆远，男，浙江师范大学音乐学院硕士研究生。

城镇化又称城市化，关于其内涵，诸多学者从人口学、地理学、经济学以及社会学的角度进行了不同层面的阐释。总体来说，城镇化就是由农业为主的经济社会逐渐转向工业、服务业和高新技术产业为主的现代化社会。改革开放以来，我国经济、社会、科技的发展，使城镇化水平得到不断提高。随着城镇化进程的加快，新的生产、生活方式正在改变传统文明的生态环境，正在改变着社会的人际关系、审美取向以及由此共同孕育的种种文化的生存境遇。这给以浙东民间吹打乐为代表的非物质文化遗产的保护与传承带来了新的机遇，也使其面临着严峻的挑战。非物质文化遗产是我国各族人民在历史长河中世代传习，与群众日常生活结合紧密的各种文化传统和文化样式，对非物质文化遗产的保护是我们对古代社会人民群众所创造文化的肯定。它们是文明古国历史的活态见证，也是文明古国的有机组成部分，有着重要的史学价值、学术价值、文化价值和社会价值。在中华民族5000多年的历史中，勤劳、勇敢、聪慧的中国人民在长期的社会生产生活实践中，通过思想与智慧的碰撞、理论与实践的交融，创造了形式多样、意蕴丰富，能够长期维持民族情感和维护国家统一的社会文化样式，其既包括丰富多彩的物质文化遗产，也包含弥足珍贵的非物质文化遗产。保护、传承、利用和发展好这些文化遗产对于贯彻落实科学发展观，促进社会经济、文化的全面可持续发展，构建和谐社会，实现伟大复兴的“中国梦”，都具有重要的现实意义。我们基于对浙东民间吹打乐长期的调研、采访，发现非物质文化遗产在城镇化的进程中，不仅获得了崭新的机遇，而且也面临着极大的挑战。

一、城镇化发展给浙东民间吹打乐带来的机遇

浙东民间吹打乐是浙东民间喜闻乐见的器乐演奏形式，是我国非物质文化遗产的重要组成部分。它具有鲜明的地域特色、悠久的历史意蕴、丰富的演奏内容，在浙东民间音乐中占据着十分重要的地位，广泛流传于浙江东部嵊州、宁波、舟山等地。

在漫长的历史传承与演进过程中，浙东民间吹打乐的“吹”以笛子和唢呐为主，辅之以丝弦；“打”则以“五锣”和“十锣”最具特色，这是浙东民间吹打乐的主要艺术特征。过去，浙东民间吹打乐演奏遍布浙江东部广大乡村、城镇，有专门为丧事活动服务的“道士吹打乐”、专门为婚姻喜事活动服务的“吹打唱”、专门为节日表演吹吹打打助兴的唱戏表演等多种呈现方式，在浙东民众日常生活中扮演着重要角色。随着国家对非物质文化遗产保护的重视，浙东民间吹打乐逐渐受到人们的关注。尤其是城镇化进程的加快，给浙东民间吹打乐的发展带来了新机遇。

城镇化给非物质文化遗产发展提供的机遇之一，就是科学技术的发展给其带来了便捷与新空间。我们在采访、调查浙东民间吹打乐的过程中，常常可以看到科技创新给浙东民间吹打乐发展带来的欣喜。许多浙东民间吹打乐的表演活动被刻录成光盘，使得浙东民间吹打乐的表演与演奏技巧开始有了有声有像的记载。通信技术的发展拉近了世界各地之间的距离，通信为不同区域间的吹打乐交流提供了便捷的方式方法。在一定程度上说，科学技术的发展也使浙东民间吹打乐的各个领域不断更新换代，深刻地影响着浙东民间吹打乐表演艺人生活与表演的各个方面，从根本上改变着浙东民间吹打乐表演艺人的思维方式、生活方式以及工作方式。在这种境遇之下，以吹打乐为代表的浙东音乐表演类非物质文化遗产的发展，与科学技术的延伸结合达到了前所未有的广度和深度，他们运用以计算机为代表的网络通信技术作为传播媒介和交流平台，将非遗音乐类表演活动展现给更多的受众。老艺人们也积极主动通过视频录制将传统的表演技艺传承发展，极大地改变了传统的言传身教的传承方式。吹打乐的表演通过科技传媒的音乐创作和制作，其表现力、影响范围等都得到不断增强和扩大。城镇化进程中科学技术的发展为我们探索音乐表演类非遗项目的发展提升了科技含量，为音乐表演类非遗项目的传承传播提供了媒介、空间、方式和方法，促进了音乐表演类非遗项目的发展、交流与创新。

如何利用好这一机遇更好地保护与传承非物质文化遗产，是我们当代所要反思的重要问题。

城镇化给非物质文化遗产发展提供的机遇之二，就是国家、政府对非物质文化遗产的重视。2011 年，《中华人民共和国非物质文化遗产法》颁布，在这之前我国的《宪法》《民族区域自治法》《著作权法》《教育法》等虽然不是从保护非物质文化遗产的角度制定法律，但都从一定角度为非物质文化遗产保护提供了法律依据。[①] 根据国家一系列政策法律文件的精神和要求，2007 年 2 月 10 日，浙江省印发《浙江省非物质文化遗产代表性传承人申报与认定办法》的通知，3 月 15 日，浙江省文化厅印发了关于《浙江省非物质文化遗产名录评审工作规则（试行）》的通知，仅隔两个月的 5 月 15 日，浙江省印发《浙江省非物质文化遗产代表作申报与评定暂行办法》和《浙江省非物质文化遗产代表作保护与管理暂行办法》的通知，6 月 7 日，浙江省文化厅印发了贯彻《浙江省非物质文化遗产保护条例》的通知，它们为浙江非物质文化遗产保护提供了法律保障。我们在对浙东民间吹打乐调查、采访过程中，发现浙江省各个县市、各个乡镇对法律文件的决策力、执行力都有着较大的影响。以浙东民间吹打乐为代表的非物质文化遗产的开发与保护，必须紧紧依靠法律所具有的效力去执行，法律的至高性为非物质文化遗产的保护提供了坚强的后盾。浙东民间吹打乐的发展传承与国家非遗法、浙江非遗法规以及地方的非物质文化遗产保护条例密不可分。同时，浙东地区深入贯彻各级政府颁布的非物质文化保护法和条例，也为浙东民间吹打乐的发展提供了保证和机遇。在法律的效应下，以浙东民间吹打乐为代表的非物质文化遗产会有更为广阔的发展空间。

浙江历史文化悠久，人文内涵丰富，是文化资源大省，也是

---

① 康保成：《〈中华人民共和国非物质文化遗产法〉形成的法律法规基础》，《民族艺术》2012 年第 1 期，第 47 页。

非物质文化遗产存留大省，城镇化发展对这一区域的非物质文化遗产保护带来的另一机遇就是国家对教育投入的重视。教育教学途径是最快、最直接弘扬、保护与传承非物质文化的主要方式。我们通过调查、采访发现，浙江民间吹打乐进校园活动开展得十分普遍，像奉化云溪村和萧王庙中心小学就是“奉化吹打”的两个主要传承基地，聘请吹打乐国家级非遗传承人汪裕章进行授课。其他地区如嵊州、海宁、舟山、镇海、余姚、慈溪、象山、宁海等地，吹打乐进校园的案例也不胜枚举。以浙东民间吹打乐进校园为主要途径的浙江非物质文化遗产的发展，在学校的传播、传承中对其产生了较大的影响，它能够使非物质文化遗产的影响时间从横向的了解引向纵向的深知。因此，非物质文化遗产进校园的价值和意义不仅在于使学生学到了知识、欣赏了我国传统的文化艺术，也使其充分地领略了我国传统文化的魅力，最重要的是使学生作为我国优秀文化传承的使者，为文化的传承、发展和创新贡献力量。

二、城镇化发展给浙东民间吹打乐带来的挑战

任何事情的发展都有两面性，都会面临机遇与挑战并存的局面，以浙东民间吹打乐为代表的非物质文化遗产在城镇化的发展中亦是如此。近些年来，以信息科学技术为代表的城镇化发展，在给非物质文化遗产的传承、发展与创新注入活力、带来机遇的同时，也产生了诸多挑战。新的传播媒介不断涌入，电视机、电脑的使用使我们的生活更加丰富多彩，人们的娱乐审美发生了新的转变，新潮文化、流行文化带来的视觉盛宴和富于冲击力的听觉感受吸引着大众的审美视听，从而一定程度上导致人们对传统民间单一的音乐文化兴趣的淡化和减少。现代化的国际影院和国外影视作品以及各种娱乐节目对我们眼球的冲击，使我们的传统文化在当下电视媒体中的收视率捉襟见肘，传统音乐的受众正在日渐缩小。因此，以浙东民间吹打乐为典型代表的浙江非物质文化遗产如何面对上述问题，如何突破上述不

利因素的藩篱，是值得我们深思的问题。以现代科技为代表的影视传媒，在城镇化的发展中日趋增强，传播媒介间的互相交汇能力也正逐渐发展，非物质文化遗产中的音乐表演类节目如何能够在以科技化为代表的新式传媒中生存、发展，这更是值得我们关注和反思的重要方面。我们是固存传统，一味保守地继承传统文化给我们留下的宝贵遗产，还是在传统文化原有的基础上结合现代社会城镇化发展实际走出一条创新之路；我们是固守传统遗留，使其成为文化死水，还是积极创新使其符合社会当下，源远流长地继续存在？城镇化的发展，使非物质文化遗产的保护、传承、发展和利用都面临着严峻的挑战。如何将这种挑战转化为机遇、转化为力量，是使光辉灿烂的中华文化继续传承的关键所在。

浙东民间吹打乐在城镇化发展中面临的最重要的挑战在于民间表演艺人的日趋消逝，浙东民间吹打乐表演艺人队伍老龄化现象非常严重，中青年表演艺人十分稀缺，年轻一代对浙东民间吹打乐这一民间非物质文化项目不感兴趣，传承艺人处于断层的局面，面临着青黄不接的尴尬境遇。其次，浙东民间吹打乐表演艺人的文化素质普遍较低，许多老艺人都没有上过学或者说仅有小学文化程度，这在一定程度上给浙东民间吹打乐的发展带来很大的障碍，直接影响其传承、创新与发展。再次，一部分年轻的吹打乐表演艺人为了生计，不得不改行或者外出务工，也一定程度上导致了民间吹打乐表演艺人的减少，演出团体的骨干人员中青年也在日渐减少。很大一部分浙东民间吹打乐班都是自发组织的演出群体，艺人的专业性不强，技艺十分薄弱，这就容易导致浙东民间吹打乐的部分精品流失。同时，浙东民间吹打乐还存在部分表演艺人对吹打乐表演删繁就简或者东拼西凑的现象，造成演出活动趋于形式，导致浙东民间吹打乐中很多有艺术价值、审美价值和历史意蕴的经典乐曲逐渐变异、扭曲、流失。这一切都是造成浙东民间吹打乐面临着失传危险的重要原因，也是浙东民间吹打乐在城镇化进程中面临的极大

（二）侗族大歌歌师现状

本文所指的侗族大歌歌师是指熟练掌握侗族大歌的表现形态、演唱形式、演唱技艺的，具有丰富的侗族大歌演唱经验且长期是侗族大歌歌队成员或掌握丰富的侗族大歌乐曲和歌词内容，又具有即兴创作歌词和应对歌词能力，在一定区域内被公认为具有较大影响的侗族大歌歌手。

（三）侗族大歌传承评估体系指标

以侗族大歌非物质文化遗产代表性传承人的生存状况和传承状况为基本框架，用定性定量相对客观的科学分析方法，建立侗族大歌传承评价体系。本体系评分标准为百分制：60 分以下为濒危传承，60—80 分为社会认可良好传承，80 分以上为优秀传承。具体量化定性细则见表 1：

表 1　侗族大歌传承人（项目）评估体系指标评分细则

序号	项目	评分说明	评分细则	分值	
				基准分	评估分
1	传承人（歌队）数量	符合条件之一 10 分	侗族大歌国家级、省级传承人数量达 10 人以上为 10 分或歌队达 100 支以上；市（州）传承人达 60 人以上或歌队达 100 支以上	10 分	
2	传承方式	传承方式达两种以上 10 分	侗族大歌传承方式的科学性和多样性。这里的科学性是指侗族大歌的传承方式符合社会发展规律并为大众所认可，如师徒传承、群体传承（含社会集体传承、学校教育传承）、家庭（族）传承、自然传承等（社会环境和氛围影响）	10 分	

续表

序号	项目	评分说明	评分细则	分值	
				基准分	评估分
3	文化生态空间	文化生态环境的变化指的是与20世纪90年代前做对比	这里的文化生态空间主要是指与侗族大歌流传地密切相关的文化、农耕、自然生态保存情况，主要是指侗族大歌所依存的自然生态环境和人文生态环境。包括：自然生态环境、侗语的使用、服饰的保存、村寨建筑保存状况、农耕情况、民族节日情况、侗戏的生存状况、打工经济情况、婚姻状况、教育状况等综合因素	20分	
4	传承人经济及文化消费		传承人在本村寨的经济情况指侗族大歌传承人经济收入情况、经济负担情况（含家庭经济收入支出情况）、在本村寨中的经济地位；文化状况是指传承人文化程度、文化消费情况	10分	
5	项目资源开发度		指侗族大歌与市场的相容度，目前市场开发（商演）状况，侗族大歌的歌队、歌师的外出演出市场活动及收入情况	10分	
6	社会认可度		本村寨及流传地群众对侗族大歌的认可度、受众面和参与面，侗族大歌歌队或歌师的外出演出情况（含获奖情况、演出的地域性等）	10分	

续 表

序号	项目	评分说明	评分细则	分值	
				基准分	评估分
7	政府重视程度		指各级政府为保护和传承侗族大歌制定的政策、办法、措施及条例等；各级政府将侗族大歌的保护与传承纳入政府的社会经济文化发展总体规划，并给予积极的组织机构和财政支持	10 分	
8	培训学习获奖情况		侗族大歌传承人（歌队）外出到市（州）以外的地区进行演出、学习、交流、培训的次数，传承人（歌队）所获得的县级以上的表彰情况	10 分	
9	进校园情况		侗族大歌进校园的时间、校园数、师资力量，侗族大歌校园教材的编写，进校园的资金支持，受众学生范围（班级及人数），进校园的成果（会唱 5 首以上侗族大歌的学生数，外出参加各种学习交流和取得的成绩情况）	10 分	

（四）当前侗族大歌的传承情况分析及结论

本文对侗族大歌评估体系的分析局限于侗族大歌的主要流布地即黎平县、从江县、榕江县三县地域而言。

1. 传承人（歌队）数量（满分 10 分）

三县侗族大歌国家级代表性传承人 4 人，省级代表性传承人 7 人，县级代表性传承人 202 人；歌队数 102 支。评分 10 分。

2. 传承方式（满分 10 分）

经走访传承人和村寨，现侗族大歌流传地的传承方式有：家庭(族)传承和群体传承(主要是学校教育传承)两种形式,个别村寨保留有师徒传承和自然传承的方式。考虑到家庭传承的数量和群体传承的功利性和效果,本项评分为8分。

3.文化生态空间(满分20分)

侗族大歌流行于贵州省的黎平县、从江县、榕江县以及周边的溶江河一带和毗连的部分村寨。主要流传地的侗族人口约60万人,约占流传地总人口的58%。自然生态环境良好,是贵州重要的林木保护和生产基地。文化生态环境较20世纪90年代前有较大变化,主要表现在侗语的使用,现虽仍然较为普及,但年轻一辈(30岁以下)在日常用语中出现了汉语与侗语交叉使用的现状。侗族节日习俗人数、规模及功能意义已发生很大变化,不再以娱神和恋爱婚姻为主,而是更多以娱人、舞台表演和吸引外来游客为主。侗族服饰穿戴也发生了很大的变化,汉装的穿戴已占日常生产生活的主要部分,侗族服装的穿着大多仅为节日或表演时的需要。村寨建筑保存现况较好,特别是近年来政府对民族村寨、花桥和鼓楼的重建或修复,至今大多数侗族村寨的建筑保存相对较为完整。侗族大歌与侗戏是一对孪生姊妹,侗戏流传地自然也是侗族大歌的分布区,许多传承人是集歌师与戏师于一身,如侗戏始祖吴文彩既是戏师又是歌师,现今侗族大歌的国家级传承人吴仁和也是一位远近闻名的侗戏师,但政府和社会对侗戏和侗歌的认知和重视不同,加之侗歌的适应社会的变化效应,至今侗戏的流布地已呈下降趋势。据不完全统计,现在侗族地区的85%以上的中青年(40岁以下)已外出打工,而这一部分人为侗族大歌的主要传承者,因此,从某种程度上说,打工经济已成为制约侗族大歌传承发展的主要因素之一。侗族的婚姻状况同样会成为侗族文化不断传承发展的纽带,至今,大多数的村寨,侗族人同侗族人通婚,仍然是主流,但也出现了外出打工者或在外读书后的学生与外族通婚的现象。现代教育也是侗族大歌改变传承方式的主要因素之一,传统的家族传歌、歌师教歌、歌队学歌的局面现已基本不存在,反之,以校园教歌的学歌模式正逐渐成为主流，据不完全统计，现三县能够正常开展侗族大歌进校园活动并做得比较好的学校有黎平四小、岩洞中学、小黄小学、高增小学、龙图中学、往洞中学、车民小学、车江中学、载麻中学等30余所中小学。综上所述，这一部分属于侗族大歌保护传承发展的主要组成部分，也是侗族大歌自然和文化生存的主要土壤，影响甚至维系着侗族大歌的生态平衡。本项综合评分为12分。

4. 传承人经济及文化消费（满分10分）

侗族大歌2005年12月第一次进入贵州省第一批省级非物质文化遗产名录。如果说，按照2012年贵州农民人均收入4800元的标准来衡量贵州省的侗族大歌的代表性传承人的经济收入状况，则可以看出，无论是国家级的传承人，还是县级传承人，他们的年人均收入基本上刚达到甚至低于4800元的收入水平。从走访的多位传承人可以看出，打工收入（大部分传承人都会以到酒店、景区或参加艺术文化演出团唱侗族大歌为外出打工收入方式）和家庭种养殖是他们收入的主要构成。在国家级代表性传承人中，吴品仙、吴仁和、吴官美、潘潘萨银花都因年龄等原因（最大86岁，最小58岁），经济收入是每年国家补助的1万元传承经费和在家的种养殖经济，相对于整个村寨来说，他们的经济状况确实有了很大的改变；而众多的县级传承人则只能靠外出打工和家中种养殖经济了。就文化消费而言，他们的文化支出，主要是用于购买年历这样的家庭用书，或者说就文化消费而言并没有真正地从这样的消费中提高和扩大他们对侗族大歌的传承水准和速度。本项评分7分。

5. 项目资源开发度（满分10分）

侗族大歌是侗族多声部、无指挥、无伴奏的民间合唱形式，包括声音歌、柔声歌、伦理歌、叙事歌等。“众低独高”是其传统的声部组合原则，优美和谐是其鲜明的艺术品格。其“如清泉般闪亮的声音”现日益受到广大民众的欢迎，同时，作为一种与市场相容性较高的民族艺术，在市场开拓上也正取得一定的成绩。如黎平县“黔·蝉之歌”艺术团，黎平县岩洞吴金燕组织的“侗族大歌队”等，他们正将侗族大歌艺术试水商演，进入市场。此外，就市场开发的角度，现在的从江小黄村的侗族大歌队、黎平岩洞的侗族大歌队等私立艺术团体现正逐渐为外地的景区或艺术团甚至政府间的文化合作交流活动所认识和接受，这些侗族大歌艺术团常常被作为指名的艺术嘉宾出场演出。当然，说到演出的经济收入，据不完全统计，无论是完全市场行为的商演还是政府或企业给予一定补助形式的商演，其收入状况还不能与其艺术水准相匹配。本项目评分为 4 分。

6. 社会认可度（满分 10 分）

在侗乡，最受人尊重的是歌师、戏师，有这样一句侗语格言——“歌师千人敬”，可见侗歌师在侗族人心中的地位。从调查走访中了解，一方面，现在的侗歌师大多仍是寨中的寨老，因他们具有一定的文化知识，并且近年来随着各种文化交流活动的增多，他们外出参加演出的机会早已不局限于本村本寨，所见到的事或物也相应地增多，获得的外界信息也成了他们知识的一个重要组成部分。另一方面，他们所获得的奖项或物资也成了他们经济地位和政治地位的代表，从某种程度上说，是政府和社会给予认可的结果。本项 8 分。

7. 政府重视程度（满分 10 分）

侗族大歌从 2005 年 12 月进入国家级非物质文化遗产名录到 2009 年 9 月进入“人类非物质文化遗产代表作名录”，这是国家重视侗族大歌这一人类珍贵文化遗产的重要体现。就具体的工作而言，2011 年，贵州省制定了《贵州侗族大歌 2011 年—2015 年保护规划》；黎平县 2011 年制定了《侗族大歌保护办法》；从江县制定了《从江县非物质文化遗产传承人管理办法》；榕江县制定了《榕江县侗族大歌五年保护工作规划》。就经费保障而言，三县的侗族大歌保护经费从 2009 年到 2012 年共投入

400 余万元。就组织保障机制而言，黎平、从江建立了非物质文化遗产办公室，榕江县也在文化馆内设立了非物质文化遗产办公室，对包括侗族大歌在内的县域非物质文化遗产进行了有效的保护。从政府的层面，三县每一年或两年也都会举办以侗族大歌为主题的民俗节活动，如黎平县的“侗族鼓楼文化艺术节”，从江县的“侗族大歌节”。这些民俗活动的举办，为侗族大歌的民俗土壤恢复打下了良好的基础。本项评分为 7 分。

8. 培训学习获奖情况(满分 10 分)

侗族大歌作为民间复调式音乐，早在 20 世纪 50 年代便引起了国内音乐界的关注，之后到 2009 年 9 月进入人类非物质文化遗产代表作名录，更是得到了世界各国人民的珍视。以下为 20 世纪 50 年代至今侗族大歌传承人或侗族大歌队参加的重要比赛或活动及所获得的荣誉。

1953 年 3 月，黎平岩洞女歌手吴培信、吴山花、吴惜花、吴秀美四位姑娘参加全国首届民间音乐舞蹈会演，第一次登上中南海怀仁堂演唱侗族大歌《嘎亮雷》(蝉之歌)，受到观看演出的中央领导和首都观众的热烈赞赏和欢迎，中国音协的专家给予了“幕落音犹在，回味有余音”的高度赞誉。

1955 年，又是岩洞的姑娘吴全妹等组成的黎平民间合唱团在北京演唱侗族大歌并第一次被中央人民广播电台录制成唱片，发行全国。

1986 年 9 月，来自贵州黎平的侗族姑娘吴玉莲、吴水英、吴培三、吴培妮、吴培焕、陆俊莲、陆德英、杨水仙、石明仙 9 人组成贵州省黔东南侗族女声合唱团，应法国巴黎秋季艺术节的邀请赴法演出，取得了巨大的成功。艺术节执行主席马格尔维特说：“在东方一个仅百余万人的少数民族，能够创造和流传这样古老、纯正、闪光的声乐艺术，在世界上实为少见。它不仅受到法国观众的喜爱，就是全世界人民也都会喜爱的。”

2000 年 11 月，黎平侗族大歌队应邀参加中国第五届合唱节。同年，贵州电视台到黎平拍摄《侗族大歌——人与山水的和声》,该片获第十五届中国电视文艺“星光奖”专题类节目一等奖。

2001 年,黎平县侗族大歌艺术团获得“非常可乐杯”我最喜爱的春节联欢晚会节目评选“民族对歌”特别奖。

2002 年 10 月 3 日,第二届黎平·中国侗族鼓楼文化艺术节开幕式展演了《大歌之都颂》,2000 多人共唱侗族大歌。节日期间在黎平召开“侗族大歌国际学术研讨会”,这是迄今为止召开的关于侗族大歌的最高级别的学术会议。

2002 年 10 月 18 日,黎平侗族大歌艺术团 6 名侗族姑娘,应邀参加在台北举办的“国际民间合唱学术研讨会”。

2004 年 2 月,贵州省黎平县岩洞中学侗族大歌队 15 人代表贵州省中小学生赴北京参加全国第一届中小学生艺术展演,夺得声乐类二等奖。

2004 年 8 月,第三届中国“博艺杯”童声合唱节在云南昆明举行,贵州省黎平县岩洞中学和口江中学联合组成的侗族大歌合唱队一举夺得 6 项金奖。2005 年在中央电视台全国青年歌手大奖赛中获得原生态组银奖。

2006 年 7 月,在第十二届全国青年歌手电视大奖赛中,由黎平侗族姑娘吴宇珍、杨丽等参加的侗族大歌蝉之歌组合,荣获大赛原生态唱法个人单项决赛银奖和“观众最喜爱歌手”奖,取得贵州省代表队参加青歌赛的最好成绩。

2006 年 7 月,在厦门举行的世界合唱节上,由 60 位黎平县侗族少年演唱的侗族大歌《布谷催春·蝉之歌》获得金奖。2007 年在中央电视台全国青年歌手大奖赛中获合唱铜奖。

2007 年 10 月,黎平县侗族大歌合唱团参加“全国首届社会主义新农村合唱大会”比赛,夺得一等奖。

2008 年 3 月,在第十三届全国青年歌手电视大奖赛中,由黔东南苗、侗歌手组成的侗族大歌代表队以演唱无伴奏、无指挥、无定调的天籁之声荣获合唱比赛铜奖。

2008 年 7 月,贵州黎平侗族大歌合唱团在奥地利举行的第五届世界合唱比赛中获合唱类金奖。

2008年10月，在第二届“多彩贵州”歌唱大赛上，贵州从江小黄男生侗族大歌队斩获原生态唱法“金黔奖”。

此外，2012年6月侗族大歌国家级非物质文化遗产传承人吴品仙获“中华非物质文化遗产薪传奖”。

本项评分为9分。

9.进校园情况（满分10分）

侗族大歌进校园始于20世纪80年代初的榕江县，现据不完全统计，三县能够正常开展侗族大歌进校园活动并做得比较好的学校有黎平四小、岩洞中学等30余所中小学校。在这些学校中都已配备了相应的师资力量。但我们应清醒地看到，在现行教育体制和教学目标下，学校的民间文化（包括侗族大歌）进课堂大多属于任务型阶段，学生的侗族大歌教育仍属于启蒙教育。本项评分为6分。

四、结　论

综上所评，侗族大歌项目文化遗产保护传承状况为71分，属良性传承状况项目。藏歌于民，传歌于世，侗族大歌的传承发展有着良好的发展基础，尽管侗族大歌生存的文化生态环境发生了很大的变化，但我们欣喜地看到，侗族大歌的传承方式和途径也发生了极大的变化，并逐渐地适应了这个时代的发展，侗族大歌的传承发展至今仍有强大的生命力。

我国丰富多彩的非物质文化遗产是民族文化的多元要素，同时构成了绚丽多姿的生活色彩，保护非物质文化遗产的最好方式就是传承。“活态”性是非物质文化遗产的基本特征，传承人是保护非物质文化遗产得以传承的关键因素。因此，对非物质文化遗产的保护，归根到底是对传承土壤、传承环境和传承人的保护。在这里提出建立非物质文化遗产传承人生存状况评估体系的目的，就是用科学的方法，采取定量分析的方法动态评估传承人，为非物质文化遗产的保护与传承做出社会公允的评判。

人格化载体的培养与美学精神的传递①

——浅析昆曲传承的核心内容

胡　斌②

（浙江师范大学文化创意与传播学院
浙江金华　321004）

内容摘要　作为非物质文化遗产的昆曲艺术，其传承内容从表象上看首先是这门“场上艺术”的“人”和“戏”。为了实现“人戏合一”的传承目的，必须选择合适的人才作为演员培养对象，并按照行当的归属进行唱念传习和形体教学。在昆曲表演艺术的传承实践之中，昆曲表演人才的培养和昆曲剧目的继承是一个相互依存、共生共长的过程，两者共同构成昆曲艺术人格化的载体。事实上，昆曲在六百年的发展历程中已经凝练出一套精确、严谨、系统的舞台表演美学，昆曲传承除了技艺层面“唱、念、做、打”的表象内容之外，还包括昆曲表演艺术内在的美

---

①　本文是浙江省重点研究基地江南文化研究中心社科规划立项课题“江南地区昆曲传承形态研究”（项目编号：14JDJN01Z）、浙江省教育厅科研项目“浙江昆曲教育模式研究”（项目编号：Y201328466）及浙江师范大学人文社科一般研究项目“陈与郊杂剧研究”（项目编号：SKYB201136）的阶段性成果。

②　胡斌（1982—　），男，浙江缙云人，浙江师范大学文化创意与传播学院讲师，文学博士（戏剧戏曲学），研究方向：中国戏剧史。

学精神，而这恰恰是昆曲艺术的精华所在。因此，从本质上说，“人戏合一”与“美学精神”，才真正共同构成了昆曲传承的两方面核心内容。

关键词 昆曲传承 人格化载体 美学精神

昆曲，作为一种文化形态，它首先是一门舞台表演艺术，而构成“场上艺术”主体的是“人”和“戏”，这两者在这一文化形态中占有至关重要的位置。因此，从表象上看，昆曲传承的核心内容有二：一是人，即演员的培养；二是戏，即剧目的继承。事实上，这两部分的传承内容是交织共生、协同发展的。当成熟的演员在舞台上搬演经典剧目之时，人和戏两者合为一体，不可分割，共同构成了昆曲传承的核心内容。与此同时，作为文化形态的昆曲，自然而然承载着它自身独有的美学精神。故而从昆曲传承活动的深层次来看，历朝历代的昆曲传承实践之中，始终有意无意地也包含了昆曲古典美学精神的传递。“人戏合一”与“美学精神”，一表一里，形具神生，共同构成了昆曲传承的核心内容。

一、人格化载体的培养

任何一项非物质文化遗产，其传承过程都是以人的智能及其表现形式为主体来实现的。保护这些非物质文化遗产最根本的措施就是要保护传承人和培养新的传承者。作为昆曲艺术来讲，其保护和培养的核心对象就是人——演员。简单地说，昆曲艺术长远的发展，根本上依赖于一代又一代可以演好昆曲剧目的好演员。

演员作为戏剧、电影、音乐、舞蹈、曲艺、杂技等表演者的通称，在昆曲艺术中，则指运用昆曲表演艺术，把传奇剧本的文学人物形象创造成为舞台人物形象的表演者。演员是创作者，角色是作品，那么演员是怎样成为创造的角色的呢？简而言之，是用自己的身体、声音和感情作为工具和材料进行创作的，所以说演员的艺术是三位一体的艺术。昆曲乃至所有的表演艺术，归根结底的体现者都是演员。要成为一个优秀的昆曲演员，塑造出成功的角色，必须在三位融为一体之前进行不断的训练。所以，昆曲传承实践是一个以培育优秀演员为目的的过程，也就是昆曲艺术人格化载体培养的过程。那么，什么样的昆曲演员称得上优秀呢？一个优秀的昆曲演员需要通过哪些方面的训练？历史上有许多关于这些问题的详细论述。

（一）选材与行当

“选材”就是挑选合适的人才进行演员训练，并且最终要达到一定的训练目标。历史上，曾有很多关于演员培养目标的论述：早在元代，胡祗遹就曾对演员提出“九美”的要求，不但包括了形体素质、风度气质和生活修养，而且还分别提出了念白、歌唱、表情、节奏掌握等方面的要求；到了明代，戏曲理论家们对于演员表演的研究比元代更加深入，观点准确、独到。潘之恒在他的《鸾啸小品》卷二《仙度》一文中，称赞杨姬“其度若仙”，如此描述道：

> 人之以技自负者，其才、慧、致三者，每不能兼。有才而无慧，其才不灵。有慧而无致，其慧不颖。颖之能立见，自古罕矣！[①]

潘氏此说颇具见地，他认为一个好演员的艺术素质应该包括“才、慧、致”等三方面的内容。“才”是才华，“慧”是智慧，“致”是风致，三者之间相互关联，缺一不可。

潘之恒所提出的高要求，是一个演员通过专业训练和舞台实践之后所能达到的境界，也是检验昆曲人才培养成果的一个重要标准。一个演员若要达到这样的表演境界，最基本的前提

---

① ［明］潘之恒：《鸾啸小品》卷二《仙度》。汪效倚辑注：《潘之恒曲话》，中国戏剧出版社 1988 年版，第 42 页。

就是他（或她）必须是一个“可造之材”。清代戏曲家李渔，本人集编剧、导演和家班主人三重身份于一身，因而他自然而然肩负着训练和培养演员的任务。在昆曲传承领域，他是行家能手，真知灼见良多，在其著中就有关于“取材”的详细论述：

> 取材维何？优人所谓“配脚色”是已。喉音清越而气长者，正生、小生之料也；喉音娇婉而气足者，正旦、贴旦之料也，稍次则充老旦；喉音清亮而稍带质朴者，外末之料也；喉音悲壮而略近噍杀者，大净之料也。至于丑与副净，则不论喉音，只取性情之活泼，口齿之便捷而已……①

李渔认为，取材就是给演员安排一个合适的行当，不同的演员，各有长短优劣，比如说，根据自身的嗓音条件来选择行当就是很科学的一种方法。行当的区分，是培养演员的前提和基础，同时也是昆曲传习的重要内容，按照行当去教学，是培养昆曲人才最为基本的一个原则。

行当主要是指戏曲演员的分工，根据角色的不同类型予以划分。昆曲诞生之初，行当基本沿袭了南戏的旧制，分生、旦、外、贴、丑、净、末七色；到了晚明，王骥德在《曲律》中提及的角色家门有十一色；清乾隆时李斗在《扬州画舫录》中记录了“江湖十二色”。到了近现代，昆曲与京剧和其他地方戏不断交流新的角色分工，在生、旦、净、末、丑五大类基础上派生出二十多个家门细流，主要有：大官生、小官生、巾生、穷生、雉尾生、老旦、正旦、作旦、四旦、五旦、六旦、大面、白面、邋遢白面、老生、副末、老外、小丑、副丑、杂。其中的大面、老生、官生、正旦，最能体现一个班社的艺术水准，这四个行当也俗称“四庭柱”。另外，历代艺人也有将昆曲十个基本家门合为“十大庭柱”，即净、官生、巾生、老

---

① ［清］李渔：《闲情偶寄》，北京燕山出版社 1998 年版，第 128 页。

生、副末、正旦、五旦、六旦、副丑、小丑。对于昆曲传承来说，演员学艺，总是要先划定行当，才可以选择教师和学习内容，如果学艺中途因主客观原因要更换行当，也就代表着很可能要更换教师和学习内容。一个出色的昆曲演员，必然能在所从事的行当里有一定的造诣，必然能演绎好性格、年龄、身份、地位、气质相对接近的一类角色，这也是昆曲教学以行当为基础的优势。

生、旦、净、丑，不但作为四个门类、四大支柱构成昆曲的行当体制，而且各行当都创造了许多各自的看家戏，这些戏的出现，标志着某一行当发展的成熟。在长期的演出、流传过程中，广大昆曲爱好者将演出剧目与俗称熟语联系起来，从而形成一大批“俗称剧目”。比如，小生有“风花雪月”“琴棋书画”“书见惊”“三醉”和“三访”等；旦角有“衣西翡蝴”“一门九娘”“三母戏”和“三刺”等；净角有“七红八黑”等；老生有“三法场”“三赋”“三扁担”等；丑角有“五毒戏”和“油葫芦”等。这些剧目涵盖了昆曲艺术的生、旦、净、末、丑各个表演行当，显示出昆曲悠久的历史和深厚的家底。“传字辈”[①]丑角演员王传淞就曾经这样描述：

> 在我们昆曲副丑行当中，打基础的戏很多，有不少是规定的必修课，譬如“五毒戏”。老先生教戏时，先挂起一幅立轴，上面有钟馗驱“五毒”的内容，让我们看看清楚五种传说中有毒的生物。所谓“五毒”，是从民间传说中来的，相传是蜈蚣、壁虎、蛤蟆、蜘蛛和蛇。但是有几种其实是无毒的，如壁虎、蜘蛛和蛤蟆，因为生得形状可怕，所以也受了冤枉，千百年来成为“五毒”的象征。[②]

---

① 关于“传字辈”的统称，不同材料中的标示不同，有“传”字辈，有“传字辈”，也有不加双引号的情况。本文统一使用“传字辈”这一用法。

② 王传淞：《丑中美——王传淞谈艺录》，上海文艺出版社 1987 年版，第 44 页。

昆丑的看家戏“五毒戏”，即《下山》《问探》《游街》《羊肚》《盗甲》，这五出戏唱做繁重，文武俱全，通过剧中丑角的特殊表演，形象地模拟蛤蟆、壁虎、蜈蚣、游蛇、蜘蛛五种有毒动物的形态。从昆曲传承角度来看，类似这些本行当“肉头戏”的学习，能够为刚刚定位归行的青年学员打下扎实的学艺基础，能够迅速地帮助学员掌握本行当的表演特点，举一反三，事半功倍，掌握用本行当的艺术语汇去创造角色。事实上，这是昆曲培养演员的一个传统，也是培养青年演员行之有效的途径和内在规律，即采用学习剧目的方式来饰演人物、把握人物、塑造人物，并同时兼顾学习和传承本行当的技艺。

（二）唱念传习

戏曲艺术包含唱、念、做、打四个部分的技艺层面，唱和念是属于演员“三位一体”的表演中的声音部分。“昆曲唱曲念白在实践中的重大成就，是在于引入并消化了我国历史悠久的四声音韵学说。传统音韵学中的四声（指平声、上声、去声、入声四种调类）、五音（指喉音、舌音、牙音、齿音、唇音五种以发声器官部位命名的字音）、四呼（指开口、齐齿、合口、撮唇四种发声口形）诸说被转化为追求昆曲‘字正腔圆’‘传情达意’的基础理论和基本技法。”①

这些基本技法，就是长期的昆曲传承实践过程中总结出来的教学方法，对于规范和提高演员的唱功和念功，具有积极的指导意义。

明代中叶以后，开始涌现出不少与唱曲相关的专业论著。如沈宠绥的《度曲须知》，全书共三十六章，着重解说了南北曲的演唱方法和技巧，为演员的唱法训练提供了重要的参考。至清中叶，徐大椿的《乐府传声》在昆曲演唱的字音、口法、腔法、声情处理等方面，更做了科学且深入浅出的论述，较《度曲

---

① 顾聆森：“唱念音韵”词条。吴新雷主编：《中国昆剧大辞典》，南京大学出版社2002年版，第504页。

须知》有所发展。此书的问世，对于纠正演员学唱中的毛病，熟练地掌握口法技巧，甚至如何到位准确地传递感情，都具有重要的教育价值。

李渔的《闲情偶寄》“声容部”也有关于“正音”的论述：

> 正音维何？察其所生之地，禁为乡土之言，使归《中原音韵》之正者是已……正音改字，切忌务多。聪明者每日不过十余字，资质钝者渐减。每正一字，必令于寻常说话之中，尽皆变易，不定在读曲念白时。若止在曲中正字，他处听其自然，则但于眼于依从，非久复成故物，盖借词曲以变声音，非假声音以善词曲也。[①]

“正音”主要是从昆曲演唱需要出发，强调遵循《中原音韵》，尊苏州吴音为正音。在昆曲传承过程中，“正音”是最为重要的内容，即一个演员“唱”和“念”的基本功。在《闲情偶寄》“演习部”中，李渔还专门详细介绍了如何习曲，从“解明曲意”“调熟字音”“字忌模糊”“曲严分合”“锣鼓忌杂”“吹合宜低”等方面进行了专门分析。李渔家班的台柱演员乔复生本是山西平阳人，王再来是甘肃兰州人，都不是苏州人氏，但经过李渔的正音训练后，规范了口语，掌握了标准的昆曲发音，演出时获得一致认可。

清代王德晖、徐沅澂合著的《顾误录》，更是详细论述了唱曲的基本要领，合称为“度曲八法”，分别是审题、叫板、出字、做腔、收韵、换板、散板、撤声。另外，他们还总结了“度曲十病”，即方音、犯韵、截字、破句、误收、不收、烂腔、包音、尖团不分、阴阳含混。这些习曲的经验之谈，都是艺术家们在长期的实践过程中总结出来的，对于后世的昆曲传承都产生了深远的影响。

---

① ［清］李渔：《闲情偶寄》，北京燕山出版社 1998 年版，第 129 页。

(三)形体训练

唱和念是昆曲表演中的声音部分,而做和打就是属于形体的部分,同样需要经过规范的系统训练。除了“取材”和“正音”,李渔也对昆曲演员的“习态”做了独到的论述:

> 态自天生,非关学力,前论声容,已备悉其事矣。而此复言习态,抑何自相矛盾乎?曰:不然。彼说闺中,此言场上。闺中之态,全出自然。场上之态,不得不由勉强,虽由勉强,却又类乎自然,此演习之功之不可少也。生有生态,旦有旦态,外末有外末之态,净丑有净丑之态,此理人人皆晓;又与男优相同,可置弗论,但论女优之态而已。男优妆旦,势必加以扭捏,不扭捏不足以肖妇人;女优妆旦,妙在自然,切忌造作,一经造作,又类男优矣……①

“习态”,是对演员身段规范的要求。李渔关于“自然”的论述以及男旦和女旦表演尺度的掌握,对于今天的表演艺术依然有很大的研究价值。整体看来,李渔对于演员的教育,始终是以演员为中心,这种教育理念是科学的,他所列出的表演要求和标准,在今天的教学和演出实践中依然在沿用。

李渔之后,黄幡绰的戏曲表演专著《梨园原》(原名《明心鉴》)对戏曲的形体训练做了更为细致的理论概括,主要有“辨八形”“分四状”“眼为引”“头微晃”“步宜稳”“手为势”“镜中影”和“无虚日”。比如说“辨八形”,就是指舞台上人物的表情、形体动作的表现。所列的“贵”“富”“贫”“贱”“痴”“疯”“病”“醉”八种人物的状态,联系起“面容”“眼神”“身段”“步伐”,各有不同,相互配合,统一地融入表演中,并根据不同人物、不同剧情再做不同

---

① [清]李渔:《闲情偶寄》,北京燕山出版社 1998 年版,第 128 页。

的细致处理。和《顾误录》一样，《梨园原》也提出了十种不合要求的表演和演唱的“艺病”，即“曲踵”“白火”“错字”“讹音”“口齿浮”“强项”“扛肩”“腰硬”“大步”“面目板”。

用今天戏曲的行话来说，形体训练的内容就是表演程式和表演技巧，如腰、腿、台步、圆场、山膀、云手、水袖、扇子、翎子、把子以及硬毯各种觔斗、软毯各种摔扑技巧等，统称为基本功，也就是“唱、念、做、打”四功中的“做”和“打”。这些表演程式和表演技巧，应对每一个不同的行当，又会有不同的表现方式。因此，不同行当的表演人才，其训练的方法和内容，自然也大不一样。

总而言之，昆曲的表演，是一种集合多元素、多功能，融会贯通、有机综合的表演形式。它结束了以唱为主的表演形式，取而代之的是载歌载舞的舞台语汇，用这样音乐化、舞蹈化的言语和形体来塑造人物形象，抒发角色感情，是昆曲最为鲜明的艺术特征。

除了演员之外，剧目也是昆曲传承的核心内容。没有剧目，演员无戏可演，没有演员，剧目无所依存。培养昆曲演员的过程，一方面是昆曲表演艺术传承的过程，另一方面也是昆曲剧目继承的过程，这两者是相互依存、不可分割的，共同构成昆曲艺术人格化的载体。

据《中国昆剧大辞典》词条分类，“剧目戏码”一项共有三个分目，二百九十七个条目，分别是“传统剧目”“新编新排剧目”“存目备考”。“传统剧目”包括“昆唱杂剧”十七种、“南曲戏文”九种、“明清传奇”二百二十部（包括“俗创剧目”八十七部）。根据1996年出版的《上海昆曲志》一书比较系统的统计，上述剧目，由于主客观各方面因素的影响，到二十世纪初“传字辈”艺人那一代保存下来并且还能上演的传统折子戏仅剩五百四十出。而时至今日，这个数字已经锐减到一半左右。

二、美学精神的传递

昆曲美学揭示的是如何按照美的规律从事昆曲表演艺术的创作，反映昆曲表演创作主体、客体、本体、受体之间的关系和交互作用。数百年来，昆曲经过历代文学家、音乐家以及表演者案头和场上的多方实践，凝练出一套精确、严谨、系统的舞台表演美学，结合文学、音乐、舞蹈、表演等各种艺术形式，以写意、抽象、抒情、诗化为主要特色，发展成一种丰富成熟而又婉转优雅的戏曲样式。因此，昆曲传承，除了技艺层面"唱、念、做、打"的外在传承，还包括昆曲表演艺术内在的美学精神，而这恰恰是昆曲艺术的精华所在，也是昆曲传承实践中必须承载的另一方面核心内容。

（一）情　真

中国古代诗歌，讲求"言志"，"志"既可是载道之志，也可是言情之志；舞蹈艺术讲求"情动于中形于外"，强调外部动作必须是内部主观感情的体现。戏曲虽然较诗歌和舞蹈等艺术样式产生期晚，但是它融诗歌、舞蹈等艺术为一体，从一开始就注定了"抒情"的艺术特色。

和元杂剧相比，昆曲因为大量的文人士大夫参与创作，因此更注重写情，剧本体制和歌舞化的表演都更加利于演员去抒发人物感情。潘之恒在《情痴》一文中说："古称优孟、优施能写人之貌，尚能动主；而况以情写情，有不合文人之思致者哉！"潘氏认为，昆曲表演，要求演员以自身之情去体验角色之情，在生活的积累中去寻找情感依据，方能塑造出动人鲜活的人物形象。他以《牡丹亭》为例：

> 盖余十年前见此记，辄口传之，有情人无不歔欷欲绝，恍然自失。又见丹阳太乙生家童子演柳生者，宛有痴态，赏其为解。而最难得者，解杜丽娘之情人也。夫情之所之，不知其所始，不知其所终，不知其所离，不知其所合。在若有若无、若远若近、若存若亡之间，其斯为情之所必至，而不知其所以然。不知其所以然，而后情有所不可尽，而死生、生死之无足怪也。故能痴者，而后能情；能情者，而后能写其情。杜之情，痴而幻；柳

之情，痴而荡；一以梦为真，一以生为真。惟其情真，而幻、荡将何所不至矣。[①]

潘氏认为演员必须是有情之人，对饰演的角色有浓厚的感情和如痴似醉的追求，才能捕捉到角色的感觉，获得其中的情感体验，甚至必须达到“情痴”的忘我之境，方能够全然入戏，淋漓尽致地表现角色之情。杜丽娘“以梦为真”，“情痴而幻”，“梦其人即病，病即弥连，至手画形容传于世而后死。死三年矣，复能溟莫中求得其所梦者而生”[②]。杜丽娘之情，且真且幻，因此，他认为最难得的是“解杜丽娘之情”的演员，“不知其所以然，而后情有所不可尽，而死生、生死之无足怪也”。

所谓的“情真”，并不是指演员自身的真实情感，而是指要求演员把角色之情信以为真，准确、深刻地捕捉到角色之情，并转化为自己的感情。从这个意义上来说，就是在培养昆曲演员的过程中，要求演员学会“体验”，没有深刻的“体验”，就不会塑造出感人的艺术形象，这也是昆曲表演艺术的必然要求。王国维在《人间词话》中如此写道：

诗人对宇宙人生，须入乎其内，又须出乎其外。入乎其内，故能写之。出乎其外，故能观之。入乎其内，故有生气。出乎其外，故有高致。[③]

王氏的论述，不仅仅是指诗词的创作，对于包括昆曲表演艺术在内的整个中国传统艺术，这个道理，都是相通的。一个出色的昆曲演员，除了“唱、念、做、打”技艺层面的精湛，也需要他

---

① ［明］潘之恒：《鸾啸小品》卷三《情痴》。汪效倚辑注：《潘之恒曲话》，中国戏剧出版社 1988 年版，第 72—73 页。

② ［明］汤显祖：《牡丹亭记题词》，《汤显祖集（二）》，上海人民出版社 1973 年版。

③ 王国维：《人间词话》，上海古籍出版社 1998 年版。

(她)“入乎其内”，深知其意，体验角色的情感，分析人物的性格，方能使角色立体生动起来。而“情”这一字，恰恰就是昆曲演员达到“入乎其内”最佳的、唯一的途径。在潘氏的另一篇文章《与杨超超评剧五则》[①]中，他还提出了昆曲表演需要掌握的五个方面，详解如下：

(1)“度”：一是指演员适度的舞台感觉，即“分寸感”；二是指人物的气度，又分“度人”(角色感觉)与“自度”(自我感觉)。

(2)“思”：指情思，即主观思想和精神。情感自心中自然流出，动作有内在的充分根据，要求演员表演达到“字字皆出于思”。

(3)“步”：指形体动作，即舞台上的台步和身段，要“合规矩，应节奏”，并且要给人以美的表演和造型。

(4)“呼”：是一个角色对另一角色的思念或情感投射，故“呼发于思”，同时也是演唱之前的情绪酝酿。

(5)“叹”：是念白中的“叹声”，既要“缓辞劲节”，又要“其韵悠然，若怨若诉”，如此能起到“警场”的效果。

这五方面对昆曲演员的要求，不仅仅是“唱、念、做、打”的简单拼凑，也不仅仅是有了情感体验就可以完美传达的，而是需要技艺层面和情感层面相互联系、相互融合，寓情于技，以技传情。

提倡昆曲表演要“情真”，是明清两代戏曲理论家普遍的观点。那么如何做到“情真”？用汤显祖的话说，首要的前提就是“择良师妙侣，博解其词，而通领其意”[②]。汤氏之后，李渔在《闲情偶寄》“演习部”中对于“解明曲意”的阐述，其实也是要求演员通过透彻地了解故事情节，以求把握人物的内心情感：

> 唱曲宜有曲情，曲情者，曲中之情节也。解明情节，知其意之所在，则唱出口时，俨然此种神情。问者

---

① [明]潘之恒：《鸾啸小品》卷二《与杨超超评剧五则》。汪效倚辑注：《潘之恒曲话》，中国戏剧出版社1988年版，第44—45页。

② [明]汤显祖：《宜黄县戏神清源师庙记》。

是问，答者是答。悲者黯然魂消而不致反有喜色。欢者怡然自得而不见稍有瘁容。且其声音齿颊之间，各种俱有分别。此所谓曲情是也。……有终日唱此曲，终年唱此曲，甚至一生唱此曲，而不知此曲所言何事，所指何人。口唱心不唱，口中有曲，而面上身上无曲，此所谓无情之曲。与蒙童背书，同一勉强而非自然者也。虽腔板极正，喉舌齿牙极清，终是第二、第三等词曲，非登峰造极之技也。欲唱好曲者，必先求明师讲明曲义。唱时以精神贯串其中，务求酷肖。[①]

李渔的意思是，昆曲演员除了把曲子唱好以外，还要对曲情词义进行反复思考和领会，准确把握曲子的内在意义和思想感情。如果对原作者的意志、情感、格调等产生了误解和歪曲，所唱之曲只能是“死音”而非“活曲”。李渔之后，徐大椿在《乐府传声》中也着重指出：

唱曲之法，不但声之宜讲，而得曲之情为尤重。盖声者众曲之所尽同，而情者一曲之所独异，不但生旦丑净，口气各殊，凡忠义奸邪，风流鄙俗，悲欢思慕，事各不同，使词虽工妙，而唱者不得其情，则邪正不分，悲喜无别，即声音绝妙，而与曲词相背，不但不能动人，反令听者索然无味矣！[②]

曲情根据曲词的含义而生，每一支曲有其独有的情感内涵，各不相同，因此演员必须准确把握每一支曲的曲情。仅仅是发声和唱字，而无法唱意和抒情，便是毫无意义的“无情之曲”，所演之戏也成了无生命的戏，表演的“情深”境界自然无从谈起。

---

① ［清］李渔：《闲情偶寄》，北京燕山出版社 1998 年版，第 104 页。

② ［清］徐大椿：《乐府传声》之“曲情”。

当然，仅仅如此还是不够的。因为，演员不仅要能使自己正确地理解作品的内涵，而且更重要的是把这种理解透过其表演让观众感觉到它，从而形成剧作家—演员—观众之间的共鸣作用。

昆曲的美学，是抽象、写意、诗化、抒情，而“情”是其中的灵魂。昆曲表演艺术“以情写情”的表达方式，是一种纳入程式规范的情感体验，是演员感情节奏和音乐歌舞节奏的一种共鸣，更是这门艺术传统追求的途径和规律。对于昆曲传承来说，这是最高级的一门课程，对于初学者是很难实现的一个境界，更不是借助方法和技巧可以达到的，只能由名家和艺师向学员灌输“情”的理念，有赖于演员在不断的艺术实践中的自我教育。

(二)传　神

形与神，是中国古典美学的一对基本概念，任何艺术都离不开形象，戏曲表演艺术也和其他艺术形式一样，离开了对艺术形象的描绘和塑造就无法存在。先秦时代的荀况说“形具而神生”[①]，认为“神”源于形，依赖于形。汉代的刘安在《淮南子》中论及了神的独特意义：“以神为主，形从而利；以形为制者，神从而害。”南朝宋画家宗炳云在《明佛论》中说：“今神妙形粗，相与为用，以妙缘粗，则知以虚缘有矣。”其意是指以神为虚为无，而以形为实为有，追求形神与为用，且以神为精而以形为粗。《庄子》亦云：“可以言论者，物之粗也；可以意致者，物之精也。”事物的外表形貌，可以感知而言传，而其精神的微妙却只能意会，需要以审美思维体悟它。“无形则难以通神，无神则形无生气。形神相与为用，也就是有无相生，虚实相缘，艺术作品中形似与神似的相依相济。”[②]

这些哲学意义上的形神观，后来逐渐被引入其他艺术门类。东晋画家顾恺之首先提出了“传神写照”的说法，《世说新语·巧艺》记述：

---

① [战国]荀子：《荀子·天论篇》。

② 叶长海：《中国艺术虚实论》，《戏剧艺术》2001年第6期。

顾长康画人，或数年不点目精。人问其故，顾曰：“四体妍蚩本无关于妙处，传神写照正在阿堵中。”[①]

“阿堵”即“眼睛”，顾恺之认为绘画传神处不在“四体”而在眼睛，目能传情。到了宋代，“传神论”有了更进一步的发展，尤以苏轼为代表。他在论画之时，将此观点引入了戏曲表演美学之中：

优孟学孙叔敖抵掌谈笑，至使人谓死者复生，此岂举体皆似，亦得其意思所在而已。使画者误此理，则人人可以为顾、陆。[②]

“优孟衣冠”是中国戏曲史上的一个著名典故，苏轼提到这个故事，意在论证戏曲表演艺术在形成之初就包含了传神的美学因素。在尚未有人提出这个命题之前，传神已经作为一种美学追求融入了戏曲的表演。

明代以前，对于戏曲表演的论述很少，较多的只是记载演员的活动经历，不涉及表演的研究。只有胡祗遹的“九美说”，提到了对表演传神的追求，第八项“使观听者如在目前，谛而忘倦”，便是这个意思。他要求演员深刻理解剧本中人物的情感依据和行为逻辑，通过传神的表演去吸引观众，让观众感受深切，“如在目前”。

明代昆曲演出兴盛之后，关于表演艺术的评价和研究也随之增多起来，并且作曲家们对表演美学不断提出独到的见解。潘之恒提出的“度、思、步、呼、叹”五个方面的表演技巧，其中，就有关于传神的命题。另外，他在《神合》一文中写道：

神何以观也？盖由剧而进于观也，合于化矣！然

① [南朝]刘义庆：《世说新语》“巧艺第二十一”。

② [宋]苏轼：《传神记》，《苏东坡集》续集卷十二。

则剧之合也有次乎？曰：有。技先声，技先神，神之合也，剧斯进已。……所谓以神求者，以神告，不在声音笑貌之间。今垂老，乃以神遇。然神之所诣，亦有二途：以摹古者远志，以写生者近情。要之，知远者降而之近，知近者溯而之远。非神不能合也。[①]

所谓“神合”，是指演员表演时使用的程式技巧和内在精神气质的融合，表演的形式和内容达到和谐统一，渐臻化境。潘氏认为，“神”绝不只停留在“音容笑貌”上，而是蕴含在人物外在形态中的内在生命气质，如何抓住这内在的生命气质呢？两个方法，即“以摹古者远志，以写生者近情”，意思是说，塑造古人重在把握精神志趣，演绎今人重在体验内在真情。

潘之恒观剧数十年，经验丰富，见解深刻，他还提出了“以技观”，以“中节合度”观，“以神求”等层次不同的欣赏要求。“以神求”是观众对演员表演提出的要求，强调戏曲表演不只是要有“技”，还要有“神”，两者“合而化矣”。演员在台上如果出现“形离”和“神沮”的情形，就无法塑造出个性鲜明的人物形象，这就是表演的失败。

对于昆曲传承来说，最初是以“赋形”为基础的，而根本任务应该是“传神”。“传神”作为“赋形”的最高要求，是昆曲传承的终极目标。对于昆曲表演艺术来讲，“传神”是核心和灵魂，有了“传神”的内在要求，“赋形”才能有正确的方向。在实际的传承过程中，“赋形”和“传神”，两者相互影响、相互制约，当一个学艺者的技艺达到一定程度时，两者能相互融合、相互促进。

---

① ［明］潘之恒：《鸾啸小品》卷二《神合》。汪效倚辑注：《潘之恒曲话》，中国戏剧出版社1988年版，第47页。

昆曲传承的文化觉醒与自我救赎

——无锡“中万和堂”昆曲班调查研究

池瑾璟　吴远华[①]

（南京师范大学音乐学院　江苏南京　210023；
浙江师范大学音乐学院　浙江金华　321004）

内容摘要　本文在对江苏省无锡市鸿山镇“中万和堂”昆曲班进行田野调查的基础上，结合相关文献记载的追踪，围绕着“中万和堂”的历史脉络、现存困境以及传承策略等展开研究，旨在通过“中万和堂”的个案剖析，以点带面地反映昆曲班的历史、现状与发展。

关键词　无锡市　昆曲班　“中万和堂”　活态存在

昆曲，原称“昆腔”和“昆山腔”，是我国传统的戏曲声腔剧种，于2001年被联合国教科文组织公布列入第一批“人类口头和非物质遗产代表作”名单。清代以来始有“昆曲”之名，今亦称“昆剧”。昆曲是我国最古老的戏曲剧种之一，是我国优秀传统文化中的艺术珍品，融合了中国古典的文学成分、戏剧因素、音乐表演、舞蹈程式以及美术展示等因子。灵巧的身段、儒雅的念

---

① 池瑾璟（1983—　），女，浙江永康人，南京师范大学音乐学院博士后。吴远华，男，浙江师范大学音乐学院科研助理。

白、华丽的唱腔以及精美的舞台，是昆曲艺术的主要特征，也是昆曲至高艺术境界和广泛影响的本源所在，如川剧、赣剧、婺剧、闽剧、晋剧、越剧许多地方性剧种，都积极借鉴、吸收昆曲表演艺术中的精华。因而昆曲也被后世誉为“中国戏曲之母”“百戏之祖、百戏之师”。近代以来，由于受西方文化的冲击、革命战争的洗礼等多重因素的影响，昆曲艺术日益衰落，许多昆曲艺术家逐渐转向京剧表演艺术。新中国成立后，在党和国家各级政府的扶持与昆曲爱好者的共同努力下，昆曲班、剧团等得以相继组建，为振兴昆曲艺术做出了重要贡献。本文以无锡“中万和堂”昆曲班为研究对象展开调查研究，通过田野调查和文献考据，掌握一手材料。在资料整理、分析的基础上，从历史、现状以及发展等方面进行剖析。借此个案，举一反三地反映昆曲及其班社的生存境遇。

一、调查实录

当今时代，民间多数昆曲班均已解体，留有虚名而未见其戏，昆曲也成为一项濒危的文化遗产，亟待保护传承。为了探寻“中万和堂”的踪迹，笔者于 2014 年 10 月 24 日前往无锡鸿山镇，对“中万和堂”昆曲班进行了实地跟踪采访调查。

“中万和堂”昆曲班现任班主周荣楚，男，1945 年正月十二生于无锡市后宅乡建新村唐明桥。他与我们讲起他与“中万和堂”昆曲班的一段“姻缘”。周荣楚出生于昆曲世家，自幼深受昆曲的熏染。他的爷爷周云山、父亲周文奎、母亲浦彩娥都是当时从事昆曲表演的知名艺人。父亲周文奎(1900—1964)是“中万和堂”昆曲班中的多面手，4 岁开始随周云山学习昆曲表演，善演《白蛇传》之“水斗”，还会打鼓、锣、镲，拉二胡，吹笛子、箫、笙，弹三弦、琵琶等，昆曲乐队中的每一件乐器都了如指掌、得心应手。1925 年开始接替周云山掌管“中万和堂”昆曲班，一边带班到苏州、无锡、常州一带从事商业演出，一边收徒，传授昆曲唱、奏技艺。母亲浦彩娥(1903—1957)曾经也是“中万和堂”昆曲班堂主。

周荣楚7岁入后宅乡小学读书时，就跟随父亲学唱昆曲、演奏乐器。吹拉弹打都学，主要是二胡、三弦、萧，善演小生。曾随“中万和堂”昆曲班到汤口、后宅、苏州、无锡、东桥等各乡镇演出。自昆曲成功申报非遗保护项目以来，周荣楚将“中万和堂”昆曲班的许多传谱资料都捐献给了无锡市档案馆。

图1　采访周荣楚现场

图2　周荣楚的捐赠证书

周荣楚共有姊妹7人，兄弟5人。大哥周浩方(1927—1992)，在“中万和堂”学过唱昆曲、拉二胡，善演小生，随父亲从事昆曲演出和教学。二哥周学方(1932—2004)，自幼随父学习昆曲，吹拉弹唱样样擅长。新中国成立后，他们都在家务农，没有继续从事昆曲演出活动。

目前，“中万和堂”昆曲班的主要传承艺人有：

沈秀琴，女，1957年生，无锡市无锡新区鸿山镇大新村人。高中毕业后做过代课教师，担任过妇女主任，也到工厂当过工人。平时喜欢唱歌，比如唱流行歌曲，唱锡剧唱段《珍珠塔》《沙家浜》等，也喜欢演奏锣、鼓等打击乐器。2014年加入“中万和堂”昆曲班，担任主唱、鼓板以及锣的演奏。善演《牡丹亭》中的《游园》《皂罗袍》等。此外，还在“群英队”中任舞蹈演员，在“朵朵红”戏剧队中任演唱员。

邹明华，男，1943年生。江苏省无锡市新区鸿山镇东塘街村人，祖籍山东邹县。他1950年就读于汤家桥小学和南塘小学，1957 年毕业后开始自学笛子、拉二胡。1960 年从后宅中学初中毕业后，就读于江苏省洛社师范学校学习弹钢琴。1962 年由于学校停办，邹明华回乡务农、参加大队文艺宣传队，业余时间从事语文、音乐教学活动。1964 年 9 月开始任代课教师，在乡村小学教弹风琴、唱歌等。1972 年 4 月转为公办教师，在东塘街小学教音乐、语文。2004 年退休后一直在后街双象公园楼上吹笛子、唱歌，参加“大新文艺队”，任笛手，教一些歌曲。2013 年 4 月参与重建“中万和堂”昆曲班，任笛手、教唱简谱，普及音乐常识。自己创作有《合家欢》《喜相逢》《男女老少齐欢笑》等器乐曲。善演昆曲《喜开门》《步步高》等，还会演锡剧，如《商推磨》《红花曲》等的唱段都会，也会演奏江南丝竹中的《姑苏行》《行街》《中花六板》《三六》《慢三板》《梅花三弄》等乐曲。邹明华做了 39 年小学教师，举办过专门学特长的笛子兴趣班，培训过 200 多人次。

图 3　沈秀琴

图 4　邹明华

朱洪生，男，1945 年生，1960 年被聘为农民基层干部，前后任职共 24 年。“文革”时期自学音乐，会演奏二胡，会表演昆曲《牡丹亭》《龙虎斗》《喜开门》《步步高》等曲目。

绍荣南，男，1951 年出生于江苏省鸿山镇。8 岁左右开始在鸿山镇南庵小学上小学，毕业五六年一直在家务农，后进村办企业，二十七八岁开始做厂长，后做私营（外包方面），做私营将近十五年。一直以来对音乐有兴趣，2008 年开始学习唱奏昆曲。他说：“我们有传承昆曲文化的责任。所以现在非常努力地学习传统昆曲文化，力图振兴昆曲，表演更多昆曲剧目，使本地人民在昆曲表演中受益。”[①]

图 5　朱洪生

图 6　绍荣南(右)访谈现场

二、历史脉络

目前，我们在江苏省无锡市鸿山镇采访的民间艺人有周荣楚、绍荣南、沈秀琴、邹明华、朱洪生等，他们都是 20 世纪中叶出生，年龄相对来说都比较大。除了周荣楚外，其他人员基本上都是最近几年才开始接触昆曲的学习和研究。

周荣楚的爷爷周云山，是个老昆曲表演艺人，“中万和堂”昆曲班是他在“长生桥”组建的，由于周云山表演昆曲的技艺高超，吸引了很多的听众以及跟随他学艺的学徒，后来人们将无锡后宅乡建新村建立的“长生桥”改名字为“堂明桥”以便于人们记忆和前来听戏。

图 7　“中万和堂”所用戏箱

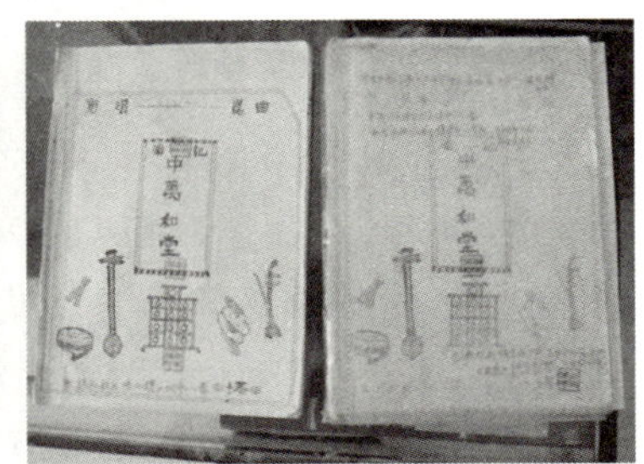

图 8　“中万和堂”曲谱集

---

① 2014 年 10 月 24 日(鸿山镇)采访记录。

“中万和堂”昆曲班在日常的生活中有两种职能，一是在苏州、无锡和常州一带的乡镇和农村进行商业性演出，另一种职能则是传授技艺教授学生。此外，周文奎还有两个姐姐，也是表演昆曲的艺人。据周荣楚讲，在20世纪昆曲表演兴盛的时候，父亲所带领的“中万和堂”班在多处同时需要表演昆曲情况下，他的两个姑姑(周文奎的姐姐)就会到“中万和堂”来帮忙演出。周文奎于民国14年(1925)继承父亲的昆曲事业，掌管“中万和堂”，因不善于管理班社的烦琐事情，又将班社交给了周荣楚的母亲浦彩娥，由此浦彩娥成了“中万和堂”昆曲班堂主。此间，出版过唱片、录音带，演出的曲目情况见下表：

表1 “中万和堂”曲目情况

序号	录音带盒号	文件名	内容	时长	
				分	秒
1	1	LY0001-A-0001.mp3	《三国演义》选曲《刀会》	29	3
2		LY0001-B-0001.mp3	《三国演义》选曲《刀会》	12	12
3		LY0001-B-0002.mp3	《游园惊梦》	18	12
4	2	LY0002-A-0001.mp3	昆曲坐唱《赏荷》	27	32
5		LY0002-B-0001.mp3	昆曲坐唱《坠马》《训子》选曲	26	32
6	3	LY0003-A-0001.mp3	《水斗》前	24	59
7		LY0003-B-0001.mp3	《水斗》后	15	48
8		LY0003-B-0002.mp3	《翠凤毛》	7	26
9	4	LY0004-A-0001.mp3	《龙船》《万花灯》	31	49
10		LY0004-B-0001.mp3	《惊变》	31	50
11	5	LY0005-A-0001.mp3	《万花灯》	27	39
12		LY0005-B-0001.mp3	《翠凤毛》	30	5

续　表

序号	录音带盒号	文件名	内容	时长	
				分	秒
13	6	LY0006-A-0001.mp3	《万花灯》	23	48
14		LY0006-B-0001.mp3	《翠凤毛》	23	41
15	7	LY0007-A-0001.mp3	《北线》	21	3
16		LY0007-B-0001.mp3	《寿亭侯》	21	34
17	8	LY0008-A-0001.mp3	《水斗》前	30	14
18		LY0008-B-0001.mp3	《水斗》后、《翠凤毛》	28	31
19	9	LY0009-A-0001.mp3	昆曲坐唱《赏荷》	26	15
20		LY0009-B-0001.mp3	昆曲坐唱《坠马》《训子》选曲	30	23
21	10	LY0010-A-0001.mp3	《三国演义》选曲《刀会》	25	31
22		LY0010-B-0001.mp3	《三国演义》选曲《刀会》、《游园惊梦》选曲	23	28
23	11	LY0011-A-0001.mp3	《喜元宵》《回时景》	16	31
24		LY0011-B-0001.mp3	《雁儿塔》《十八拍》《普天乐》		
25	12	LY0012-A-0001.mp3	《惊变》	25	23
26		LY0012-B-0001.mp3	《下西风》	23	28
27	13	LY0013-A-0001.mp3	《闹元宵》《回时景》	30	11
28		LY0013-B-0001.mp3	《雁儿塔》《十八拍》《普天乐》	30	17
29	14	LY0014-A-0001.mp3	《绣香袋》《下西风》	31	17
30		LY0014-B-0001.mp3	《花倍风》	31	14

图 9 “中万和堂”所用班旗

“文革”以后，“中万和堂”昆曲班被迫解散，停止了演出活动，直到 2014 年 3 月才得以重建，虽然成立时间很短，但是这一批老艺人有着相当的艺术功底，除了周荣楚以外，像朱洪生自“文革”时期就开始学习昆曲，自己可以制作笛子、胡琴、唢呐，而且可以唱京剧和锡剧。像邹明华文化水平非常高，20 世纪 60 年代毕业于江苏省洛社师范学校，在当时的大队中担任文艺宣传，业余时间教语文和音乐课，他参与组建“中万和堂”昆曲班，并能够创作、演奏《合家欢》《喜相逢》《男女老少齐欢笑》《喜开门》《步步高》等器乐曲。胡秀琴可以表演锡剧《商推磨》《红花曲》等唱段。

图 10 “中万和堂”部分曲目表

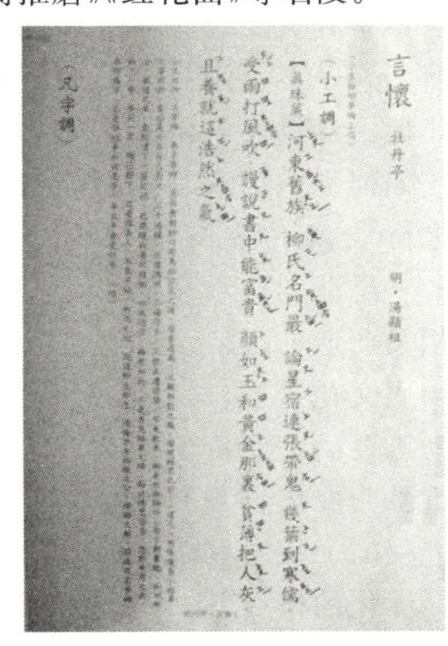

言懷 牡丹亭

明·湯顯祖

（小工調）

【真珠簾】河東舊族 柳氏名門最 論星宿連張帶鬼 幾葉到寒儒 受雨打風吹 謾說書中能富貴 顏如玉和黃金那裏 貧薄把人灰 且養就這浩然之氣

（凡字調）

图11 传谱《牡丹亭·言怀》(工尺谱)

三、现存境遇

就目前的情况来看，“中万和堂”昆曲班的表演艺人虽然有发自内心的学习和表演昆曲艺术的愿望，也有振兴民族音乐文化的信心。在他们的努力下，中断了好几十年的“中万和堂”昆曲班的艺术生命终于又续接上了。但由于重建的时间不长、人员少，加上现代化进程的冲击，“中万和堂”昆曲班的前程令人担忧。突出地表现在如下几个方面：其一，没有专业的昆曲器乐演奏艺人做专门、系统的指导，也没有专业的昆曲演唱人员做演唱方面的培训。其二，没有专门的经费支持，“中万和堂”昆曲班表演艺人基本上是将昆曲演奏作为副业，作为业余爱好，其训练虽然有固定的时间，但在物质利益的驱使和刺激下，没有经费支持的昆曲表演是激发不了表演者的兴趣的。其三，没有得到政府的全面扶持，政府的相关政策得不到有效落实。据周荣楚讲，文化部门只是将周荣楚爷爷和父亲留下的一些表演物品拿去收藏，而没有进行实质性的开发、利用与研究。其四，“中万和堂”的昆曲班演出市场相对较小，舞台表演经验有所欠缺，表演曲目过于单一和贫乏。昆曲在当地没有足够的市场，“中万和堂”的表演艺人基本上是靠自己的兴趣和爱好，仅凭有限的他们的一腔热情去传承发展昆曲这一古老的艺术珍品是远远不够的。

如何采取切实有效的措施对鸿山镇“中万和堂”昆曲班的发展进行实实在在的保护，不仅关系到我国优秀传统文化遗产——昆曲的传承和弘扬，也直接关系到无锡市文化产业和其他相关产业的可持续发展。因此，保护、利用和传承好昆曲这一非物质文化遗产，对发展无锡的文化产业、提升文化影响力有着极其重要的现实价值。对待昆曲这一优秀的传统文化，首先要尊重昆曲文化自身的独立性和发展规律，尤其是在城镇化、现代化进程的加快发展中，不能将“糟粕”杂糅进去。在全球经济发展一体化的格局下，中华优秀传统文化的开发、保护与传承应该建立在我国国民文化高度自觉的基础上，着力从以下几个方面做出切实可行、行之有效的努力。

第一，要将昆曲文化传承下来，就要解决好保护的问题。鸿山镇“中万和堂”昆曲班以及镇政府要加大本地区昆曲发展的资料收集和留存工作，尽量保存本地区昆曲发展的生态环境。在本地区学校教育中，加大扶持力度，主张将昆曲这一优秀的戏曲文化引入学校教育，让青年学生了解、熟悉本土文化，增强文化认同感、归宿感。

第二，要完善政府行为，政府要从政策、资金等方面加大保护的投入力度，注重对昆曲艺术文化的保护与开发，要将昆曲这一非物质文化遗产通过一代代传承人继续传承下去，一方面要在政策上给予传承人一定的优惠，另一方面也应当给予他们必要的生活保障，使其有精力、有热情地去传承这一文化遗产。

第三，要解决昆曲文化艺术的传承发展问题，要有一定的经济条件为基础，昆曲班成员的演出服装、乐器、音响等的购置都需要一定的经费。因此，不论是政府还是个人都应该在昆曲发展的问题上加强经费扶持的力度。

第四，要解决鸿山镇昆曲的传承问题，在确立传统昆曲文化保护与发展长远规划的同时，还应成立有效的组织管理机构。设立起专门的传承组织，开设专项保护基金，鼓励民间资本进入民间传统文化的产业开发，加强人才培养力度，夯实昆曲艺术传承发展的社会基础。

从全国范围看，昆曲的发展确实面临着很大的困境。有专家认为，昆曲艺术发展的当务之急就是抢救现有剧目和文献资料，对珍贵的昆曲文献、演出脚本、曲谱和图片进行搜集整理。昆曲演出可以从老戏中讨活法，剧目应以继承、整理为主，配以现代化的舞台处理，既保持原作特色，又符合当今时代的审美需求，才能收到较好的效果。国家相关部门已经开始做出规划，文化部计划用 10 年时间在北京和上海建立两个昆曲演员培训中心，为全国昆剧院团输送表演人才。昆曲院则希望集中全国优秀师资，在中国戏曲学院等地举办昆曲演员、编剧、导演、作曲和管理人员研修班。

总而言之，无锡鸿山镇“中万和堂”昆曲班虽然有志于发展昆曲艺术，但是仅凭其一己之力很难在昆曲的发展上有所作为，他们面临着人才欠缺、政策支持和经济保障缺乏等问题。但我们也应该从他们身上看到昆曲保护、传承与发展的希望，毕竟我们的社会中已经开始有人发自肺腑地投入非物质文化遗产保护的行列中了，尽管还不是社会发展的大趋势，尽管还是点点繁星，但我们都知道“星星之火，可以燎原”，我们也有理由相信他们是朱熹笔下的“活水源头”，在他们的努力下，定会有更多仁人志士自觉地投入昆曲文化遗产保护，各显所能，共同推进昆曲传承事业的健康、有序发展。

常州非遗展示平台建设与非遗保护教育[①]

杨卫华[②]

（常州大学艺术学院　江苏常州　213164）

内容摘要　充分利用博物馆、展示馆等非遗展示平台，对公众实施非遗保护教育是新时期非遗保护的重要工作。经过近十年的发展，常州地区建立了一批综合性、区域性及行业性非遗展示平台，开展了丰富多样的非遗保护教育活动，推进了非遗保护活动的深入开展。

关键词　非遗展示平台　非遗保护教育　传承　创新

一、常州非遗展示平台的建设

2005年，国务院办公厅推行《关于加强我国非物质文化遗产保护工作的意见》提出："有条件的地方可设立专题博物馆或

---

① 本文为常州大学教育教学研究课题"基于传统文化内涵的现代艺术设计教育研究"（项目编号：GJY2013021）、江苏省教育厅高校哲学社会科学研究基金项目"国家非遗传人及其技艺考察研究：殷秀云大师雕漆技艺"（项目编号：2013SJD760002）的阶段性成果。

② 杨卫华（1973—　），常州大学艺术学院副教授，美术史硕士，常州大学江苏省非遗基地副主任。

展示中心。”建立专门的非遗展示平台，有利于集中展示具有地方特色的非遗项目，系统呈现各地非遗的整体面貌，彰显非遗的历史魅力。目前，全国各地设立了不少非遗展示馆。经过近十年的发展，常州地区建立了一批公立、民间非遗展示馆，初步奠定了非遗展示平台的建设基础。

（一）综合性非遗展示平台

1. 常州市非物质文化遗产展示馆

常州市非物质文化遗产展示馆是常州第一家公立综合性非遗展示平台，位于常州市新北区薛家镇市民广场的吴氏中丞第中。馆内有 48 项国家、省、市级非物质文化遗产保护项目的文字与图片展示。2006 年正式对外开放。

2. 常州大学非物质文化遗产展示馆

常州大学非物质文化遗产展示馆由常州市文广新局、中国石化集团出资共建，常州大学图书馆负责管理、维护和开放。该馆始建于 2010 年，展厅面积 1300 平方米，以文字、图片、影像、录音、实物等多种形式，集中展示了 2010 年以前常州市获批的国家、省、市级非遗项目的历史沿革、基本内容、传承谱系、代表性人物及作品。其中包括 9 项国家级非遗项目、30 项省级非遗项目、57 项市级非遗项目，常州大学非物质文化遗产展示馆是目前常州最全面地介绍地方非遗文化的场馆。

（二）区域非遗展示平台

2005 年以来，常州市各县、区、乡、镇、社区都开展了非遗的普查、展示、宣传活动。部分县、区、乡镇文化机构设立了固定的非遗展示场馆，展示区域非遗资源，繁荣优秀传统文化。春江镇非物质文化遗产展示馆是其中独具特色的一家非遗展示平台，是目前为止江苏省唯一一家乡镇非遗馆，落户在春江小学里，2010 年建成开放，总面积 300 多平方米，用以展示春江镇传统舞蹈、曲艺、戏剧、音乐、美术、杂技、传统技艺、民间习俗、民间知识、民间文学等非遗文化，分为“人文春江”“儿时玩趣”“春江人家”“人生礼俗”“传统艺术”“春江农耕”“长江风情”“春江故事”八个展示主题。展区陈列有各式农具：织布用的纺车、做豆腐的石磨、农家的灶台等传统农具和民俗生活用具，展现了当地村民的生活方式、民俗文化、民间工艺和节庆活动的主要内容。

(三)行业展示平台

1. 医药行业展示平台——孟河医派博物馆、陈列馆

孟河医派是常州孟河地区兴起的以费伯雄、马培之、巢崇山、丁甘仁四大医家体系为代表的著名中医流派。晚清至民国期间，孟河医家支脉绵延，声誉日隆，影响波及海内外，在中医发展史上具有重要地位。享有“吴中医学之盛甲天下，孟河名医之众冠吴中”[①]的美誉。为传承和弘扬孟河医派文化，挖掘、整理、展示孟河医派文物文献资料，常州市中医院建立孟河医派博物馆，常州市新北区孟河镇费伯雄故居内设立了孟河医派陈列馆。孟河医派博物馆占地1200平方米，展示医派之源、医派之成、医派之杰、医派之流、医派之盛、医派之继，完整展现了孟河医派从起源到兴盛以及现在的继承发展情况。孟河医派陈列馆展示了孟河医派发展源流、历史概况，医家医案、处方、著作，部分为珍贵的医学版本或文献资料。另外，还有各种中医外科器具等珍贵文物。是江苏省中医药文化宣传教育基地。

2. 工艺美术行业展示平台

常州现有工艺美术企业及艺术家工作室百余家，从业者近万人。常州开辟了许多工艺美术馆、文化街区、大师工作室等，这些场馆多是民间自创、政府扶持的非遗展示馆。这些展示馆将非遗展示与非遗作品交易相融合，通过销售促进非遗生产，通过非遗生产促进非遗保护。

---

① 单德成、余景和：《〈诊余集〉学术思想探讨》，《江苏中医药》2005年第7期，第5页。

(1)华夏工艺美术产业博览园。

华夏工艺美术产业博览园位于常州市新北区的薛家镇，是江苏省重点扶持的工艺美术产业园区，园区建筑面积5万平方米，设有常州市非物质文化遗产展示馆、工美展销大楼、大师工作室，乱针绣、留青竹刻、梳篦等许多常州本地传统工艺美术门类入驻了华夏工艺美术产业博览园。园区非遗项目集聚，是常州市非物质文化遗产保护基地之一。

(2)淹城工艺美术一条街。

淹城工艺美术一条街是常州市武进区政府和淹城投资开发有限公司共同打造的文化特色一条街，2009年开业，吸引象牙浅刻、留青竹刻、乱针绣等许多工艺美术企业和非遗大师入驻，成为集艺术创作、鉴赏交流、展销收藏于一体的特色文化街区。

(3)“常州三宝”传统手工艺文化街区。

常州梳篦博物馆、常州乱针绣博物馆、白氏留青竹刻博物馆三家相连，形成一条展示、生产“常州三宝”的传统手工艺文化街区。

常州梳篦博物馆始建于2001年，是全国唯一的梳篦博物馆。梳篦博物馆展区分为梳篦历史文化展示区和工艺制作展示区两个部分。梳篦历史文化展示区面积650平方米，以实物和图文并茂的形式，集中展示出梳篦的制作工艺历史和杰出成就。展馆由五大板块组成，分别为：①梳篦的历史与传说；②梳篦制作工具、原材料；③各历史时期制作的各式梳篦；④梳篦的发展与传承；⑤梳篦历年曾获荣誉。较好地反映了常州地区生产梳篦的历史文化和独特的工艺特点。梳篦工艺制作展示区展示面积1500平方米，集中展示篦箕73道工序、木梳28道工序的制作过程，展区部分工艺设互动区，游客可自己动手参与学习工艺制作过程。

常州乱针绣博物馆由乱针绣传承人孙燕云自筹资金创办，为省级民间博物馆。该馆分为上下两层，共600多平方米。乱针绣博物馆分为乱针绣历史文化展示区和乱针绣工艺制作区。乱针绣历史文化展示区共420平方米，展示代表不同时期的精品80余件，并有乱针绣在各个时期所获得的奖牌（原件）数十枚及乱针绣作为国礼赠送给外国元首和重要历史人物文献、复制品等重要文物资料。乱针绣工艺制作区有225平方米，集中展示乱针绣制作的流程、材料和工艺，较完整地反映了常州地区乱针绣的历史文化和制作工艺特点。在孙燕云乱针绣博物馆的乱针绣制作区，观众可亲手参与乱针绣的制作，可以对乱针绣的材料构成、制作过程到成品有一个比较清晰全面的了解。

白氏留青竹刻博物馆面积约400平方米，收有200余件藏品。一楼为留青竹刻历史、作品的展示，收藏了不同时期白氏流派的留青竹刻精品。二楼是白雪飞留青竹刻工作室。参观者可以免费学习留青竹刻。

(4)纯艺斋江南手工艺馆及常州工艺美术精品馆。

常州市工艺美术研究所是国内最早由政府倡办的工艺美术企业之一。1959年成立，2004年改制为有限公司。乱针绣、留青竹刻两大文化传统产品均为江苏省非物质文化遗产保护项目，常州市工美研究所（有限公司）在常州市延陵西路吕公府开办了“纯艺斋江南手工艺馆”，在淹城文化街开办了“常州工艺美术精品馆”，展示非遗大师的乱针绣、留青竹刻、象牙浅刻、宫梳名篦、金坛刻纸等精品之作和创新之作，并通过举办非遗展览扩大影响力。

(5)金坛刻纸研究所。

金坛刻纸历史悠久，源远流长，蜚声世界，被联合国教科文组织列入人类非物质文化遗产代表作名录。经历代传承和创新发展，金坛刻纸作品已积累600多个种类，内容广泛，题材丰富，寓意吉祥，深蕴民风。金坛刻纸研究所成立于1975年8月，地处金坛城南文化风景区的民族风情苑内，园区占地面积8000平方米，刻纸工艺制作生产场所面积3000平方米，研究所内有丰富的金坛刻纸精品陈列。

(6)常州乱针绣馆。

由常州乱针绣传承人狄静创立。1999 年，狄静创立了常州市第一家乱针绣工作室。2004 年，在常州市刘海粟美术馆内设立了“常州乱针绣馆”，展示乱针绣精品，对传承、创新乱针绣技艺进行探索。

(7)工艺美术非遗传承人工作室。

常州工艺美术人才荟萃，从业者有近万人，非遗传承人开辟了百余家各具特色的工作室：萧剑波、陈桂方、倪久晋、潘为民的牙雕，单银娣、狄静、孙燕云的乱针绣，徐秉方、范遥青、徐秉言、徐风、徐云、徐文博、白坚仁、白雪飞、沈华强、邵风丰的留青竹刻，杨兆群、周蕴华、殷卓宁、孙荣才的金坛刻纸，黄洪德的掐丝珐琅、邢粮梳篦……非遗传承人在非遗保护、继承的基础上创造、弘扬新时期民族文化，积极为地方经济文化建设服务，为传承发扬常州特色文化做出不懈的努力。

二、常州非遗展示平台开展的非遗保护教育活动

(一)专业技艺传承教育

传统技艺类非遗，是需要通过口传心授来传承的。工艺美术行业非物质文化遗产展示平台作为文化传承的载体，在非物质文化传承方面，具有得天独厚的条件。华夏工艺美术产业博览园、淹城工艺美术一条街、“常州三宝”传统手工艺文化街区、纯艺斋江南手工艺馆、常州工艺美术精品馆、金坛刻纸研究所、常州乱针绣馆及各非遗传承人工作室都开展了传艺授徒的传承教育工作，培养专业人才队伍。

(二)体验式培训教育

借助非遗平台，常州非遗传承人开展了形式多样的面向业余爱好者的培训服务。体验式培训教育能够使更多公众亲身感受非遗技艺的魅力，加深了市民对非遗文化的了解，扩大非遗文化的影响力。

2014 年，常州博物馆为非遗技艺业余爱好者举办了金坛刻纸、留青竹刻等系列非遗培训体验活动。“手动迎新——我向大师学刻纸”的制作体验活动，由金坛刻纸国家级非遗传承人杨兆群先生现场传授刻纸技艺，教授同学们基本的入门刻纸方法。引导学生自行画稿、搭配纹样，进行刻纸创作练习，培养未成年人对刻纸艺术的兴趣。留青竹刻体验项目由留青竹刻项目省级代表性传承人徐文静老师为十余名大学生亲授留青竹刻的相关知识，传授留青竹刻基本技法，加深学生对非物质文化遗产的认识和情感。

狄静乱针绣工作室的老师在常州大学非遗展示馆开设了乱针绣工艺培训班，吸引了 30 位老师报名参加，从基本的穿针引线学起，经过为期 1 个月的学习，学员们可以绣出比较完整的作品，激发了老师们对乱针绣的学习热情。

2015 年初，纯艺斋江南手工艺馆主办“迎春常州国家非物质文化遗产展”，邀请杨兆群、邵风丰、邢粮、郑玉等非遗大师现场展示非遗文化，许多市民现场向非遗传承人讨教，体验传统技艺。

（三）乡土文化养成教育

在春江镇非物质文化遗产展示馆，通过非遗展示平台，对小学生进行乡土文化养成教育是非遗教育的一大特色。小学阶段处于人生观形成的基础阶段，加强乡土文化教育，对于塑造学生的健全人格，弘扬传统，培养树立保护民族文化的意识等方面，具有重要意义。在许多发达国家中，民族传统文化养成教育都是从儿童时期做起，例如，日本的传统文化教育从启蒙阶段就已经开始，“日本的三五七仪式规定，日本小孩在三岁、五岁、七岁的这一天必须穿上和服去神社拜祭，日本的国民无一例外，反复进行”[①]。自幼接受的传统文化教育会在个

---

① 纪宝成：《中国传统文化的精髓》，《新华日报》2008 年 4 月 16 日，第 B07 版。

人的心中留下民族传统的深刻印迹。春江小学以家乡非遗传承为支点，将民俗非遗文化与校本课程结合，内容涉及家乡非遗文化的多个方面，对学生熟悉家乡的地域文化，了解家乡的风土人情，增进对家乡的归属感和民族文化的热爱具有积极作用。

（四）非遗开发创新教育

依靠地缘和学科优势，非遗展示馆可以凭借展示功能进行文化传播，实现非遗文化的开发与创新教育。常州大学非遗展示馆与常州大学艺术学院联系紧密。艺术学院有平面、产品、环境、公共艺术设计等多个学科专业，教师们努力将设计专业课程与非遗文化教育结合起来，多次带领学生参观非遗展示馆，了解非遗工艺品的生产工艺，文化内涵，广告、包装特点，结合专业教育，在学生毕业设计与课题设计中积极引导学生开展非遗研究，对常州梳篦、常州乱针绣、金坛封缸酒等传统非遗资源的包装、广告宣传、产品形态设计提出新的创意想法，设计专业课程与非遗教育相结合，使非遗的资源优势加速转换为文化创意产业的发展优势。

三、利用非遗展示平台，开展多样性非遗保护教育的意义

博物馆的基本功能之一就是社会教育。“博物馆社会教育的内涵是根据社会的需求，运用博物馆的陈列（展览）、藏品和相关资料以及社会资源，灵活多样地搭建传播科学文化知识，进行思想品德教育和社会交流的平台，为社会发展服务。”①常州市各类非遗展示平台通过形式多样的非遗资源的展示、宣传、教育，一方面可以让更广大的民众形成对于非遗的直观认识，了解非遗的历史传承状况，体会非遗背后所隐藏的深层次的文化价

① 北京博物馆学会编：《博物馆社会教育》，北京燕山出版社 2006 年版，第 19 页。

值。另一方面，也可以通过开展各项与非遗相关的传承、体验、交易活动，使非遗文化影响和延伸到社会生活实践的不同领域，使非遗平台的教育功能更具有广泛性和深入性，对于提高民众的文化素养、丰富民众的精神生活具有重要意义。

非物质文化遗产传承机制的构建[①]

陈光军[②]

（四川民族学院康巴发展研究中心　四川康定　626001）

内容摘要　非物质文化遗产面临失传的重大危机，我国政府实行“静态保护、动态传承”的保护原则，即从动静两个方面加以保护。而非遗项目的保护重点仍在传承，因此，建立一套传承机制是保护的关键。本文从传承人、传承环境及传承方法三个方面来具体探讨非物质文化遗产的传承机制。

关键词　非物质文化遗产传承机制　传承人

非物质文化遗产的定义由联合国教科文组织（UNESCO）在其2003年通过的《保护非物质文化遗产公约》中提出，指“被各社区、群体，有时是个人，视为其文化遗产组成部分的各种社会实践、观念表述、表现形式、知识、技能以及相关的工具、实物、手工艺品和文化场所”。按照UNESCO的以上定义及其内涵，非物质文化遗产所涵盖的内容十分宽泛，包括以下方面：口头传

---

① 本文系四川省教育厅课题“藏区和谐文化生态构建研究”（项目编号：15SA0139）的阶段性成果。

② 陈光军（1969—　），男，江西南昌人，四川民族学院康巴发展研究中心副教授，法学硕士，主要从事民族思想政治教育研究。

统和表现形式，包括作为非物质文化遗产媒介的语言；表演艺术；社会实践、仪式、节庆活动；有关自然界和宇宙的知识和实践；传统手工艺。它们是民族文化的精华、民族智慧的象征和民族精神的结晶，是促进国家和民族发展的内在动力。但是，非物质文化遗产又十分脆弱，它们是不可再生资源，一旦消失则无法挽回。因此，要利用一切手段保证我国的传统文化顺利传承下去。而非物质文化遗产的传承与物质文化遗产的传承不同，非物质文化遗产的保护不能是静态的隔离，而需要静态保护与动态传承相结合。现在我们已建立了许多静态保护方式，如运用语言文字或照相、录音、摄影等现代科技手段记录，并建立博物馆使之永久保存下来。或许几十、几百年后，人们可以在博物馆、电视上清晰完整地看到古老技艺表演的全过程。但这种方式只是一种表层的保留方式，我们更需要活态保护，就是要保护传承人、保护传承环境、培养民众对非物质文化遗产的感情和价值意识，这样的保护才能持久有效。因此，构建科学、系统、持久有效的传承机制是非物质文化保护的关键。

一、对非物质文化遗产传承人的保护

非物质文化遗产的最大特点是不脱离民族特殊的生产生活方式，是民族个性、民族审美习惯的“活”的显现。它依托于人本身而存在，以声音、形象和技艺为表现手段，并以口耳相传作为文化链而得以延续，是“活”的文化及其传统中最脆弱的部分。因此，从非物质文化遗产的传承过程来说，保护好传承人就显得尤为重要。传承人包括直接掌握技艺的民间艺人以及广大民众。

（一）对直接掌握技艺的传承人的保护

非物质文化遗产是“活态艺术”，以民间艺人的口传心授为主要传承方式，而现在掌握一定传统艺术技能的民间艺人已为数不多且大多已到老年，传统技艺陷入传承困难、后继乏人的困难境地。这就需要我们为这些艺人创造经济、政治条件来保证非物质文化遗产的顺利传承。

首先，对传承人要有足够的经济保障。传统文化遭遇越来越多的尴尬与困惑，最主要的还是受经济因素的制约。因此，只有加强对传承人的经济补贴制度，才能使他们对自己掌握的技艺产生更大的兴趣，使非物质文化遗产得到更好的传承。金陵刻经技术远离现代化的印刷方式，至今仍保留着以纯手工的方式制作线装版佛经的技艺。工人们一天工作 8 个小时，只能刻 100 字，半个月才能刻一块板子，工人每月工资平均不足 1000 元，这样的经济收入让年轻人望而却步。虽然中央财政投入了大量的资金，加强对非遗传承人的财政补贴，但资金的投入力度还不够大，还不能够吸引更多的人特别是年轻人投入传统技艺的学习与传承。除了直接的经济补贴外，“政府可以采购传承人的作品，或通过博物馆购买、收藏、展示当代民间大师的工艺精品等方式，给予传承人一些经济补助”①。

其次，保证非物质文化遗产传承人的政治地位。民间艺人的社会地位自古一直是比较低的。在农耕时代，只有没有田地、为生活所迫的人才会被迫掌握一门技艺走街串巷来谋生，掌握民间戏曲音乐的人更被称为“戏子”。虽然现代社会人人平等，但民间艺人对自身地位还是十分介意。因此，国家应对非遗传承人的身份进行审查及确认，提升他们的社会地位。现在国家已公布了两批共 777 名国家级非物质文化遗产传承人，使他们成为“活宝”中的“国宝”。这就给传承人打了一剂强心针，这样他们不但可以得到社会的尊重与认可，而且可以提高对自身技艺的重视程度。但是，一些民间艺人获得了传承人的称号和得到经济帮助后心态发生了变化，为了保护自己的利益而拒绝传授技艺，这反而不利于非物质文化遗产的传承。我们可以借鉴日本和韩国的做法，两国政府均制定了认定和解除传承人的制度，政府定期对各类非物质文化遗产的传承状态进行审查，如果认定该项遗产已不符合国家级的要求或该传承人没有尽到应尽

① 李韵：《非物质文化遗产怎样传承》，《光明日报》2007 年 6 月 20 日，第 3 版。

的责任与义务，政府就会解除他的称号。并且传承人过世后，其称号也不能由其徒弟承袭。这样的灵活方式，既能使传承人获得国家的承认和社会的尊重，又增加了他们的社会责任感，从而保证非物质文化遗产的传承。

再次，国家应提高民间艺人的受教育水平。大部分的民间艺人都生活在贫困的边远地区和少数民族地区，受教育水平普遍偏低。他们只是掌握一手精湛的技艺，对于技艺中的民族文化内涵及其重要性则认识不够。这就导致许多艺人把自身的技艺仅仅当作一种生活方式来继承，而生产生活方式的迅速转变很有可能使他们放弃传统技艺。这样的传承人仅仅只能作为一个艺人、工匠，而不能称其为真正意义上的艺术家。这让我们对非物质文化遗产能否科学、系统地传承下去产生了一丝担忧。还有一些民间艺人对自身所掌握的传统技艺缺乏正确而全面的认识，他们的儿子、孙子都没有继承祖辈的技艺而选择出去打工挣钱。因此，国家要重视这些地区的教育事业，提高他们的受教育水平和对非物质文化遗产的认识。特别要培养当地的年轻人，增强他们保护自身技艺的自觉程度。

（二）加大对没有直接掌握技艺的广大民众的宣传

民族属性是人的根本属性之一，民族的认同感不仅产生民族凝聚力，而且也是萌发民族情感的重要基础。因此，应最大限度地普及传统知识，以此来增强中华民族的合力。但从我国非物质文化遗产的传承现状来看，“我们还仅仅停留在政府及学术研究的范围，并没有广泛深入到人民的日常生活中”①。而非物质文化遗产的最大特点是不脱离民族特殊的生产生活方式。因此，让非物质文化遗产回归广大人民群众的日常生活是传承的最终目的。从 2008 年开始，我国的传统节日清明节、端午节及中秋节被列为全国法定节假日，国务院倡导在全国小学开始学

---

① 齐如林、张宪昌：《网络时代非物质文化遗产的传播》，《西安外事学院学报》2008 年第 1 期，第 62 页。

唱京剧，泰安的许多小学将民间的皮影制作者请进课堂，让传统文化的普及工作从娃娃抓起。而且全国各地建立了不少民俗文化馆、博物馆及民俗旅游村，使广大民众有了亲身接触中国传统文化的机会。此外，各种媒体如电视、网络、报纸等也应加大对非物质文化遗产的宣传力度，使没有掌握民间技艺的普通群众也能加强对传统文化的认识，从而使广大民众成为非物质文化遗产的隐性的、不自觉的传承人。

二、对非物质文化遗产传承环境的保护

环境是非物质文化遗产产生、发展、变异的土壤，如果不从根本上保护它的传承环境，即使保护了传承人，这些技艺仍面临失传的危险。

首先，要创造有利于传承的社会大环境。随着经济全球化的发展，社会对古老文化的重视程度一直很低。但是，我们渐渐认识到古老文明的重要性，并逐步加大了对它们的认识与关注。2000 年，联合国教科文组织启动了“人类口头与非物质遗产代表作”项目；2001 年 5 月，首次公布了第一批人类口头与非物质遗产代表作名录；2003 年 10 月，第 32 届联合国教科文组织大会上通过了《保护非物质文化遗产公约》。许多国家如美国、韩国、日本等都已经制定了比较成熟、完善的保护传承机制。我国也积极参与国际非遗保护工作，加强非物质文化遗产保护法规建设，积极推进“中国民族民间文化保护工程”建设，建立我国非物质文化遗产代表作名录体系，各级国家机关各部委都积极配合非遗的保护传承工作。可以说我国政府在民族民间文化的整理、研究、保护和发展传承上都投入了大量的人力、物力和财力，并取得了相当高的成就。在社会大环境的创造中，政府发挥着最主要的引导作用。没有政府的积极引导与宏观调控，非物质文化遗产的传承将会面临很大困境。政府除了提供资金支持及制定各项政策法规外，还应倡导全社会各方面的力量积极投入非物质文化遗产的保护传承工作。并且还要对各方面的力量进

行调节及平衡，使非物质文化遗产的传承工作能够高效、有序地开展。但同时应注意政府不应越俎代庖，要把握一定的力度，“如果政府干预过度，反客为主，取代了传承人，不但会影响到传承人传承遗产的积极性，同时也会影响到遗产的原生态、民族性与真实性”[①]。

其次，加强对非物质文化遗产传承的生态环境的保护。各民族、各地区都有自己独特的传统节日、技艺及语言，这是人类在不同生产生活环境中形成的群体性代代相传的思考原型和行为方式，是民族或族群生存的经验和智慧的结晶，这就使得非物质文化遗产具有十分明显的地域性和民族性。因此，加强对非物质文化遗产生态环境的保护是保证传统文化能够传承的关键环节。但现在由于生产生活方式的巨大改变，非物质文化遗产得以产生存在的生态环境发生了翻天覆地的变化。而一旦传统文化失去了其生存的生态环境，这种文化就会消失。对于那些保存在偏远地区及农村，还没有完全遭到现代经济瓦解的非物质文化遗产，我们应尽力保存它们的原生态环境。这一点我们可以借鉴美国保护印第安人的做法：美国建立印第安人生活保护区，给他们以高度的自治权利，鼓励他们保持自己原有文化，尽量减少对他们的干扰等来保护印第安文化的原生态环境。但是面对高速发展的经济，每一个地区都或早或晚地要受到现代经济的冲击，非物质文化遗产生活区的人民也有权利过上现代化的生活。这就需要我们在保护原生态环境的同时注意转变思路，不能一味地为了保持传统文化的原生态环境而拒绝发展现代的经济，可以看到许多地方的人们已经找到了古老与现代的平衡点。《格萨尔王传》是藏族的古老的英雄史诗，但藏民不仅没有因为自己生活环境的进步而抛弃传统文化，相反在藏区的各种重大场合演唱它，从而达到了传统与现代的完美结合。因此，我们可以把古老的生活方式转化成现代的生活方式来继承。

---

① 李韵：《非物质文化遗产怎样传承》，《光明日报》2007 年 6 月 20 日，第 3 版。

三、非物质文化遗产的传承方式

在非物质文化遗产的传承上要讲求方式方法，盲目的错误的传承是对非物质文化遗产的破坏。我们不应该放弃传统的口传心授、带徒弟的传承方式，应从设计、思路、手工业等各个方面进行提高，使非物质文化遗产尽可能原汁原味地传承下去。但同时，由于受到现代文明的冲击，非物质文化遗产的消失速度也相当快。因此，我们也应考虑用现代的传承方式进行传统文化的传承。

（一）传承人的培养向职业化方向转变

传统的传承方式是地缘、业缘、亲缘传承，这虽然可以保留传统文化的原生态，但传承的范围比较狭窄。要使传统技艺达到最大化的传承，就必须“打破传承私有化，强调传承的民族性与世界性”[①]。应结合现代的职业教育，广泛吸纳人才，培养多层次、高水平的专业艺术家。职业学校培养的技艺传承人具有较高的理论文化水平，同时掌握着传统技艺，他们可以从更高的高度、更宽的视野来保护非物质文化遗产。同时，这些技艺传承人可以继续培养下一代，使我们的传统文化传承人队伍快速壮大。新疆艺术学院创建了木卡姆表演艺术班，毕业的学生获得学士学位；同济大学住宅研究院为毕业生颁发“匠士”证书；全国首家徽雕艺术学校——歙县徽雕艺术学校的成立，标志着徽州雕刻技艺的传承由师傅带徒弟的作坊模式向职业学校正规化、规范化培养的历史的转变。这一系列事实说明传统技艺的职业化教育已成为一种趋势。虽然职业化教育可以大规模地培养传承人，但我们也不应只求数量而忽视质量。要严格挑选学生，在教授过程中严格保持技艺的原生态，请民间艺人到学校授课，在传承人的毕业考查上加大力度，并且要建立传承人档案并对他

---

① 李韵：《非物质文化遗产怎样传承》，《光明日报》2007 年 6 月 20 日，第 3 版。

们的技艺实行定期考核。这样才能保证这些无形的、易变异的非物质文化遗产在传承过程中不走样、不变异。

(二)引入现代市场机制

我们虽然可以从多种方面保留传统技艺,但许多非物质文化遗产仍不可避免地面临失传。其中很大一个方面是传统技艺不能适应现代市场经济的发展,没有它们存在的市场空间。要使传统技艺传承下去,“在强调对非物质文化遗产进行本真性、原生态保护的同时,也要有适度的经济观念,有以开发促保护的头脑和意识”①,应实行“文化搭台,经济唱戏”的做法。由于非物质文化遗产是不可再生资源,在开发的过程中具有商业头脑的开发商会为了长远利益尽可能地保护原汁原味的文化,当地的群众也会为了吸引游客而尽可能地展示自己文化中的特色部分,这在一定程度上为非物质文化遗产的保护与传承制造了良好的空间。现在许多地方依托当地的特色文化建立了民俗文化村来发展旅游业,如河南开封市政府开发建设的旅游景区“清明上河图”,把散落民间的捏面人、剪纸、皮影、武术表演及地方传统小吃灌汤包、童子鸡等引进园内。这样政府依靠旅游项目获得丰厚资金,民间艺人也得到了不菲的收益,游人也通过游园获得了一次文化的普及,非物质文化遗产也得到了保护与传承,可谓是一举多得。对非物质文化遗产进行开发的同时,应注意保留它们的原生态及其文化内涵,而不能一味迎合市场,使传统文化成为披着文化外衣的商品。如河南武术就增加了大量的现代灯光、音响,这种改造看似增加了审美情趣,“实际上却破坏了非物质文化遗产的历史认识价值,让真古董变成了假文物”②。

---

① 王宁、界定:《非物质文化遗产保护的第一步》,《中国民族》2003 年第 3 期,第 13 页。

② 张鸿雁、于晔:《从赫哲族“乌日贡”大会看非物质文化遗产的价值》,《艺术研究》2008 年第 1 期,第 50 页。

(三)提高创新机制

创新是一个民族的灵魂,对于传统的非物质文化遗产也不例外。由于审美趣味的改变,现代人对许多传统的技艺、歌谣很难接受,并且电影、电视、现代电脑绘图等对皮影戏、剪纸、传统木版年画产生巨大冲击。要想使它们被广大民众接受,除了要引进市场机制外,传统文化自身也要创新以适应现代人类的发展。现在许多流行歌曲都加入了传统中国风的元素,比如周笔畅的《浏阳河 2008》、周杰伦的《青花瓷》《千里之外》等就以婉约的歌词、优美的曲调及浓厚的中国风引起了人们的广泛关注。法国的一位设计师用中国传统特制的花布设计他的时装,结果获得巨大成功,这种传统工艺制作的花布也因此获得了重生。这种创新的传承不仅使非物质文化遗产得到新的发展,而且使现代的年轻人以他们感兴趣的形式接受了中国传统文化,为非物质文化遗产的传承提供了很好的切入点。但对非物质文化遗产的发展创新应建立在科学合理的基础之上,保持其文化内涵,而不应该胡乱改,使传统文化失去了其本来面目。

(四)完善保护传承非物质文化遗产的法律法规体系

我国非物质文化遗产保护方面的法律制度主要包括两个方面:一是宪法和民族区域自治法确立的基本法规、依据和准则。二是非物质文化保护的专门的法律法规。当前,随着对非物质文化遗产保护认识的深化,随着社会主义民主法制建设的加快,中国对非物质文化遗产保护法律制度的建立和完善进入了一个新的时期。我国已成立了由全国人大、中宣部、文化部等多部委组成的立法工作领导小组;国家文化部下发了《关于推荐国家级非物质文化遗产项目代表性传承人的通知》来规范传承人选拔的标准;“《国务院办公厅关于加强我国非物质文化遗产保护工作的意见》的下发,必将有力地推动和加快立法工作的进程”[①]。由于非物质文化遗产没有明确的作者，传承人也不是具体的哪个人，一些营利性的机构打着保护的幌子进行非法盈利，造成了传统文化的变味，这还需要我们进一步确立和完善民间技艺及文学作品的法律保护，并将知识产权作为一个内容单独立法，制定专门的法律法规。我国的非物质文化遗产分布范围很广、地域性也很强，这就需要各级地方政府根据本地实际来进行法规的制定，并且要与国家的法律法规相一致，从而建立起中国非物质文化遗产全方位保护的法律体系。

① 李韵：《非物质文化遗产怎样传承》，《光明日报》2007年6月20日，第3版。

国家级非遗钱王传说的保护研究

骆金伟①

（临安市非物质文化遗产保护中心　浙江临安　311300）

内容摘要　钱王传说是临安的宝贵文化财富，是国家级非物质文化遗产。钱王传说是以吴越国王钱镠生平事迹衍化而成的民间传说。随着历史的发展和钱王后裔的迁徙，钱王传说传遍全国，乃至海外，流传至今已有1100多年。本文从武肃王钱镠传略、古代典籍中的钱王传说、临安民间的钱王传说、海内外各地的钱王传说四个方面阐述钱王传说的溯源；从钱王传说的历史价值、社会价值、文化价值、现实价值探讨了它的意义；并从建立传承人群体，建设好传承基地、做好四篇文章等方面对钱王传说的传承与保护进行了探讨。

关键词　钱镠　钱王传说　非物质文化遗产　价值　保护

临安地处浙江省西北部，东临省会杭州。西晋郭璞诗咏："天目山垂两乳长，龙飞凤舞到钱塘，海门更点巽峰起，五百年间出帝王。"吴越国王钱镠，正是应了该诗，成为"上有天堂，下有苏杭"的创始人。

---

①　骆金伟（1973—　），临安市非物质文化遗产保护中心主任，副研究馆员，高级政工师，高级教师。

钱镠身经百战，开疆拓土，创建吴越国。安邦定国，保境安民，钟天之秀，踞地之英；一方慈父，千里藩屏。其生平事迹和丰功伟绩演绎出栩栩如生的钱王传说。作为以吴越国王钱镠生平事迹衍化而成的钱王传说，随着历史的发展和钱王后裔的迁徙，传遍全国，乃至海外，流传至今已有1100多年历史。

2011年，钱王传说被国务院列入第三批国家级非遗代表性项目名录。

一、钱王传说溯源

1.武肃王钱镠传略

钱镠，字具美，杭州临安人。钱镠诞生五日后，东方生复起龙祷雨，传说："池龙已生此家。"钱镠7岁开始从师学习，尤其喜读《春秋》。16岁时，钱镠为赡养父母，开始贩私盐谋生。唐懿宗咸通十三年(872)，应征入伍。乾符四年(877)，钱镠被提拔为石镜镇副使。唐昭宗景福二年(893)，唐授钱镠镇海军节度使，浙西道观察处置使，润州刺史，以杜稜为节度副使。是年，唐加封钱镠父钱宽职方郎中兼御史中丞。唐昭宗乾宁三年(896)，唐封钱镠检校太尉兼中书令、镇海威胜两军节度使。唐昭宗光化二年(899)唐诏封钱镠为南康王。唐昭宗光化四年(901)，50岁的钱镠亲巡衣锦营，衣锦还乡。钱镠在开拓吴越疆域过程中礼贤下士，网罗人才，真可谓"满堂花醉三千客"。开平四年(910)，钱镠命传瓘筑杭州子城。到10月底，从六和塔到艮山门，全长338593丈捍海石塘全部竣工。后唐明宗长兴二年(932)2月钱镠病重，后唐明宗赐汤药。3月病逝，享年81岁。钱镠主政杭州41年，掌控两浙37年。是五代十国中在位最长的一位雄藩。

2.古代典籍中的钱王传说

古代典籍中的钱王传说属人物传说中的帝王传说。钱镠开拓、巩固吴越疆土的戎马生涯以及武肃王的业绩和成就，广泛流传于民众之中，被史官文人墨客记录下来，写进正史典籍，笔录于方志和野史典籍。钱王在历史上的地位和作用，历史学家早已有所评价。

（1）记载钱武肃王史料的古代典籍。古代典籍通过记录钱武肃王的人和事，借物寓意，因名引人。在史料、史籍、故事传说中形成钱王传说最初版本，是钱王传说的产生、发酵、衍生阶段，反映出民众和文人墨客对武肃钱王其人其事的怀念、牵挂和反思。这一类典籍甚多，有《新唐书》,《旧唐书》,《宋史》，宋·欧阳修《新五代史》，宋·薛居正《旧五代史》，宋·司马光《资治通鉴》，宋·王溥《五代会要》，宋·王禹偁《五代史阙文》，宋·路振《九国志》,《九国志逸文》，范质《五代通录》，清马端临《文献通考》，尹诛《五代春秋》，宋·刘恕《十国纪年》，刘清木《通鉴纪事本末》，清·吴任臣《十国春秋》，陶岳《五代史补》，梁天瑞撰、钱济鄂注《吴越书》。

（2）记录钱王传说的古代典籍。宋、元、明、清至近代是钱王传说形成和发展时期，大多是以史料和民间传说为依据而加工创作出的钱王传说的新版本，其形式多样，风格迥异。这一类文献如唐·罗隐《吴越掌记集》，皮光业《皮氏见闻录》，宋·范垌林禹《吴越备史》，明·马尭臣《吴越备史补遗》，宋·潜说友《咸淳临安志》，宋·释文莹《湘山野录》，宋·施谔《淳祐临安志辑佚》，宋·乐史《太平寰宇记》，毕仲询《幕府燕闲录》，明·田汝成《西湖游览志》及《西湖游览志余》,《四库全书》佚名《江南余载》《五国故事》，袁褧《枫窗小牍》，清·古吴墨浪子《西湖佳话》，清·徐松《宋会要辑稿》，元·盛如梓《庶斋老学丛谈》，钱文选《钱氏家乘》《天目山名胜志》，李唐《五代十国》，姚兆胜、马增祐《纷乱的五代十国》，王元穉《读五代史随笔》。话本中有冯梦龙《古今小说》，元·刘一清《钱塘遗事》，明·周清源《西湖二集》，钟毓龙《说杭州》。

（3）古代典籍中钱王传说选录举例。可见的记载有《钱镠还乡》（宋·释文莹《湘山野录》）,《欢喜地》（宋·袁褧《枫窗小牍》

卷上),《衣锦山》(宋·潜说友《咸淳临安志》),《临安县土地》(宋·潜说友《咸淳临安志》卷八八“祥异”),《射潮箭》(元·刘一清《钱塘遗事》卷一),《担盐山与拄杖泉》(明·嘉靖《淳安县志》卷二“山”),《武肃王世家》(清·吴任臣《十国春秋》卷七十七)。

3.临安民间的钱王传说

钱王传说在武肃王生前就已经在民间流传。到近现代,通过政府和民间艺人有计划有步骤地整理挖掘,民间涌现出内容丰富、形式多样而又生动鲜明的钱王传说。

(1)现代记载钱王传说的书刊。主要有:《中国民间故事集成·浙江卷》《浙江省民间文学集成·杭州故事卷》《临安县故事·歌谣·谚语卷》《钱王传说》《钱王传说集成》《吴越钱王》《钱武肃王生平故事》《天目山地名故事》《钱镠与南北湖》。

(2)有关钱王传说的文艺作品。主要有:电影《吴越钱王》,微电影《少年钱王》,戏剧《天堂英雄传》《陌上花》,历史小说《钱王春秋》《钱镠传》《钱镠》,美术连环画《武肃钱王传》《钱王故事》,绘画本《钱氏家训解读》。

(3)临安民间钱王传说举例。《石镜山》《打龙王》《钱王怒打海潮三扁担》《高沣作乱》《钱王梦中吓退强盗王》《会仙桥》《贯休傲骨拒钱王》《砻糠瘪谷筑堤坝》《钱镠太湖投龙简》《城隍山的来历》《罗隐投钱王》,均选自《钱王传说》。

4.海内外各地的钱王传说

钱王传说以临安为中心,呈放射状流传于浙江省杭州、绍兴、嘉兴、湖州、台州、宁波、金华、丽水等11个地级市及江苏省苏州、扬州,上海市,安徽省宣州,福建省福州,并广泛流传到江西、河南、北京、台湾等全国各地区以及美国、日本、朝鲜半岛、新加坡等国家和地区。内容主要有:《钱武肃王》《五代银投简》《担山和笠帽山》《钱王施茶金粟寺》《盐担勃出南北湖》《观音向钱王借南北湖》《钱王喜得金扁担》《金书铁券》《长乐钱氏与钱氏家训》《钱镠与耶律阿保机》,以上均选自各地的钱王传说。

二、钱王传说的价值

钱王传说已流传1100多年。钱王一直是中国封建社会极具代表性的草根帝王传奇人物，为历朝封建统治者所推崇，更为历代文人墨客所敬仰，同时也为广大百姓民众所传颂。

1. 钱王传说的历史价值

钱武肃王是个历史人物。钱王传说历史悠久，经久不衰，越传越厚，越传规模越大。同一个故事在不同地方出现诸多异文，内容涵盖政治、经济、文化、宗教、教育等诸多方面。临安是吴越国王钱镠的故乡，是钱镠王传说的中心和发源地。目前，在临安等地还保留着许多与钱王有关的文物古迹，其来历和缘由，因历史记载语焉不详，或者是历史记载过于简单，三言两语，一笔带过，钱王传说故事正好成为它们的解说词。

2. 钱王传说的社会价值

钱王传说是钱镠的政治理念、人文伦理现身说法的载体，是研究钱镠言行的通俗版民间文学的依据，亦对研究五代十国时期吴越国政治、经济、文化及社会发展具有重要的社会价值。钱王传说所涉及的人和事、言和行，以及五代十国时期人物、地名、风土人情、风俗习惯等涵盖了民间文学所涉及的各个领域。主要有钱镠“保境安民”“以人文本”的治国理念和基本国策，其亲民、为民、爱民的形象，以及其所具有的热爱家乡、热爱祖国、忠孝仁爱、尊老爱幼等社会伦理观。

3. 钱王传说的文化价值

钱王传说具有传说所具有的艺术性、浪漫性和现实性相融合的艺术文化特征，同时又具有浓郁的吴越地域文化印记。传说故事所发生的情节、语言语气都同当地的民俗民情密切联系在一起，与现存的文物遗迹和风土人情紧密相连。钱王传说不断得到艺术加工，创作成小说、戏剧、曲艺、电影电视、雕塑、广场舞蹈、武术等文化作品，可以说门类齐全，流传甚广。如《钱王射潮》就充满传奇色彩，民间文学作者是把千百年来大众同潮汛做斗争的愿望都集中在钱王身上。

4.钱王传说的现实价值

钱王“保境安民”“善事中国”“纳土归宋”等治国理念的传说，突出表现了维护国家统一，维护国家领土完整的宗旨和思想。钱镠的立国思想，灵活应变的谋略，不是一般意义上的统治者巩固统治保住江山的问题，而是以国家社稷为重的大局思想和品德。这种思想品德有利于维护国家统一和领土完整，有利于增强海峡两岸认祖归宗的归属感，具有重要的现实意义。还有，钱氏后裔名人辈出，如著名的“三钱”，他们继承了中国传统文化精华，发扬光大了钱氏家训，具有重要的现实价值。

三、钱王传说的传承与保护

临安是钱镠的故里。临安百姓对钱王怀有特殊的情感，对钱王传说总是津津乐道，口耳相传。钱王是临安的文化名片，钱王传说是钱王文化的精髓，保护和传承好钱王传说意义重大。

1.建立传承人群体

在临安一直拥有一个庞大的关于钱王传说的“传讲艺人群”。他们自古到今，一直口耳相传，面面相授，代代相继，挖掘传承着钱王传说，继承和发扬着钱王文化。

临安现在拥有一个庞大的“传讲艺人群”，其主要传讲艺人见表1：

表1　临安钱王传说主要传讲艺人

姓名	性别	出生时间	文化程度	居住地
郑南根	男	1929年	初小	锦城街道锦桥社区
张柏根	男	1929年	初小	玲珑街道徐坞村
朱臣煜	男	1933年	初中	湍口镇迎丰村
朱德明	男	1935年	小学	玲珑街道合庆村

续　表

姓名	性别	出生时间	文化程度	居住地
黄学清	男	1937 年	初小	锦北街道西墅村
陆宣德	男	1942 年	大学	锦城街道
盛金声	男	1945 年	初小	锦北街道集贤村
鲍士铨	男	1946 年	初小	锦城街道
陶福贤	男	1946 年	初中	锦城街道
胡月耕	男	1947 年	高中	锦城街道
程继荣	男	1947 年	高中	太湖源镇
曹林林	男	1948 年	中学	潜川镇乐平村
黄金森	男	1948 年	中学	锦城街道横街村
曾幼林	男	1948 年	中学	於潜镇
华惠清	男	1948 年	大专	锦城街道
倪瑞龙	男	1948 年	大专	锦城街道
印振武	男	1948 年	大专	锦城街道
姚富泉	男	1951 年	高中	板桥镇
钱福根	男	1952 年	小学	板桥镇
王建华	男	1953 年	大学	锦城街道
潘庆平	男	1953 年	大学	锦城街道
陈启明	男	1955 年	高中	锦城街道
许东炎	男	1955 年	高中	太湖源镇
李茂根	男	1961 年	大专	锦城街道
陈伟民	男	1963 年	大学	锦城街道
杨淑平	女	1965 年	大专	太湖源镇
毛士火	男	1966 年	大专	青山湖街道
帅奇芳	女	1973 年	大学	锦城街道

续 表

姓名	性别	出生时间	文化程度	居住地
吴晓云	女	1974 年	大专	锦城街道
张晓华	男	1975 年	大专	锦城街道

这些传承人是钱王传说传承发展的关键。他们的传艺动机、传艺方式、传艺保障等直接影响到这一传说的生命延续和发扬光大。比如倪瑞龙是钱王传说杭州市级非物质文化遗产保护项目代表性传承人。他讲故事生动有趣，活灵活现。他收集整理并传讲的传说主要有《不打不相识》《钱王梦中吓退强盗王》《钱王买酒》等 14 个。

2. 建设好传承基地

临安现已形成一个传说研究中心、两个传承基地、一个故事会的传承基地格局。这可以很好地支撑和推进对于钱王传说的研究、传承、传播。

(1)中国钱王传说研究中心：2011 年 12 月在临安成立，由中国民俗学会秘书长叶涛宣读关于建立中国民俗学会中国钱王传说研究中心的决定，并由中国民俗学会副会长陈勤建授牌。这是浙江省第一个国字号民间文学类研究中心和研究基地。

(2)两个钱王传说的传承基地：临安衣锦小学、玲珑街道锦绣村。2011 年临安衣锦小学被命名为浙江省非遗传承钱王传说教学基地。学校开设钱王传说的师资培训班、钱王传说故事员培训班，开展“我是故事大王——钱王传说”故事大赛，编写《钱王传说》校本教材。全校能讲故事的有 80 人，骨干队伍 20 人。开展钱王传说教学成绩斐然，临安市第七届中小学艺术节中，鼓书《钱王出世》获曲艺类第一名。临安市首届“钱王传说”故事大赛中，获得三个一等奖，三个二等奖，两个三等奖。玲珑街道锦绣村是一个以钱姓家族为主要传承人的基地，负责人姚国成。玲珑街道锦绣村的姚家、梅坞两个自然村，钱氏比较集中，对钱王感情比较深厚，族中长辈流传至今的钱王传说较多，村里在挖掘整理的基础上，传承光大。

(3)钱王故事会：2009 年成立，隶属于临安市民间文学协会。开展钱王故事传说挖掘整理，采编创作，研究和故事演讲培训等活动。举办过钱王传说少儿故事培训班和钱王少儿故事大赛。至今主办省钱王故事大赛两届、杭州市少儿钱王故事大赛一届。

3. 做好四篇传承文章

针对钱王传说的传承，我们可以从以下四个方面着手：一是保护和修缮钱王传说有形载体，包括钱王陵园、吴越文化公园、钱王文化博物馆。二是积极拓展钱王传说传扬渠道，努力创作形式多样的钱王传说文艺作品，把钱王传说搬上舞台，走进寻常百姓家。三是加强钱王传说研究、整理、传承工程，在 2015 年出版国家级名录《钱王传说》；建立完整系统的钱王传说资料库和数据库，出版《钱王传说大全》；培养钱王传说接班人，特别是在小学生中。四是延伸钱王传说的保护工程，包括用好中国民俗学会中国钱王传说研究中心的招牌；做好钱王传说拓展性申报工作，如临安清明恭祭钱王项目申报省级非遗名录，传承好省级名录项目“十八般武艺”，保护“临安水龙”“横街草龙”等非遗项目。

总之，钱王传说作为国家级非遗，其多维价值已经得到认可，接下来最重要的工作是如何保护好、传承好这一项目。它的发展需要政府、学者、百姓、传承人等行为主体从各自角色出发尽一份责任，促进这一项目永续、健康地传承下去。

非物质文化遗产保护背景下信阳民歌的传承与发展

李帅超[①]

（浙江师范大学文化创意与传播学院
浙江金华　321004）

内容摘要　非物质文化遗产是人类文明发展历程中的重要载体，它彰显了人类文化的生命力和创造性，体现了世界文化的多样性。信阳一贯以来都享有河南歌舞之乡的佳誉，拥有众多的汉族民间音乐、舞蹈等非物质文化遗产，并且在表现风格上和淮河以北的河南省内各地区有很大的差异。2008年，信阳民歌经国务院批准被列入国家级非物质文化遗产名录。本文从非物质文化遗产保护的角度来分析信阳民歌的传承现状，并对其传承与发展进行探究。

关键词　非物质文化遗产　信阳民歌　传承　发展

2003年，联合国教科文组织第32届会议在巴黎正式通过了《保护非物质文化遗产公约》，其对非物质文化遗产的定义是：被各社区、群体，有时是个人，视为其文化遗产组成部分的各种社会实践、观念表达、表现形式、知识、技能以及相关的工具、实

---

① 李帅超，女，浙江师范大学文化创意与传播学院民俗学专业硕士研究生。

物、手工艺品和文化场所。根据国务院公布的前三批国家级非物质文化遗产名录所做的类别划分,非物质文化遗产主要分为民间文学、传统音乐、传统舞蹈、传统戏剧、民俗等十大类别。自20世纪80年代以来,我国开展的民族民间文化十套集成工作,已经开始着手进行民族民间传统文化的研究、抢救和保护工作。信阳民歌的传承和保护也正是在这一时代背景下展开的一项有着重要意义的文化活动。

一、信阳民歌概说

河南省信阳市,古时称为义阳、申州,又名申城、茶都,位于河南省最南部,是华夏文明的发祥地之一。信阳历史悠久,人杰地灵,文化底蕴丰厚,民风淳朴,民间艺术蕴藏量极为丰富,如花鼓戏、咳子戏、皮影戏、灶戏、吹打乐、地灯、民间舞蹈、民间歌曲等,其中民歌更是数量众多,种类丰富,具有鲜明的信阳特色。

关于信阳民歌的由来,有这么一个传说。相传,居住在淮河流域的东夷部落以鸟为图腾,认为鸟的歌唱是神发出的声音。有一位先民先是模仿鸟的歌唱,这时岩壁回应了他的歌声,这种回声让他异常兴奋。于是他便按照自己的想法去控制歌声,唱出他想唱的曲调。这位先民被称作信阳的第一个歌手,他回荡在岩壁间的歌声就是信阳的第一首民歌。目前商城的锣鼓唱、车水歌等民歌依旧保留着六朝时期的形式,宋元时期,信阳民歌又深受戏曲、曲艺的影响,到了明清之际,信阳民间乐班更是蓬勃发展。随着封建帝制的推翻和新中国的成立,信阳地区歌舞久盛不衰,创作了很多革命历史歌曲,并且多次进京汇报演出,受到国家领导人的亲切接见,其中以《八月桂花遍地开》最为著名。改革开放后,随着非物质文化遗产保护工作的深入开展,信阳民歌越来越受到重视。

五句子是信阳民歌的最大特色。五句子中劳动歌是其精华,情歌又是精华中的精华。例如这首《床底下挖个养鱼塘》:

"想郎想得脸焦黄,夜夜睡觉想着郎。打开枕头给郎看,眼泪发芽二寸长。床底下挖个养鱼塘。"前两句是白描,第三句开始起跳,第四句是奇句,第五句跟进,这样的创作模式在其他民歌中实属罕见,独特的艺术魅力使得信阳民歌历久不衰。

另外,信阳地区特殊的地理位置和便利的交通,使东西南北各种声腔的戏曲及风格各异的民歌汇集于此。吴歌楚辞、皖腔苏韵、中州戏曲、昆腔京曲等都与当地的方言土语、音韵节奏融合在一起,在这个环境中,信阳民歌采纳了大量其他地区的民歌,并将它们的精华吸收融合进自己的躯体中。这种兼收并蓄使得其形式多样,种类齐全,题材广泛。如果按照体裁分类法来对信阳民歌进行分类,主要可分为五类:即"号子""田歌""山歌""小调"和"灯歌"。若以题材分类,信阳民歌种类更为广泛,可分为茶歌、酒歌、哭丧歌、哭嫁歌、农事歌、节气歌、表现爱情的民歌(情歌)、反映重大历史事件的民歌、新中国成立以后产生的新民歌等等。①

2008 年 6 月 14 日,信阳民歌经国务院批准被列入第二批国家级非物质文化遗产名录。在非物质文化遗产保护背景下,在中国流传了一代又一代的传统民间艺术形式的生存与发展面临着新的挑战,如何在新环境新语境下保护和传承信阳民歌成为我们要思考的问题。

二、非物质文化遗产保护与信阳民歌的传承与发展

(一)信阳民歌的当代传承与发展

信阳民歌的历史发展过程漫长,再加上信阳南北相交的地理位置,使得信阳民歌渐渐失去了它原生态的面貌,流传至今的曲目并不是很多,在全国范围内有影响力的更少之又少。现如今只剩下一些留守老人和少数的茶农以自娱自乐的形式

① 韩冰、黄铁成:《信阳民歌音乐结构研究》,河南大学出版社 2012 年版,第 5 页。

在传唱，年轻一代更多的是选择外出务工或从事其他行业，由于长时间不唱或无人传唱，信阳民歌中很多有价值的传统歌谣已渐渐失传。信阳民歌的传播群体在逐渐缩小，面临后继无人的窘境。

自信阳民歌经国务院批准列入国家级非物质文化遗产名录之后，信阳地区政府开始注重对信阳民歌的传承与保护工作。地方文化部门积极组织文艺工作者对旧民歌的词曲进行整理，创造出具有时代气息和浓郁地方特色的新民歌，使得信阳民歌在演唱风格和歌词内容上面更加新颖。此外，民歌整理工作也得到了长足发展，20 世纪 80 年代初，中原农民出版社出版的《信阳地区民歌卷》，1500 余首民歌是从近万首民歌中精选出来的；王道云、陈有才编辑的《信阳地区歌谣卷》选录两千多首信阳民歌；《中国民间歌曲集成·河南卷》共收录信阳民歌 224 首，占河南卷总数的 1/5；《河南民间文学集成·信阳地区歌谣卷》收录信阳各类民歌 849 首；信阳市非物质文化遗产保护中心编著的《信阳民歌》，收录了信阳各类传统民歌 387 首并附有光盘。政府部门也对民歌传承人设立了专项资金，使他们的基本生活得到了保障，让他们可以无后顾之忧地进行民歌创作和传授。这些举措使得很多濒临消失的民歌曲目保存了下来，民歌的记录整理存档工作也得到了很好的发展。

（二）信阳民歌传承与发展中存在的问题

自 2008 年信阳民歌经国务院批准被列入国家级非物质文化遗产名录之后，信阳民歌迎来了新的发展机遇，但是也面临着一系列的问题和挑战，主要问题有以下三个方面：

1. 商品经济迅速发展，民歌失去其生长土壤

随着时代的不断发展，生产方式和社会生活的改变，小农经济逐渐萎缩，机械化水平越来越高，这就使得信阳民歌慢慢失去了它生存的土壤。比如说田歌和号子，都是在田间集体劳作时，用于农作娱乐和配合劳动节奏所创作的。但是机械化生产方式

的改进，已经不需要石匠一锤一锤地上山采石，也不需要人工打夯、打硪了，妇女也没有必要在家纺线织布。很多人都把土地流转或者承包出去，自己外出务工赚钱。这样一来，与这些劳作活动相关的信阳民歌，就失去了其传唱的空间。

2. 新媒体的冲击，民歌失去其发展市场

在讲求效率的当代社会，速食文化深受大家的喜爱，人们更愿意用微信、微博等新媒体社交软件去交流和联系，发短信和打电话远比唱一首民歌省事得多。再加上娱乐活动的日益丰富，电视节目和娱乐设施的增加，唱民歌早已不再是人们的主要娱乐方式，民歌的娱乐功能渐渐被遗忘，只成为对外宣传的一种手段。

3. 老一辈传承人先后辞世，民歌传承出现断层现象

非物质文化遗产和物质文化遗产有很大差异，它是和人们生活息息相关的，特别是民歌这种依靠口头传承的原生态文化，从某种程度上来说，人就是文化的活化石和载体，传承人是要直接参与非物质文化遗产的传承过程的。在非物质文化遗产的传承中存在着“人在艺在，人亡艺亡，艺在人身，艺随人走”的现象，有着明显的脆弱性和不确定性。① 信阳民歌是口耳相传的原生态艺术，老一辈的民歌传承人渐渐老去，青年人或外出务工赚钱，或追求时尚，对民歌没有深厚的感情，民歌作为人们感情交流和情感表达的功能渐渐衰退。我们在走访调查中了解到，目前能够教授和传承信阳民歌的艺人年龄层次相差很大，可以演唱民歌的年轻人少之又少，据河南省民间文化遗产抢救工程工作委员会调查显示：“非物质民间文化传承人平均年龄 64 岁，年龄最大的 109 岁。”②信阳民歌传承出现断层现象。

---

① 薛艺兵：《“非物质文化”新语境下的音乐文化遗产保护问题》，《人民音乐》2008 年第 2 期。

② 周斌、郭兴华：《传承人越来越老，河南民间文化难找继承人》，《大河报》2006 年 8 月 23 日。

三、促进信阳民歌的传承与发展的建议

(一)建立原生态民俗村,培育民歌的生存空间

在非物质文化保护的热潮下,原生态民俗旅游也越来越受到人们的欢迎。信阳地方政府可以加大投资力度,在原生态环境保存条件良好、民歌传唱比较集中的地区,建立小规模的原生态民歌民俗村。这样不仅可以为民歌的发展提供生存土壤,而且还能带动信阳市旅游业的发展,还可以利用发展民俗旅游的收入,为民歌的传承保护提供经费支持,实现多赢的局面。

(二)利用网络新媒体,扩大民歌影响力

信息化时代的到来,推动了微信、微博等网络新媒体的飞速发展。虽然民歌是农耕社会的产物,但是也要紧跟时代的步伐,借助新媒体大力宣传民间传统音乐文化。例如,可以借助一年一度的"茶文化"节这个舞台,积极"走出去"。或者利用网络这个公众平台,拍摄信阳民歌纪录片,设立信阳民歌公众微信号,定期更新微博微信动态,让更多的人了解信阳民歌,爱上信阳民歌。

(三)设立非物质文化遗产培训班,培养信阳民歌传承人

信阳民歌是一种口头传唱的非物质文化遗产,传承人是其载体。政府部门应该完善相关的保护措施,设立培训机构,定期举办非物质文化遗产培训班。请当地著名的民歌传承人对一些对民歌感兴趣的人进行专业培训,使更多的人能够掌握信阳民歌的演唱技巧。传承人出现断层现象的另一个重要原因,是人们对民歌的保护意识比较淡漠,并不了解应该如何去保护民歌这种非物质文化遗产。地方政府可以邀请民歌方面的专家学者,来对负责非物质文化遗产保护的地方文化部门人员和民歌传承人讲解信阳民歌保护的知识,让他们了解非物质文化遗产的相关政策,掌握保护的相关措施。

(四)响应非物质文化遗产进校园活动，在高等院校设立学科研究点

非物质文化遗产的传承和保护是一项全民性的活动，如果仅仅依靠政府机构和一些民间组织去做这项工作，显然是远远不够的，人才的培养重点是在高校。信阳民歌是我国原生态民歌的珍宝，它唱法独特，种类繁多，题材广泛。各高校要积极响应非物质文化遗产进校园活动，让更多的大学生了解民间文化，爱上民间文化。河南省信阳师范学院位于信阳市浉河区，是河南省重点高师音乐教育基地之一。在传承和保护非物质文化遗产方面，学校要进一步做好学科建设的课题规划，设置相关的师资队伍，学生也可以深入田间地头进行民歌的田野调查，观看民歌表演团体的演出，教育主管部门可以编制教材，推动信阳民歌传承的专业化发展。

俗话说，一方水土养育一方人。信阳民歌不仅表达了信阳地区劳动人民的思想情感、心理素质和审美取向，也反映了许多信阳地区过往的历史、文化、社会和人们的生活状况，可以说是一座活的民俗博物馆，为我们提供了一个全新的研究平台。在被列入国家级非物质文化遗产保护名录后，信阳民歌确实迎来了发展的春天，但是这个发展需要持续下去。传承与保护信阳民歌，对于提高人们的文化自觉性，丰富精神生活，提高国家文化软实力都有积极的意义。通过本文的阐述，笔者希望对于民歌类的非物质文化遗产保护不要仅仅停留在表面，而应该深入人心，成为全民族自发性活动，使中国传统文化生生不息。

舟山市海洋文化生态保护区的现状及对策建议

沈奕汝　王　海[①]

（舟山市文化馆、舟山市非物质文化遗产保护中心
浙江舟山　316021）

内容摘要　舟山海洋文化的丰富性和完整性，造就了舟山海洋文化在中国海洋文化发展历史长河中的重要地位和独特作用，是人们感受海洋文化历史、品味海岛民俗风情不可多得的地域文化遗产。加强文化生态保护和建设，对舟山群岛新区发展海洋经济、海洋文化起着积极和独特的作用。然而，受客观条件与主观因素影响，舟山市海洋文化生态保护面临重重挑战。建议结合实际情况，可从多方面着手，积极探索，大胆实践：加强领导，建立机制，为海洋文化生态保护区建设提供多重保障；深入调查，科学规划，确定海洋文化生态保护区范围；推动研究，开展交流，解读海洋文化生态保护区的个性定位；落实措施，创设载体，扎实推进海洋文化生态保护区建设；合理开发，走向市场，促进海洋文化生态保护区的可持续发展。

关键词　文化生态保护区　非物质文化遗产　海洋文化　舟山群岛新区

---

① 王海，舟山市文化馆馆长（舟山市非物质文化遗产保护中心主任）。沈奕汝，舟山市非物质文化遗产保护中心办公室主任。

多年以来，舟山一直在致力于打造海洋文化名城形象。海洋文化名城建设，既是舟山人民对理想城市的追求，也是新时期凝聚和激励舟山城市及社会经济全面发展的重要力量，是通过城市的特殊文化形态所构成的文化差异及魅力，在城市全面竞争时代中提升城市综合竞争力的重要途径。而邻近区域的文化竞争（尤其是面对宁波象山的海洋文化生态保护区），又为我们提出了如何以独特的地域文化，打造和擦亮本土特色文化品牌，在竞争中胜出的新课题。

一、舟山市海洋文化生态保护区建设的现状

舟山海洋文化的丰富性和完整性，造就了舟山海洋文化在中国海洋文化发展历史长河中的重要地位和独特作用，是人们感受海洋文化历史、领略海岛民俗风情不可多得的地域文化遗产。

目前，普陀山（佛教观音文化）已成功申报为省级非物质文化遗产生态保护区试点、省非物质文化遗产旅游经典景区，并将积极申报国家级保护实验区；成立了“佛教文化研究所”和“普陀山文化研究会”，在文化生态保护方面已经迈出了实质性的一大步。岱山县东沙镇被省文化厅列为浙江省第三批历史文化名镇；被市政府列为市重点旅游乡镇。岱山县委、县政府和东沙镇党委政府投入了大量人力、物力和财力进行保护和开发工作。相继编制了《岱山县东沙古镇旅游规划（2004—2020）》《岱山县东沙省级历史文化名镇保护规划》《东沙古渔镇景观改造方案》，严格按照《规划》要求，科学合理地对古渔镇加以保护开发。而嵊泗县黄龙乡峙岙村渔家文化村落保护规划编制已经完成，正争取申报省级文化生态保护试验区。

二、舟山市海洋文化生态保护区建设面临的问题

然而，受客观条件与主观因素影响，舟山市海洋文化生态保护仍面临重重挑战。

1. 文化生态环境的改变带来巨大的冲击

渔农业文明向现代工业文明转化，使传统的舟山海洋民间艺术遗落在乡间。渔业资源衰退，渔民转产又使许多海洋民间艺术失去了生存的基础，许多民间手工艺被纯商业运作替代。舟山跨海大桥的开通，舶来文化快捷又强劲的传播，对舟山本土文化的冲击日趋加剧。年轻一代对乡土艺术失去了兴趣，参与民俗活动的积极性不高。

2. 对文化生态保护区建设缺乏足够的认识

文化生态保护区，这是一个新生事物，文化生态保护区建设是一种非物质文化遗产保护的创新模式。因其新，全社会对文化生态保护区尚缺乏一个系统的概念认识，群众的参与热情不高。更多的时候它只是作为专家和学者、非遗工作者所谈论的名词出现，而非全社会关心的热点。加上一些地方和部门领导保护意识不强，协调工作不够到位，导致保护经费投入不足，各地工作进展不平衡。目前看来，全市的非物质文化遗产下拨经费多为市级和各县区的非遗机构工作经费，很少落实到文化生态保护区的建设上。

3. 申报完成之后忽视原生态的保护

在文保单位登记、非遗项目申报完成之后，对后续的保护流于表面。全市的古建筑和古民居等，原生态受到严重破坏，保护不容乐观。因舟山市四面环海，潮湿多雨，空气中充足的水分和盐分对石木结构的古建筑和文物侵蚀严重，很多古民居遭受到不同程度的破坏。如白泉金山社区的陈氏台墙门是舟山市内一座相对少见的古建筑形式，目前台墙门尚完整，但是年久失修，其顶部的瓦当、瓦片、滴水均已破碎。此外，正房大部分无人居住，都已失修，屋顶漏水造成檩条、桁柱、椽子腐烂，正在加速和接近倒塌。在岱山石马岙社区，因缺乏保护意识、经费困难等原因，秀才楼、举人府等古民居未能得到修缮和保护而成为堆放杂物的空屋，实为可惜。

4. 追求经济效益导致保护与开发的矛盾突出

在追求市场经济效益的指挥下，为改变城市面貌，1996年，舟山开始了大规模的旧城改造，定海古城——这片给舟山带来历史文化名城桂冠的街区被推土机推倒铲平。因老街区大部分处于城市中的黄金地段，地价高而建筑物低矮，拆旧房建高楼，可得到高回报。古城标志性的遗迹，如古城墙、古城门以及成片的古民居拆毁殆尽。一个值得纪念的古城，最终变成了高楼大厦与残垣断壁的结合体。在对待非遗项目上，一些没有经济效益的非物质文化遗产项目受到冷落。当前，舟山已进入新区建设的崭新历史发展阶段，如何在经济发展和文化生态保护的价值取向中，找到最为合理、最为科学的平衡点和共赢点，是我们必须认真面对的现实问题。

5. 对非遗传承人缺乏应有的重视和扶持

对传承人的重视和扶持，就是对非物质文化遗产最根本的保护。相对于物质文化遗产，非物质文化遗产是一种"活态"的文化，文化生态保护实验区应以传承人为核心主体。为进一步加强文化遗产的活态保护，舟山一直在不断加强文化遗产传承人和传承基地建设，但是对非遗传承人的重视和扶持还有待进一步提高。

三、舟山市海洋文化生态保护区建设的对策建议

1985年，欧共体提出"文化城市"的概念，自然生态和人文生态理念形成潮流。对于一个城市来说，长久地保持文明的先进，必然基于其文化生态区的和谐。如果破坏和谐的文化生态，割断鲜活的文脉肌理，则会导致历史文化遗产的毁损和文化代际传承的不再、群体价值的迷茫和现代化认知的扭曲，进而导致人才的流失和创造力的衰退，乃至城市本身的衰落。因此，加强文化生态保护和建设，对舟山群岛新区发展海洋经济、海洋文化起着积极和独特的作用。

(一)加强领导,建立机制,为海洋文化生态保护区建设提供多重保障

文化生态保护区建设是系统工程,党政重视,部门合作,科学规划,都是做好生态保护区工作的重要保障。

1.需要到位的资金保障

在年度财政预算中,要建立文化生态区保护和开发专项经费,且专项资金应随着财政收入的增加而逐年增加,重点保证重大建设项目的启动。如安徽省黄山市立足于历史悠久的徽州文化,在着手制定保护规划和方案时,就设立了徽州文化生态保护专项资金。因此,可以设立舟山市文化生态保护实验区专项资金,全市文化生态保护实验区所涉及的市、区、县人民政府亦设立相应的专项资金,分别列入年度财政预算;发挥民间社团组织甚至全社会的作用,筹集和接受境内外各界及个人捐助资金,用以开展文化生态保护实验区的保护工作。

2.需要有力的组织保障

各级文化行政部门是文化生态保护区建设的牵头单位,要加强与相关部门的沟通、协作,组织专家在规划纲要的基础上科学制定保护区的总体规划和实施方案。必须建立健全保护区建设的组织领导机构和工作机构,并由这些机构出面组织制定相关的政策规定;统筹协调各有关行政部门和社会各方面力量,加强组织领导。在文化生态保护区建立保护小组,建立和完善管理机制。常设机构舟山市文化生态保护实验区领导小组办公室(或舟山市文化生态保护实验区保护中心),逐级成立保护实验区的专门工作机构。办公室(或保护中心)设在市文化局,并配备管理、研究、宣传、培训等专职人员。

3.需要稳固的法律保障

作为文化特区的文化生态保护区,是在国家特别划定的范围内,实行特殊政策措施,保障中华文化得到活态保护乃至全面繁荣的特定区域。它应具有受到国家法律确认与保护的特别权

利，应通过在区域内进行有利于文化建设和相关实践充分展开的体制和机制创新，制定和施行有别于一般的建设目标、方针政策和工作措施及相应的评价体系来体现其法权，为其不辱使命创造条件。政府在政策和法规方面要做好服务工作，要让民众认识到保护的意义，促使他们自愿承担起保护的相关责任。建议制订相应的保护措施和实施方案。

4. 需要全民的氛围保障

文化生态保护区建设是一项系统的社会工程，涉及领域多，涵盖面广，时间跨度长，需要政府相关部门的密切配合，也需要全社会的关注和支持。仅有政府担纲，缺乏民众参与，文化生态保护工作仍是无本之木，只有全民区域文化生态保护意识的提高，才能真正形成文化生态保护区建设可持续发展的局面。所以要营造氛围，全民参与，发挥群众的主体性积极因素。在实际操作中，不但要将宣传发动工作贯穿于文化生态保护区建设全过程，更要通过不断的宣传教育提高文化生态建设水平。

(二)深入调查，科学规划，确定海洋文化生态保护区域

理清全市文化生态保护区的建设思路，细致、分门别类地做好各项规划和科学保护政策。在深入调研的基础上，以政府为主导，全面启动历史文化村落保护规划编制工作。

首先，要对全市的古建筑群落、文物和非物质文化遗产开展全面的普查和相关区域的重点调查，摸清底细，建立档案和全市文化生态保护区数据库。正确处理好历史村落文化资源保护与美丽海岛建设的关系，把历史文化村落的保护列入美丽海岛建设规划之中。

其次，界定保护重点区域，选定若干个自然环境、物质文化遗产和非物质文化遗产表现形式突出，海洋文化空间相对完整，保护价值高的岛屿及项目，作为生态保护区的有机组成部分，先行开展试点示范。

再次，科学编制保护规划。总体规划要体现开放性、持续性、主体性、科学性的原则。有关的规划要求指导思想明确，提出的战略定位较高，指标分析具体，方法步骤可行，功能区划分及重点项目切合舟山市实际，保障措施得力，可以作为文化生态保护区建设的纲领性文件。如编制文化生态保护实验区保护总体规划、生态保护规划、文化遗产（特别是非物质文化遗产）保护规划、各行政区划的保护规划、各类别非物质文化遗产的保护规划、各级非物质文化遗产名录代表性传承人的保护规划及实施细则等。

（三）推动研究，开展交流，解读海洋文化生态保护区的个性定位

文化生态保护是新时期文化工作开拓的一个新领域，也是一项新课题，如何以科学的理论指导保护区建设的实践是亟待解决的问题。随着文化生态保护实验区各项工作的日渐深入，其理论研究和政策研究相对滞后的问题已经日趋突出，开展专门的研究工作势在必行。打造文化生态保护区，就要从各类本土文化中深入发掘和正确认知文化特征，在做出准确可靠解读的基础上，对文化个性给予明确定位，并注意保持这种原有文化特征，维护好生成它的区域格局、风貌以及空间特征、整体环境、人文精神等，以留住文化个性，固化区域特色。因此，要充分发挥专家学者在文化生态保护方面的指导、咨询、参谋作用，为保护区建设提供科学的理论依据和决策参考。可从以下几个做法着手：

（1）成立舟山市文化生态保护实验区专家委员会，对保护实验区的工作进行全面的学术指导和智力支持。

（2）设立相关课题，组织专家并鼓励高校硕士、博士研究生开展舟山市文化生态保护实验区的理论研究。

（3）举办各种形式的文化生态保护研讨会、经验交流会，积极开展文化生态保护区的政策研究与学术交流。

（4）做好文化生态保护区的申报工作。对舟山进行整体包装，申报国家级渔俗文化生态保护区。省级文化生态保护区普陀山可申报国家级文化生态保护实验区。对具有丰富的海洋文化遗存且至今保护比较完善的海岛，划入市级海洋文化生态保护区加以培育，待条件相对成熟后争取申报省级文化生态保护试验区。

（四）落实措施，创设载体，扎实推进海洋文化生态保护区建设

1.建设海洋文化生态博物馆

生态博物馆提倡的是一种文化的原生地保护，展品包括房屋、河流、节日、传统等等，表现的是一切随时间变化的状态。它的建立，可以更好地展现舟山的海洋文化特色，更便捷高效地提供服务，更好地保护本土的文化。

2.保护和利用好古民居

古民居要存活下去，需要政府重视、地方努力和群众支持，从上到下形成保护气氛，更需要创新思路。要开发利用好大量“屋大人少”或已成“空巢”的传统民居。与其弃用闲置，在风吹、雨淋、日晒、腐朽、虫蛀等侵害中自然损毁，日渐变成残垣断壁，最终成为废墟而兴叹，不如及早规划、及早行动。根据自身实际和人文特色，作为文化生态示范区“延伸”的景点，既守护又开拓地加以利用。

3.设立非物质文化遗产博物馆和传习所

在文化生态保护区内，推动保护和展示文化遗产的基础设施建设，促成非遗展示馆、民俗博物馆、传习所、专题博物馆、传承基地等各类文化遗产基础设施建设。如在舟山市非物质文化遗产展示厅，陈列了布袋木偶、舟山锣鼓、渔民服饰等从民间征集来的实物。除了实物外，电子显示屏依次向观众播放渔民号子、祭海等视频片段，让参观者近距离体味舟山的民俗风情。展茅街道干施岙村的五匠馆是舟山市首家五匠文化博物馆，集中表现地方民俗风情和特色文化。在2000多种藏品基础上，配置各种工匠不同生产态势的操作造型塑像。自2009年初开馆以来，参观者络绎不绝。

4. 保护和扶持传统海洋文化传承人

非物质文化遗产传承人的地位要得到尊重，政府要给予他们奖励和生活津贴，为他们排忧解难，发挥他们的积极性，建立相应的平台，让他们施展才干。通过传授、培训以及宣传，使非物质文化遗产项目得到更好的传承。

5. 举办宣传展示活动

在活动中传承非物质文化遗产，是一种生动的手段。应多方面搭建平台，让非物质文化遗产的各个项目在活动中得到形象展示。自 2003 年起，普陀区政府连续举办了五届中国沈家门渔港民间民俗文化大会，延承了乡土文化，既传承和弘扬了优秀民间民俗文化，也打响了世界著名渔港品牌。目前，舟山可以重点打造的文化品牌就有中国沈家门渔港民间民俗大会、岱山县渔民祭海典礼、白泉镇白泉振兴会等活动，借此传承和展示海洋文化。

6. 大力推进各类非遗传承基地建设

各类非遗传承基地建设包括非遗传承教学基地、非遗生产性基地、传统节日保护基地、非遗旅游景区等建设。目前，全市共有 2 个省级非遗传承基地、5 个省级非遗传承教学基地、14 个市级非遗传承基地、13 个市级非遗传承教学基地、6 个“舟山老字号”和 2 个“舟山百年老店”。

(五)合理开发，走向市场，促进海洋文化生态保护区的可持续发展

非物质文化遗产保护最终的目的不是为了经济效益，但是合理地开发，挖掘其内在的市场效益，实施生产型保护，赋予非物质文化遗产以蓬勃的生命力，使其融入当代，服务大众，也是可持续发展的一条良好途径。

1. 合理开发旅游资源

非物质文化遗产作为一种资源，可以在旅游事业中合理利用。针对文化生态基础条件较好的社区、村落，策划完善旅游开发项目实施方案，推动渔（农）家乐的布局整合和文化提升。让丰富灿烂的非物质文化遗产走进导游词、导游培训班，在丰富舟山旅游内涵的同时，向国内外游客弘扬舟山优秀文化。

2. 注重生产性非遗项目的保护及利用

非物质文化遗产包含大量的传统手工技艺，采取生产性方式保护非物质文化遗产，合理利用其自身价值，可将其转化为经济效益和经济资源。建议在文化生态保护区的旅游开发中，给予政策支持，利用舟山传统手工技艺开发旅游纪念品，为舟山市的渔民画、造船、贝雕等传统手工艺品提供制作、展示和销售的场所，逐步推进生产性海洋文化遗产的保护。

3. 开发文化创意产业产品

非物质文化遗产作为一种资源，还可以在文化创意产业中得到合理利用，开发出更多更好的文化产业产品。因此，积极发挥现有专业技术人员的积极性，利用他们对民间艺术的鉴赏力和丰富的想象力来挖掘开发民间艺术的艺术含量，经过再创作、再设计和再加工，把握市场的需要，开发更多的衍生产品，可辐射国内乃至开辟国际市场。

总之，舟山历史文化遗存丰富，民俗文化浓厚，更具有优越的海岛自然生态环境资源，这些特征构成了舟山群岛海洋文化生态的关键内核。这些有形或者无形的资源及其蕴含的精神要素，值得在更广阔的地理背景中进行拓展和延伸。对于舟山市来说，文化生态保护区亦是建设“美丽海岛”的重要抓手之一。因此，应赋予文化生态保护区以特别的性质和地位。设立文化生态保护区，将非物质文化遗产保护工作推进到活态整体保护的新境地，结合实际情况，积极探索，大胆实践，走出适合本地情况的文化生态保护区建设的路子，使之真正成为“保护生态、延续民俗、传承文化、体现特色”的示范区，从而使具有独特价值的舟山海洋文化保有旺盛的生命力，为建设和谐文化和社会主义和谐社会发挥重要作用。

试论我国非物质文化遗产保护政策的推进

——兼谈对中国非遗概念的一些看法

谢　芳[①]

（浙江师范大学文化创意与传播学院
浙江金华　321000）

内容摘要　中国自2004年正式加入《保护非物质文化遗产公约》之后，非物质文化遗产保护的政策体系不断建立和完善。本文前半部分试图通过分析我国的非遗保护政策来简要梳理中国非遗保护发展的历程，后半部分从非物质文化遗产的概念入手，简要分析我国非遗工作体制下的文化内涵，透视蕴含其中的文化理念，认为在非物质文化遗产保护工作中应该实现国民的文化自觉。

关键词　非物质文化遗产　政策　文化自觉

2003年9月29日至10月17日，联合国教科文组织在巴黎举行了第32届会议，几经商议，最终通过了《保护非物质文化遗产公约》。在该公约中，非物质文化遗产的概念得到了正式的界定，非遗保护的重要性和迫切性再次得到了强调，并引起了各

---

① 谢芳，浙江师范大学文化创意与传播学院民俗学专业硕士研究生。

国的积极响应，由此掀起了全球保护非物质文化遗产运动的高潮。

中国在 2004 年 8 月 28 日通过了《全国人民代表大会常务委员会关于批准〈保护非物质文化遗产公约〉的决定》，正式加入了《保护非物质文化遗产公约》，从联合国教科文组织手里接过了非遗保护的接力棒，并在 2011 年颁布了《中华人民共和国非物质文化遗产法》。一场影响巨大的非遗文化运动在神州大地上广泛开展。正如高丙中先生在其《中国的非物质文化遗产保护与文化革命的终结》中所提到的："非物质文化遗产保护从联合国教科文组织的一个政府间合作的项目传入中国，很快演变为一个广泛参与的社会运动，并且在这场运动中传播了新的文化理念，制定了新的法律、新的公共文化政策，第一次通过正式体制大面积地承认近代以来被否定的众多文化在公共领域的合法地位。"①

时至今日，中国的非遗保护已经走了十余个年头，本文试图通过分析我国的非遗保护政策，来简要梳理中国非遗保护发展的历程，透视蕴含其中的文化理念，对中国当前的非遗保护体制有一个较为全面的了解。

一、我国非物质文化遗产保护政策的推进

《中华人民共和国非物质文化遗产法》的颁布标志着中国非物质文化遗产保护政策体制建设的健全和完善。在此之前，中国的非遗保护政策构建走过了漫长的八个年头，现在让我们通过相关国家级、部级法规文件来逐步探析中国非遗政策发展的历程。

2004 年 2 月，文化部、建设部、文物局等多个部门联合发出《关于加强我国世界文化遗产保护管理工作的意见》(以下简称

① 高丙中：《中国的非物质文化遗产保护与文化革命的终结》，《开放时代》2013 年第 5 期，第 14 页。

《意见》)[①],2 月 15 日,国务院办公厅表示同意并转发,为我国世界文化遗产保护工作提供了一个国家平台。在该《意见》中,重申了我国现有的世界文化遗产的重要价值,并提出了文化遗产保护管理现存的问题以及解决这一系列问题的方针和政策。其认为:加强对世界文化遗产的保护管理,对于传承中华民族的优秀文化,弘扬和培育民族精神,增强民族自豪感和凝聚力,传播科学文化知识,促进旅游事业发展,加强同世界各国的文化交流,具有十分重要的意义和作用,希望能够认真履行《保护世界文化和自然遗产公约》,坚持"保护为主、抢救第一、合理利用、加强管理"的方针,确保世界文化遗产的真实性和完整性。此外,该《意见》还确定成立国家文物保护部际联席会议,明确了各级政府对文化遗产保护的责任,希望通过健全法制、加大经费投入、加强队伍建设、利用科技保护、加大宣传教育力度等五个方面来进行世界文化遗产的保护。

2004 年 8 月 28 日,全国人大常委会批准《保护非物质文化遗产公约》,我国正式加入《保护非物质文化遗产公约》,此时开始沿用国际"非物质文化遗产"这个概念,表明中国在世界非物质文化遗产的政策体制之下开始了我国非遗保护的历程。

2005 年 3 月 26 日,国务院办公厅制发了《国务院办公厅关于加强我国非物质文化遗产保护工作的意见》[②],首次在国家级文件中对非遗概念进行了明确的界定:非物质文化遗产是各族人民世代相承、与群众生活密切相关的各种传统文化表现形式

---

① 文化部、建设部、文物局等:《关于加强我国世界文化遗产保护管理工作的意见》,http://www.ihchina.cn/inc/detail.jsp? info_id=49,2004 年 2 月 15 日。

② 国务院办公厅:《国务院办公厅关于加强我国非物质文化遗产保护工作的意见》,http://www.ihchina.cn/show/feiyiweb/html/com.tjopen.define.pojo.feiyiwangzhan.FaGuiWenJian.detail.html? id=e246547f-5c4b-4fe5-9df7-a13b6535ad98&classPath=com.tjopen.define.pojo.feiyiweb.faguiwenjian.FaGuiWenJian,2005 年 3 月 26 日。

和文化空间，并提出了“保护为主、抢救第一、合理利用、传承发展”的十六字方针，使之成为我国非物质文化遗产保护的主要政策依据，与之同时颁布的《国家级非物质文化遗产代表作申报评定暂行办法》[①]对非物质文化遗产的概念进行了明确的界定，提出了具体的评审标准和保护措施，对国家级非物质文化遗产代表作的申报和评定工作做了进一步规范。

2005 年 6 月 9 日，文化部办公厅发布《文化部办公厅关于开展非物质文化遗产普查工作的通知》[②]，对我国的非遗文化普查工作进行指导和进一步的规范。6 月 17 日，中央文明办等五部委为了进一步贯彻保护非物质文化遗产（民间民族文化）的精神，发布了《关于运用传统节日弘扬民族文化的优秀传统的意见》[③]，对传统节日的文化内涵进行了界定，主张加强对传统节日活动的管理和引导。6 月 30 日，文化部发布《文化部关于申报第一批国家级非物质文化遗产代表作的通知》[④]，对申报国家级非物质文化遗产代表作进行了一系列的政策规范。10 月 25 日，文化部办公厅发布《文化部办公厅关于成立国家非物质文化遗产名录评审委员会的通知》及《国家非物质文化遗产名录评审

---

① 文化部：《国家级非物质文化遗产代表作申报评定暂行办法》，http://www.ihchina.cn/inc/detail.jsp? info_id=52，2005 年 3 月 26 日。

② 文化部：《关于开展非物质文化遗产普查工作的通知》，http://www.ihchina.cn/inc/detail.jsp? info_id=3064，2005 年 6 月 9 日。

③ 中央文明办等五部委：《关于运用传统节日弘扬民族文化的优秀传统的意见》，http://www.ihchina.cn/show/feiyiweb/html/com.tjopen.define.pojo.feiyiwangzhan.FaGuiWenJian.detail.html? id=a5b389d2-2228-4887-85f0-1dc216e9a448&classPath=com.tjopen.define.pojo.feiyiweb.faguiwenjian.FaGuiWenJian，2005 年 6 月 17 日。

④ 文化部：《文化部关于申报第一批国家级非物质文化遗产代表作的通知》，http://www.ihchina.cn/show/feiyiweb/html/com.tjopen.define.pojo.feiyiwangzhan.FaGuiWenJian.detail.html? id=46d70931-1d04-40bd-af1e-0df5f8203711&classPath=com.tjopen.define.pojo.feiyiweb.faguiwenjian.FaGuiWenJian，2005 年 6 月 30 日。

工作规则(试行)》[①]。

同年12月22日,国务院下发了《国务院关于加强文化遗产保护的通知》[②],对文化遗产的概念进行了区分和界定,对包括非物质文化遗产在内的文化遗产保护工作做出了详细具体的规范,成为现阶段指导我国文化遗产保护事业健康发展的纲领性文件。尤其是四级保护体系的制定、十六字工作方针的提出以及文化遗产日的设立,对我国文化遗产保护事业的法制化、规范化、科学化、民主化建设起到了积极推动作用。

2006年4月,《保护非物质文化遗产国际公约》生效,各国申报的非物质文化遗产一旦入选,将被列入人类非物质文化遗产代表作名录。同年5月20日,国务院发布《国务院关于公布第一批国家级非物质文化遗产名录的通知》[③],公布了共计518项名录。5月26日,文化部、国家发展改革委等多个部门发布《关于组织开展我国第一个"文化遗产日"活动的通知》[④],并确定主题,引导全国开展非遗日的活动。7月13日,财政部、文化部发布《财政部文化部关于印发〈国家非物质文化遗产保护专项

---

① 文化部:《文化部办公厅关于成立国家非物质文化遗产名录评审委员会的通知》及《国家非物质文化遗产名录评审工作规则(试行)》,http://www.ihchina.cn/inc/detail.jsp? info_id=3066,2005年10月25日。

② 国务院:《国务院关于加强文化遗产保护的通知》,http://www.ihchina.cn/inc/detail.jsp? info_id=189,2005年12月22日。

③ 国务院:《国务院关于公布第一批国家级非物质文化遗产名录的通知》,http://www.ihchina.cn/show/feiyiweb/html/com.tjopen.define.pojo.feiyiwangzhan.FaGuiWenJian.detail.html? id=8ae4f677-db0b-4b51-a0f3-3cd6d6e782bf&classPath=com.tjopen.define.pojo.feiyiweb.faguiwenjian.FaGuiWenJian,2006年5月20日。

④ 文化部、国家发展改革委等:《关于组织开展我国第一个"文化遗产日"活动的通知》,http://www.ihchina.cn/show/feiyiweb/html/com.tjopen.define.pojo.feiyiwangzhan.FaGuiWenJian.detail.html? id = f450c6b4-0d36-4508-8b19-acecad814b01&classPath=com.tjopen.define.pojo.feiyiweb.faguiwenjian.FaGuiWenJian,2006年5月26日。

资金管理暂行办法〉[①]的通知》，为非遗资金管理设置规范。7月14日，文化部办公厅发布《文化部办公厅关于成立国家非物质文化遗产保护工作专家委员会的通知》[②]并公布专家委员会名单。

2006年11月2日，文化部颁布了《国家级非物质文化遗产保护与管理暂行办法》[③]，再次重申了对国家级非物质文化遗产的保护实行“保护为主、抢救第一、合理利用、传承发展”的方针以及真实性和整体性的保护原则，并指出非遗保护应具备的条件、保护单位应履行的职责，以及提出建立国家级非物质文化遗产数据库。此外，在此次公布的暂行办法中还提出传承人保护制度，深化非遗保护体制的建设。

2007年2月12日，商务部、文化部联合发布了《商务部文化部关于加强老字号非物质文化遗产保护工作的通知》[④]，提出各个部门要切实合作，加强对老字号非物质文化遗产的传承与保护工作，保护现有老品牌的经营理念和文化内涵。同日，文化

---

① 财政部、文化部：《财政部文化部关于印发〈国家非物质文化遗产保护专项资金管理暂行办法〉的通知》，http://www.ihchina.cn/show/feiyiweb/html/com.tjopen.define.pojo.feiyiwangzhan.FaGuiWenJian.detail.html?id=64dc0bc3-b63d-494a-9afa-6680e4e0fdf3&classPath=com.tjopen.define.pojo.feiyiweb.faguiwenjian.FaGuiWenJian，2006年7月13日。

② 文化部：《文化部办公厅关于成立国家非物质文化遗产保护工作专家委员会的通知》，http://www.ihchina.cn/show/feiyiweb/html/com.tjopen.define.pojo.feiyiwangzhan.FaGuiWenJian.detail.html?id=515a3c5a-e1af-4b65-85a9-81f5b2b3-dcaa&classPath=com.tjopen.define.pojo.feiyiweb.faguiwenjian.FaGuiWenJian，2006年7月14日。

③ 文化部：《国家级非物质文化遗产保护与管理暂行办法》，http://www.ihchina.cn/show/feiyiweb/html/com.tjopen.define.pojo.feiyiwangzhan.FaGuiWenJian.detail.html?id=f57cc730-5e4f-4508-a0b1-9ce4da48d535&classPath=com.tjopen.define.pojo.feiyiweb.faguiwenjian.FaGuiWenJian，2006年11月2日。

④ 商务部、文化部：《商务部文化部关于加强老字号非物质文化遗产保护工作的通知》，http://www.ihchina.cn/show/feiyiweb/html/com.tjopen.define.pojo.feiyiwangzhan.FaGuiWenJian.detail.html?id=3fa59e06-74f3-4aef-8903-637e146eb583&classPath=com.tjopen.define.pojo.feiyiweb.faguiwenjian.FaGuiWenJian，2007年2月12日。

部发布《文化部关于2007年“文化遗产日”期间组织开展非物质文化遗产系列活动的通知》及《2007年“文化遗产日”非物质文化遗产活动方案》[①]，对2007年非遗日主题和内涵进行深一步的规范和解析。6月5日，文化部发布《文化部关于公布第一批国家级非物质文化遗产项目代表性传承人的通知》[②]，建立传承人名录，开展传承人传习活动。7月23日，文化部公布了《文化部办公厅关于印发中国非物质文化遗产标识管理办法的通知》[③]，确定了非遗的标识和使用规范。8月3日，文化部办公厅发布了《文化部办公厅关于申报“人类非物质文化遗产代表作”预备名单项目的通知》[④]。

2008年2月15日，文化部发布《文化部关于公布第二批国家级非物质文化遗产项目代表性传承人的通知》[⑤]，共公布551

---

① 文化部:《文化部关于2007年“文化遗产日”期间组织开展非物质文化遗产系列活动的通知》《2007年“文化遗产日”非物质文化遗产活动方案》，http://www.ihchina.cn/inc/detail.jsp? info_id=3075，2007年2月12日。

② 文化部:《文化部关于公布第一批国家级非物质文化遗产项目代表性传承人的通知》，http://www.ihchina.cn/show/feiyiweb/html/com.tjopen.define.pojo.feiyiwangzhan.FaGuiWenJian.detail.html? id=1d8a6c02-0ded-440d-9b6f-2e4788670c46&classPath=com.tjopen.define.pojo.feiyiweb.faguiwenjian.FaGuiWenJian，2007年6月5日。

③ 文化部:《文化部办公厅关于印发中国非物质文化遗产标识管理办法的通知》，http://www.ihchina.cn/show/feiyiweb/html/com.tjopen.define.pojo.feiyiwangzhan.FaGuiWenJian.detail.html? id=14810494-3266-4595-aaf7-dc9c15e883fe&classPath=com.tjopen.define.pojo.feiyiweb.faguiwenjian.FaGuiWenJian，2007年7月23日。

④ 文化部:《文化部办公厅关于申报“人类非物质文化遗产代表作”预备名单项目的通知》，http://www.ihchina.cn/show/feiyiweb/html/com.tjopen.define.pojo.feiyiwangzhan.FaGuiWenJian.detail.html? id=e6bd217c-f4f0-45c2-8119-9bdcca119615&classPath=com.tjopen.define.pojo.feiyiweb.faguiwenjian.FaGuiWenJian，2007年8月3日。

⑤ 文化部:《文化部关于公布第二批国家级非物质文化遗产项目代表性传承人的通知》，http://www.ihchina.cn/show/feiyiweb/html/com.tjopen.define.pojo.feiyiwangzhan.FaGuiWenJian.detail.html? id=a44b78f0-815d-46df-8738-9a142d7e4a32&classPath=com.tjopen.define.pojo.feiyiweb.faguiwenjian.FaGuiWenJian，2008年2月15日。

名传承人。2008 年 5 月 14 日，文化部颁发了《国家级非物质文化遗产项目代表性传承人认定与管理暂行办法》①，以正式法规的形式对非物质文化遗产项目代表性传承人的评定条件、申报材料、申报程序、管理和培训以及义务等进行了规定。6 月 7 日，国务院公布了第二批国家级非物质文化遗产名录，共计 510 项；并公布了第一批国家级非物质文化遗产扩展项目名录，共计 147 项②。

2009 年 5 月 26 日，文化部公布了第三批国家级非物质文化遗产项目代表性传承人，共计 711 名③。

2011 年 2 月 25 日，第十一届全国人民代表大会常务委员会第十九次会议通过《中华人民共和国非物质文化遗产法》④，此次立法，将政府对于非物质文化遗产的保护政策方针上升为国家意志，以正式法律的形式确定了我国政府以及全体国民对非遗保护的法律责任，更为之后非物质文化遗产保护政策的实

---

① 文化部：《国家级非物质文化遗产项目代表性传承人认定与管理暂行办法》，http://www.ihchina.cn/show/feiyiweb/html/com.tjopen.define.pojo.feiyiwangzhan.FaGuiWenJian.detail.html? id=54a87e58-4b40-4776-9e78-4aa7dadf9eee&classPath=com.tjopen.define.pojo.feiyiweb.faguiwenjian.FaGuiWenJian，2008 年 5 月 14 日。

② 国务院：《国务院关于公布第二批国家级非物质文化遗产名录和第一批国家级非物质文化遗产扩展项目名录的通知》，http://www.ihchina.cn/show/feiyiweb/html/com.tjopen.define.pojo.feiyiwangzhan.FaGuiWenJian.detail.html? id=7c76e151-18f1-4746-9704-d78ace0ad86b&classPath=com.tjopen.define.pojo.feiyiweb.faguiwenjian.FaGuiWenJian，2008 年 6 月 7 日。

③ 文化部：《文化部关于公布第三批国家级非物质文化遗产项目代表性传承人的通知》，http://www.ihchina.cn/show/feiyiweb/html/com.tjopen.define.pojo.feiyiwangzhan.FaGuiWenJian.detail.html? id=00d543a2-6f3a-42fb-9b09-182f83fb278c&classPath=com.tjopen.define.pojo.feiyiweb.faguiwenjian.FaGuiWenJian，2009 年 5 月 26 日。

④ 《中华人民共和国非物质文化遗产法》，http://www.ihchina.cn/show/feiyiweb/html/com.tjopen.define.pojo.feiyiwangzhan.FaGuiWenJian.detail.html? id=5e3d9808-fb2b-4d6b-9582-7ac3d925688f&classPath=com.tjopen.define.pojo.feiyiweb.faguiwenjian.FaGuiWenJian，2011 年 2 月 25 日。

施提供了坚实的保障，可谓非遗保护体制建设中的里程碑。

2012 年 2 月 2 日，文化部发布了《文化部关于加强非物质文化遗产生产性保护的指导意见》[①]，就方法论上对非物质文化遗产的保护实践提出了意见。

此外，在国家政策的带动下，各地纷纷出台了地方性非物质文化遗产保护政策，例如，《云南省民族民间传统文化保护条例》(2000)、《贵州省民族民间文化保护条例》(2003)、《福建省民族民间文化保护条例》(2005)、《江苏省非物质文化遗产保护条例》(2006)、《宁夏回族自治区非物质文化遗产保护条例》(2006)、《广西壮族自治区民族民间传统文化保护条例》(2006)、《浙江省非物质文化遗产保护条例》(2007)、《新疆维吾尔自治区非物质文化遗产保护条例》(2008)、《山西省非物质文化遗产条例》(2012)、《重庆市非物质文化遗产条例》(2012)、《湖北省非物质文化遗产条例》(2012)、《河南省非物质文化遗产保护条例》(2013)、《陕西省非物质文化遗产条例》(2014)等等。

二、中国非遗政策的实践

我国的非物质文化遗产政策的推行历程如果说从 2004 年加入《非物质文化遗产公约》算起，至今已经走过了辉煌的十个年头了。在这十年中，我国建立了从无到有的非物质文化遗产保护体系，可以说是取得了不菲的成绩，同时也存在着一些问题。学界中也有不少前辈对此进行了总结和论述，在此，笔者就前人的总结经验来做一番简单的阐述。

首先是建立了与国际接轨的非物质文化遗产保护政策。随着我国积极参与非物质文化遗产保护的工作，国际交流合作不

① 文化部：《文化部关于加强非物质文化遗产生产性保护的指导意见》，http://www.ihchina.cn/show/feiyiweb/html/com.tjopen.define.pojo.feiyiwangzhan.FaGuiWenJian.detail.html?id=a6995c45-39cf-4ada-b030-570021727636&classPath=com.tjopen.define.pojo.feiyiweb.faguiwenjian.FaGuiWenJian，2012 年 2 月 2 日。

断得到加强。随着国际非物质文化遗产保护申报评估工作的启动，我国于2000年4月开展了“人类口述和非物质文化遗产代表作”的申报评估工作。2006年5月，《保护非物质文化遗产公约》生效，成为对我国非物质文化遗产保护工作的指导意见，我国随即颁布了《国家级非物质文化遗产保护与管理暂行办法》。2009年9月，依据《保护非物质文化遗产公约》和《联合国教科文组织宣布人类口头和非物质文化遗产代表作国际评审委员会议事规则》，联合国教科文组织保护非物质文化遗产政府间委员会首次将8个国家、12项非物质文化遗产列入急需保护的非物质文化遗产名录，其中包括我国羌年庆祝习俗等3项非物质文化遗产。

其次是建立了较为完善的非物质文化遗产保护体系。2006年5月20日，国务院批准公布了第一批国家级非物质文化遗产名录，包括10个门类共518个项目，各地随之掀起了前所未有的保护热潮，显示了我国非物质文化遗产保护工作的丰硕成果，产生了广泛的社会影响。2008年6月7日，国务院公布了第二批国家级非物质文化遗产名录，共计510项。2009年第三批国家级非物质文化遗产名录项目申报在全国铺开，社会各界对非遗保护的关注度再次升温。国家、省、市、县4级非物质文化遗产名录体系正在逐步形成，初步实现了非物质文化遗产的分级保护，进一步推动我国非物质文化遗产的抢救、保护与传承。

再次是全国性非遗普查工作的展开。2005年，全国开展非物质文化遗产普查工作，这次普查是我国21世纪初在全国范围内开展的一次大规模的非物质文化资源普查。为保障普查工作的科学性和规范性，加强业务指导，文化部还专门发布了《中国民族民间文化保护工程普查手册》。

最后是非物质文化遗产项目传承人保护制度逐步建立。传承人是非物质文化遗产重要的承载者和文化的传递者。文化部已命名了4批共1984名国家级非物质文化遗产项目代表性传承人，并为非遗项目代表性传承人代表颁发了证章和证书。各地也陆续开展了省级、市级、县级非物质文化遗产项目代表性传承人的认定工作，建立起4级传承人保护体系。一些省市还为国家级和省级项目代表性传承人发放补助或津贴。我国的非物质文化遗产项目传承人保护制度正在逐步建立完善。

此外，我国对非遗保护的资金扶持力度正在逐步加大，还专门为此发布资金管理办法，并实施非遗文化生态整体保护政策，筹建各处专题博物馆、传习所，加大非遗的教育宣传力度。2015年夏季，由文化部牵头组织的“中国非物质文化遗产传承人群培训班”在全国范围内开展，以提高非物质文化遗产传承人群的当代实践水平和传承能力为基本要求，集合各方力量，取得了一定的成效。

当然，现今的非遗体制还存在着诸多不足，比如非遗宣传力度还不够，非遗保护办法的规则还不够细化，资金投入远远不够，等等，然而我们期待并且相信，在现今政府的不懈努力之下，我国的非遗发展一定会有更美好的明天。

对我国现今非遗保护体制政策的梳理到这里就基本告一段落了。下面笔者就在梳理中国非遗历程中所产生的看法进行一些整理和论述。

三、从概念到概念——“民族民间文化”到“非物质文化遗产”

巴莫曲布嫫在其文章《非物质文化遗产：从概念到实践》[①]中对非物质文化遗产这个国际概念的诞生进行了一番梳理，发现今天被广为认知的非遗概念，在用词上几经变化，深受日本“无形文化财”概念的影响后经多方探讨妥协逐步得到确定。而这个概念随着中国“昆曲”进入人类口述和非物质遗产代表作名录和《保护非物质文化遗产公约》得到通过之后进入中国人的视

① 巴莫曲布嫫：《非物质文化遗产：从概念到实践》，《非物质文化遗产保护》2008年第1期，第6—17页。

野范畴，引起了中国人的谈论和争议。争议的焦点在于继续使用我国已有的“民间文化”或者“民族民间文化”还是使用国际的“非物质文化遗产”这样的术语。当然从现在来看，“非物质文化遗产”这个名词已经随着中国加入《保护非物质文化遗产公约》，在中国遍地开花，在 2006 年就上升为中国十大新闻热门词语之一。[①] “非遗”名词的角逐和胜利，代表着中国顺应着国际潮流的步伐而前进，并且积极努力地采用开放的姿态迎接国际文化思想。顺应和加入，是近现代中国在政策走向上所采用得最多的态度，历史的车轮滚滚向前，在笔者看来，这样的行为有其深刻的历史背景。

早在 20 世纪早期，就有众多中国学者提及社会变迁中传统文化的传承和复兴问题。钱穆和梁漱溟先生都在其著作中有所提及。梁漱溟先生在其《东西文化及其哲学中》提及人类文化自有其深厚的传统，文明的发展也并非单线前进，我们要做的是努力找寻自己的方向。当我们在经济上找回自信的时候，我们必然会进一步追寻本我的文化自信。故而，每一次向西方学习的口号背后都隐藏着自我立足的济世需求。

2004 年 4 月 8 日，文化部、财政部联合发出《关于实施中国民族民间文化保护工程的通知》[②]，对民族民间文化的概念进行了确定。该《通知》认为保护民族民间文化遗产，是各级政府的重要职责，不仅要落实资金，还要组织力量，统筹规划，加强指导，并提出“全面普查，摸清家底，突出重点，抓紧抢救；先行试

---

① 2007 年 1 月 12 日，国家语言资源监测与研究中心、北京语言大学、中国传媒大学、中国新闻技术工作者联合会、中国中文信息学会联合发布了“2006 年中国报纸、广播、电视十大流行语”。“非物质文化遗产”进入综合类十大流行语之列。参见《中国传媒科技》2007 年第 1 期，第 8—10 页。

② 文化部、财政部：《关于实施中国民族民间文化保护工程的通知》，http://www.ihchina.cn/show/feiyiweb/html/com.tjopen.define.pojo.feiyiwangzhan.FaGuiWenJian.detail.html?id=a7433181-5125-45ae-a7d8-67ef2eaf4843&classPath=com.tjopen.define.pojo.feiyiweb.faguiwenjian.FaGuiWenJian，2004 年 4 月 8 日。

点，摸索经验，以点带面，扎实推进”等方针政策。在其发布的《中国民族民间文化保护工程实施方案》[①]中，对民族民间文化的概念内涵做了初步界定：“我国是一个历史悠久的文明古国，56个民族在长期的历史发展进程中，不仅创造了大量的有形文化遗产，也创造了丰富的无形文化遗产，包括各种神话、史诗、音乐、舞蹈、戏曲、曲艺、皮影、剪纸、绘画、雕刻、刺绣、印染等艺术和技艺及各种礼仪、节日、民族体育活动等。”该文件将民族民间文化遗产等同为无形文化遗产，并为其概念做了较为具体的项目界定。在《方案》中，对保护工程的目标、方针和原则进行了界定，提出了“保护为主、抢救第一、合理利用、继承发展”的方针，并对保护的方式、内容、保障措施进行了非常详细的界定，整个保护体制概念已经初具规模。

非物质文化遗产的概念在国际文件中也有强调：非物质文化遗产指被各社区、群体，有时是个人，视为其文化遗产组成部分的各种社会实践、观念表述、表现形式、知识、技能以及相关的工具、实物、手工艺品和文化场所。[②] 这种非物质文化遗产世代相传，在各社区和群体适应周围环境以及与自然和历史的互动中，被不断地再创造，为这些社区和群体提供认同感和持续感，从而增强对文化多样性和人类创造力的尊重。在国际文件中，非遗更关注人类本身的文化价值体现以及全球文化的多样性本身。在笔者看来，《保护非物质文化遗产公约》的颁布，也许是当前全球化趋势给各国带来的文化冲击的一个反弹，但更为重要的是，它希望能够通过这样的方式给全球各民族的文化一个地位，尤其是弱势文化群体。它强调民族的文化价值，更是在这样强调的基础之上打破民族的隔阂、文化间的相互竞争，给全人类

---

① 《中国民族民间文化保护工程实施方案》，http://www.ihchina.cn/inc/detail.jsp? info_id=54，2004年4月8日。

② 联合国教科文组织：《保护非物质文化遗产公约》，http://www.npc.gov.cn/wxzl/wxzl/2006-05/17/content_350157.htm。

的文化一个平等的地位,保全和倡导人类文明的多样性!

2005 年 3 月 26 日,国务院办公厅制发了《国务院办公厅关于加强我国非物质文化遗产保护工作的意见》,在国家级文件中对非遗概念进行了明确的界定:非物质文化遗产指各族人民世代相承的、与群众生活密切相关的各种传统文化表现形式(如民俗活动、表演艺术、传统知识和技能,以及与之相关的器具、实物、手工制品等)和文化空间。非物质文化遗产既是历史发展的见证,又是珍贵的、具有重要价值的文化资源。同时它还强调:“我国各族人民在长期生产生活实践中创造的丰富多彩的非物质文化遗产,是中华民族智慧与文明的结晶,是联结民族情感的纽带和维系国家统一的基础。……我国非物质文化遗产所蕴含的中华民族特有的精神价值、思维方式、想象力和文化意识,是维护我国文化身份和文化主权的基本依据。”我国的非物质文化遗产的保护努力紧跟世界的步伐,其对非遗的定义也基本沿用国际标准,差别并不是很大,然而,在对非遗的价值解析上,我们明显地看到了非遗概念的中国化。在中国政府的主导下,为发扬民族文化的非遗运动在全国范围内展开,建立了逐步完善的保护体系,取得了重大的成果,开始引起了多方民众的关注。笔者不反对强调民族文化这样的概念,并将之作为自身文化建设的一个突破点,但希望在当今非遗话语之下的中国文化,应多一些对文化价值本身的关注和强调。

四、从物质到非物质

保护文化遗产的概念在中国由来较早,中国是一个历史大国,拥有优秀的历史文化,表现在文化遗产的保护之上就是对历史文物古迹等拥有物质形态的文化进行保护。故而中国在解答文化遗产保护的课题时首先将目光对准了物质文化遗产。随着人类文明的进步,人类终于将目光对准本身的文化创造,故而,非物质文化遗产的保护也被提上了日程。中国的非遗保护体制在近几年来逐渐完善,然而,传承非遗的思路,却滞留在其物质化的铺垫之上。正如上文所说，建立全面的非遗信息库能够有效地保存非遗的形态，然而数据化了的非遗仅仅只是一个徒有其名的空壳，非遗的创作环境，所代表的人类精神无法在其中得到体现。大家在非遗保护的建设之中意识到了这样的问题，于是将保护的视野投向了传承人，所以才有了之后传承人保护管理办法的实施。在非遗传承人的保护之中，同样遇到了无法解决的难题，非遗的濒危正是因为能够传承非遗的人越来越少，如何讲求保护，强制性的教化是否能够再现文化的生命力？故而，我们说，非遗的保护不能仅仅从物化的手段来传承。非物质文化遗产作为一种文化，它追求的也许是一种适合它生存和发展的文化生态体系。在这个生态体系中，要求人和环境的和谐，来激发在环境中人的创造力。

当今，非遗的提出和倡导最直接的原因就是在文化的冲击之下，许多国家和人民发现自己本民族文化为外来的强势文化所替代。费孝通先生在晚年提出了“文化自觉”这一概念，他主张每个民族都要通过文化自觉来重新审视自己的文化和他人的文化，找到本民族文化的“安身立命”之地，最终达到“各美其美，美人之美，美美与共，天下大同”的境界。这也就是笔者想说的话。“文化多样性”和非物质文化遗产保护意识的觉醒正是当下“文化自觉”这一概念的实践。实现非物质文化遗产的保护不仅仅要做到物质资源上的保存，更要将自觉自悟平等的观念贯彻到每个人的心里。

浙中文化遗产资源的整合与利用

王巨山[①]

（浙江师范大学文化创意与传播学院
浙江金华　321004）

内容摘要　文化遗产包括物质文化遗产和非物质文化遗产，文化遗产经过商品化后成为文化旅游的重要消费对象。浙中地区各县市历史悠久，文脉发达，先辈留下了大量的物质文化遗产和非物质文化遗产。在浙中产业转型升级和发展文化经济的过程中，这些文化遗产资源的选择利用虽已起步，但还没有培育出浙中文化遗产旅游的“经典线路”和“知名品牌”。本文在综合分析浙中文化遗产资源优势与开发存在问题的基础上，提出了浙中发展文化遗产旅游的对策与建议。

关键词　浙中　文化遗产资源　整合　利用

一、争议与趋势：文化遗产资源的旅游开发

文化遗产保护与旅游开发一直是学术界不断争论的问题，

① 王巨山（1979—　），男，浙江师范大学文化创意与传播学院，副教授，主要从事文化遗产保护研究。

并因此形成两种不同的观点:一种观点认为开发就是破坏,任何形式的开发利用都会对遗产本身及周围环境造成破坏;另一种观点认为文化遗产应当进行开发利用,通过对文化遗产的开发利用促进当地经济发展,同时通过开发利用的经济收益促进文化遗产的进一步保护,实现文化遗产保护与开发利用的良性循环。

应当承认,任何一项文化遗产都是人民群众的文化创造和智慧结晶,从广义上说,文化遗产是全人类共同的财产,因此,每一个人都有权利理解和欣赏文化遗产的价值,而文化遗产也只有生存在人民群众中间才能体现出活力和价值,只有依存于群众才能真正体现出其真正的文化内涵。1999 年,在墨西哥召开的古迹遗址国际理事会第十二次大会上通过了《国际文化旅游宪章》(*International Cultural Tourism Charter*),《宪章》认为文化遗产是日常生活、社会进步和变化的一个生动参照点,它是对文化多样性和社区特征的阐述,而旅游作为文化交流的工具之一,为旅游者提供了不同的人生经历和社会生活的体验,其正日益成为自然和文化遗产保护的积极力量,它可以为文化遗产创造经济利益,并通过创造的效益、教育社区和影响政策来实现对以文化遗产保护为目的的管理。①

联合国教科文组织官员及各国专家也曾多次指出,在世界遗产地开展旅游是评定世界遗产的应有之义,因为真正读懂文化遗产,到遗产地旅游是不可或缺的一种方式。联合国教科文组织前总干事松浦晃一郎认为,旅游让人们真正感受世界遗产,世界遗产让人们的旅游更增趣味。② 中国联合国教科文组织全国委员会秘书处秘书长杜越也提出,文化遗产地最主要的特征

① 《国际文化旅游宪章》,张松编:《城市文化遗产保护国际宪章与国内法规汇编》,同济大学出版社 2007 年版。

② 《世遗大会代表:应寻求遗产保护和旅游开发平衡点》,新华网,http://www.people.com.cn/GB/wenhua/22219/2608045.html,2004 年 6 月 30 日。

应该是开放。“祖先留给我们的遗产，我们有权利也有义务参观、学习和传承，因此旅游是必要的。它已成为游客提高文化品位、增长知识阅历的重要一环。”①

综上所述，文化遗产资源的价值传播与内涵提升之路需要以一种开放形态，而其中较为恰当的方式便是以文化旅游为代表的文化产业开发。在这一共识形成的同时，随着国内旅游市场的繁荣和文化服务业的发展，文化遗产资源也已经被作为一种垄断性资源，以其自身独特的优势成为各地发展文化经济、提升区域文化软实力的重要支撑。

早在1988年，浙江省颁布的《浙江省文物保护管理条例》中，已渗透出文物古迹开发利用的基本思想，其第十六条、十七条和十八条已规定文物古迹可以用作旅游开发之用，但必须经过文物部门审批，并遵守国家有关文物保护管理的规定，接受文化(文物)行政管理部门的指导和监督。2005年，新修订的《浙江省文物保护管理条例》中已辟出专门的“文物利用”一章，这奠定了浙江文物开发利用的基本思想，即坚持“合理、适度”的原则，通过旅游、影视拍摄、向公众开放、展览和科学研究等形式，积极实现文物的开发利用。2005年，浙江省又出台《中共浙江省委关于加快建设文化大省的决定》，该文件提出“实施文化保护工程”等八大工程，浙江省已将文化遗产保护作为增强先进文化凝聚力、解放和发展文化生产力和提高社会公共服务能力的重要途径。

二、现状与问题：浙中文化遗产资源的利用

浙中城市群的11个县市(区)历史悠久，文化遗产资源极其丰富，在长期的发展中形成了自身独特的文化资源。

---

① 《世遗大会代表：应寻求遗产保护和旅游开发平衡点》，新华网，http://www.people.com.cn/GB/wenhua/22219/2608045.html，2004年6月30日。

1. 独特的文脉

浙中11个城市的历史都比较悠久，并在长期发展中形成了独特而深厚的城市文脉。浦江上山遗址距今有1万年，遗址内涵丰富，特征鲜明，将长江中下游地区人类文明发展史大大提前，遗址中发现的碳化稻壳也对研究中国农业起源极具意义，而整个遗址对研究中国古代社会文明化进程也产生了积极的影响。衢州龙游县，春秋战国时期就建有“姑蔑”古国，建县历史有2200多年。义乌于秦始皇二十五年(前222)建县，名“乌伤”，距今也有2200多年的历史。同样，金华市、兰溪、东阳、永康的建制历史也较久远，距今都有近2000年的历史。

2. 丰富的文化遗存

长期的历史发展过程中，勤劳勇敢的先民为浙中留下了大量宝贵财富，如古子城、八咏楼、太平天国侍王府、台湾义勇队旧址、《浙江潮》编辑部旧址等成为见证金华历史、谱写金华区域文明的文化符号。金华有16处全国重点文物保护单位，52处省级重点文物保护单位，在缙云和龙游两地，也保存着大量的物质文化遗产和非物质文化遗产。缙云县的仙都摩崖题记和龙游的湖镇舍利塔也成功入选全国重点文物保护单位。第七批全国重点文物保护单位推荐名单中，龙游县有龙游石窟、三门源叶氏民居、三槐堂、雍睦堂、绍衣堂(横山塔)和方坦唐窑址群等7处入选。在已公布的国家级非物质文化遗产名录中，金华共有33项，缙云也有望在第三批国家级非物质文化遗产名录中实现重大突破。

3. 发达的名人文化

浙中地区人文荟萃，各地市在不同时代涌现出大量的名人，许多名人在浙中地区留下了许多历史遗迹和文化瑰宝。如义乌的骆宾王、宗泽、朱丹溪、陈望道、冯雪峰、吴晗等。在兰溪，有贯休、梅执礼、金履祥、柳贯、李渔等。在龙游，徐伯珍、徐安贞、刘章、汪应辰、刘䙻、孟郊、李商隐、罗隐、陆游、杨万里、徐渭、郁达夫等都为龙游文化留下了灿烂一笔。其他地区也有诸多名人，如黄宾虹、宋濂、张作楠、邵飘萍、艾青等都在金华留下了一抹印记，名人文化已成为浙中的一张亮丽名片。

4.独特的历史街区

所谓历史街区是“一定意义的或历史事件见证的”城区，具体体现为历史文化名城、名村、名镇等形式。1991 年，金华城区和东阳被增列为省级历史文化名城。2000 年，兰溪市又被增列为省级历史文化名城。2007 年 3 月，金华市被国务院批准增列为国家级历史文化名城，由此开启了金华文化遗产保护的全新时代。除此之外，义乌市佛堂镇、永康市前仓镇厚吴村、武义县俞源乡俞源村、武义县武阳镇郭洞村等还被增列为国家级历史文化名村镇。金东区曹宅镇、武义县俞源乡、义乌市赤岸镇、浦江县郑宅镇、金东区孝顺镇山头下村、兰溪市女埠街道虹霓山村、兰溪市永昌街道、武义县大田乡岭下汤村、浦江县白马镇嵩溪村等一大批村镇被评为浙江省级历史文化名村镇。

丰富的文化遗产为浙中旅游发展奠定了坚实的资源基础。2011 年 1 月 7 日浙江省发布的《浙江省文化产业发展规划(2010—2015)》中明确要求金华等浙中城市进一步发展文化旅游。以文化遗产资源为基础的文化旅游业理应成为浙中崛起的支柱产业之一，成为浙中重点发展的产业之一。目前，浙中文化遗产旅游开发已经走过了一段历程，取得了一定的成绩，但依然存在很多问题。

一是缺乏文化遗产旅游“知名品牌”。浙中旅游诸多线路中，可以看到很多广告宣传，如横店影视城二日游、金华双龙洞一日游、义乌购物游等诸多旅游品牌，这些旅游品牌或建立在现代商业文明上，或建立在自然风貌基础上，而像黄大仙一日游这样建立在传统文化遗产资源基础上的以浙中历史文化资源为亮点的旅游品牌还比较少，或者说，浙中旅游资源开发中，传统文化遗产资源的利用还没有得到充分的重视。

二是文化遗产资源的整合度低。浙中地区名人文化发达，因此保存了大量的名人故居，这些故居在旅游开发中大多呈现一种分散状态，没有得到有效整合，形成从“点”到“线”的提升。同时，名人故居保护与开发理念也还停留在“点”的层面，没有实现由“点”向“面”的拓展，即从“故居”到“故里”的拓展，这也严重影响了旅游开发对游客的吸引力和游客的停留时间。存在类似问题的还有浙中历史文化街区，这些历史文化街区的旅游开发大多以“单打独斗”为主，尚未整合成一个有机的整体，没有规划出一条合理的线路，这大大降低了历史文化名村镇旅游的影响力。

三是历史街区开发滞后。浙中地区历史街区资源丰富，国家级、省级历史文化名城数量较多，历史文化名村、名镇数量在浙江省内的比例也较高，与浙江其他地区的历史街区开发相比，浙中地区历史街区旅游开发仍较滞后。如金华已被列为省级历史文化名城 11 年，被列为国家级历史文化名城也已有 4 年，而金华对历史文化名城的利用与绍兴比还略显不足；以郭洞村、诸葛八卦村、俞源村为代表的历史街区特色不可谓不明显，与乌镇开发利用相比，在开发观念和开放方式上也仍有很大的提升空间。

三、对策与建议：浙中文化遗产资源利用的发展之路

无论是物质文化遗产的利用，还是非物质文化遗产的利用，浙江其他地区都为浙中地区提供了可以借鉴的范本，如历史文化名城保护与开发的“绍兴模式”，“修旧如旧，以存其真，保护与开发并重”的“乌镇模式”。因此，浙中文化遗产资源的开发利用既要遵循自己的特点，同时也需要借鉴已有的经验和其他地方的成功探索。

1. 强化保护，提升内涵

最新颁布实施的《中华人民共和国文物保护法》中明确指出：“基本建设、旅游发展必须遵守文物保护工作的方针，其活动不得对文物造成损害。”这奠定了我国物质文化遗产开发利用的

基调。2005 年，国务院在《关于加强文化遗产保护的通知》中更是明确指出："物质文化遗产保护要贯彻保护为主、抢救第一、合理利用、加强管理的方针。"而将文化遗产保护放在开发之前，加强文化遗产原真性和整体性保护，最大限度地保存文化遗产的原貌，这是旅游开发中带给参观者真实文化体验的前提。因此，文化遗产的合理利用建立在有效保护基础上。2005 年，新修订的《浙江省文物保护管理条例》也提出文物开发利用的基本要求。乌镇旅游开发之所以取得成功，首先是找到文物保护与开发利用的突破口，正是因为坚持了文物开发利用的基本方针与政策。因此，在浙中文化遗产的保护与开发利用中，必须将文化遗产保护放在第一位，做好文化遗产保护的同时，深入挖掘文化遗产的内涵，做好文化遗产的宣传工作，促进浙中文化遗产旅游转化过程中文化遗产知名度、美誉度的提升。

2. 注重规划，合理"整合"

合理的规划是文化遗产资源开发利用取得成功的先导，加强规划与管理，提升浙中文化遗产资源开发利用的层次与水平，避免低层次、低品质、低水平的开发，从而维护文化遗产的美誉度。在文化遗产保护过程中，没有回头路可以走，正确、科学、合理的规划直接关系到文化遗产保护和开发利用的可持续性。因此，做好文化遗产保护的规划，并在此基础上加强文化遗产开发利用规划的设计与论证，有利于实现保护、开发及其他各项工作的多赢。在浙中文化遗产资源的开发规划制定中，注重考虑"点"的规划，以入选全国重点文物保护单位、省级文物保护单位和联合国教科文组织人类非物质文化遗产名录项目等为基础，注重发掘文化遗产资源的内涵，培育浙中旅游的亮点；注重考虑"线"的规划，以浙中或浙江为格局，注重文化遗产资源的"串联"，形成特色旅游线路；注重"面"的规划，突破"点"的束缚，将文化遗产放置在区域文化系统中，加强历史文化街区的整体性开发利用。通过"点""线"和"面"的结合，也有助于培育浙中旅游的"经典线路"和"知名品牌"。

3. 完善机制，加强管理

文化遗产保护以政府为主导，鼓励社会多方共同参与。在文化遗产的开发利用中，浙中各地应积极鼓励社会力量和广大民众参与文化遗产的开发利用。如吸引民间资本参与文化遗产开发利用项目的投资，解决文化遗产旅游初期的资金短缺问题；发挥高校、科研机构的智力优势，鼓励其为文化遗产开发利用提出建议和意见；充分发挥社会团体的功能，在民众中开展文化遗产保护与利用知识普及、教育，提高民众的文化遗产利用知识，增强文化遗产旅游中的遗产保护意识。尤其要注重对遗产地居民的宣传、引导和教育，鼓励他们主动参与地方文化遗产保护与开发利用，保护好自己的文化遗产，利用好自己的文化遗产，从而传承好自己的文化遗产。只有通过社会多方力量的多途径参与，才能实现文化遗产的合理利用与有序发展。

在加强旅游开发的同时，也要加强项目的全过程管理，从立项到实践都要强化管理理念，浙中各地政府部门要树立管理是对文化遗产旅游开发的另一种经营的理念，各地各部门应从技术措施、行政措施、财政措施、法律措施等多个角度为文化遗产资源的开发利用提供支持，充分发掘文化遗产项目的内涵，从而更好地促进文化遗产开发利用项目的实践，提升文化遗产开发利用的层次，促进浙中文化遗产开发利用的可持续发展，实现文化遗产的社会效益与经济效益双赢。

文化遗产的旅游开发是一把双刃剑，如果规划合理，监管得力，文化遗产的旅游开发会大大促进项目的传承、传播和弘扬，也能大大提升区域文化软实力和城市竞争力；如果规划与管理不力，则会导致文化遗产项目的过度开发和滥用，不仅不利于文化遗产的传承，也会影响城市的美誉度。浙中各级政府和文化部门应积极借鉴国内外文化遗产旅游开发的经验，创新思路，以浙中独特的文化遗产资源为基础，促进浙中产业的新崛起。

非遗视野下戏曲脸谱的应用与发展

陈爱国[①]

（浙江师范大学文化创意与传播学院
浙江金华　321004）

内容摘要　1980年以来，作为中国民族戏剧形式的戏曲艺术遭遇严重的生存危机，而戏曲脸谱作为戏曲艺术的重要构件，因其程式性、脸谱性而备受争议。要想在大众文化时代为当代观众所认同，戏曲脸谱、戏曲艺术必须寻求发展良机。将戏曲脸谱当作一种非物质文化遗产的形式，有利于取得政策性扶持，利用“生产性方式”予以保护与传承，一方面在媒介传播与媒介融合中加以有效应用，扩大戏曲受众群体，另一方面在剧目创作中革新表意符号，实现传统与现代的结合。但是，戏曲脸谱兼具非遗分类中民间美术和表演艺术的双重性质，演出实践中“保护派”与“革新派”又有很多意见冲突，其文化定位、市场定位变得复杂起来，许多问题有待进一步讨论。

关键词　非物质文化遗产　戏曲脸谱　文化应用　艺术发展

---

① 陈爱国，男，湖北武汉人，浙江师范大学文化创意与传播学院副教授。

戏曲艺术作为中国典型的民族戏剧形式，曾经在中国人的文化生活中占据了近千年的历史，几度处于主流文化的地位，戏曲学也被视为“国学”之一。然而自现代以来，尤其是1980年以来，戏曲艺术遭遇严重的生存危机，被称作“夕阳艺术”“博物馆艺术”。戏曲脸谱作为戏曲艺术的重要组成部分，因其程式性、脸谱性而备受争议，一方面被视为一种优秀的民族文化形式加以讨论，另一方面被“去脸谱化”的时代呼声质疑其存在的必要性。

最稳妥的解决办法，应是将戏曲脸谱当作一种“非物质文化遗产”的形式，进行必要的保护与传承，并探索其如何在其他文化生产中加以应用，如何在当代戏曲生产中予以发展。

一、戏曲脸谱的现状与非遗形式的保护

戏曲脸谱是戏曲演出中涂面勾脸的化妆造型手段，一般分为花扮和俊扮，前者比较复杂，用于净、丑等角色，后者比较单一，用于生、旦等角色。戏曲脸谱有时特指戏曲中净、丑等角色的面部图案，用来表现人物特定的性格特征，这些角色在化妆时，所使用的图案、色彩均有特定的谱式。在宽泛意义上，生、旦等角色的面部图案，有时也被纳入戏曲脸谱的范围。

脸谱最早源自原始仪式中的假面、面具，戴假面演出的古老戏曲与宗教祭祀大都具有直接联系。戏曲脸谱经过发展、成熟，在使用时大体有三种情形：一是傩戏、藏戏等古老剧种全部角色均使用面具形式化装，甚至戴面具演出；二是京剧、川剧等近代剧种运用涂面勾脸的方式，部分角色使用花扮，部分角色使用俊扮；三是越剧、黄梅戏等现代剧种几乎全部角色使用俊扮，极少使用花扮。

戏曲脸谱作为一种戏曲美术，是一种特有的中国美术形式，具有图案化、程式化的特点。程式化是中国戏曲脸谱的基础，这不仅表现在脸谱色彩上，也体现在脸谱的构图设色和图案花纹上，“色彩与图案是以实为本，以虚为表，实仗虚行……戏曲舞台

上把人的面貌脸谱化了，图案化了，色彩、图案花纹侧重于表现人物的内在本质。”[①]程式化的脸谱“也有丰富多彩的艺术个性”，因为脸谱是为表现戏中角色的内心活动和性格特征，人心不同，脸谱各异。京剧《捉放曹》中，曹操脸谱左颊斜着加了一道纹路，以评价曹杀吕伯奢一家时的暴虐，这是脸谱花纹以增减的方式来刻画角色性格的例子。

作为视觉符号的戏曲脸谱，承载着一定的表意功能与文化含义，在戏曲演出实践中发挥着重要作用，甚至成为戏曲艺术的标识性符号。但是，其弊端之一是种类繁多，千人千面。角色不同，脸谱不同；剧种不同，同一角色的脸谱也不同。流传下来的脸谱成千上万，所谓“谱”字失去意义。而且一旦角色脸谱固定下来，就成为一种必须遵守的程式规范，脸谱也就陷入停滞。当脸谱流于程式规范，所有剧中角色的脸谱都有前人资料可以查阅，而且只能使用指定脸谱时，脸谱的艺术生命也就枯萎了。

随着近现代戏曲表演艺术的兴盛，戏曲脸谱有过其辉煌的历史时期，但是随着近现代思想启蒙的兴盛和西方话剧艺术的引入，戏曲脸谱成了戏曲艺术备受批判的箭靶，成了问题争议的焦点，被认为是远离社会现实的麻醉剂，且严重缺乏现代的人情与美感。何去何从，众说纷纭。20 世纪 80 年代以后，在全球化的影视文化、大众文化的冲击下，特别是审美趣味生活化的美学思潮的冲击下，戏曲艺术面临严重的生存困境，观众和市场急剧缩减，昔日的大众艺术成了如今的小众艺术。有的戏曲学者认为，“新时期戏曲走过的路程的总体形象是，在艰难的探索中求取进步，而前进之路曲折坎坷。这既源于外在的风雨，又受制于主体的孱弱，而后者是根本”[②]。造型特殊、抽象写意的戏曲脸谱，面临要与不要、改与不改的问题，这是当前戏曲艺术如何改革的问题的一部分，也是人们如何对待传统中国美术形式问题

---

① 黄殿祺：《中国戏曲脸谱》，北京工艺美术出版社 2002 年版，第 165 页。

② 徐晓钟、谭霈生：《新时期戏剧艺术研究》，中国戏剧出版社 2009 年版，第 5 页。

的一部分。有人从现代角度对戏曲脸谱进行批判，如栗晓枢的《京剧脸谱与中国传统文化的局限》，认为其局限是“脸谱化”思维定式；董健的《20 世纪中国戏剧脸谱的消解与重构》，认为 20 世纪中国戏剧的现代化是消解脸谱、追求真实、争取个性，这是认识功能与文化价值的研究，事关戏曲脸谱的发展走向。

进入 21 世纪，伴随着科学技术的日新月异、多元文化的冲击碰撞，所有艺术都迎来极大的发展机遇，戏曲艺术也一样。艺术形式的多元性，审美取向的多向性，娱乐价值的消费性，让那些参与性强、易于欣赏的艺术形式更能俘获年轻人的心。戏曲脸谱既然是一种国粹，就不可轻言放弃，必须转换思路，通过各种途径与形式予以发展、应用，加入当代文化实践与竞赛的行列。

其实，这是一个世界性的文化问题。对于各民族传统文化艺术的生存与发展，联合国教科文组织 2003 年公布了《保护非物质文化遗产公约》，中国 2011 年出台了《中华人民共和国非物质文化遗产法》，“非遗”“申遗”成为新世纪的文化盛事，国家和各省市都纷纷出台有关政策、措施。2001 年，昆曲率先被联合国教科文组织列入“人类口述遗产和非物质遗产代表作”。2005 年，文化部对演出院团实行全面市场化的政策，同时运用经费扶持的办法，力保京昆等代表性戏曲艺术的传承与发展。

在此形势下，我们不妨从“非遗”的角度，来讨论戏曲脸谱的生存发展问题。我国颁布的《中华人民共和国非物质文化遗产法》第三十七条规定：“国家鼓励和支持发挥非物质文化遗产资源的特殊优势，在有效保护的基础上，合理利用非物质文化遗产代表性项目，开发具有地方、民族特色和市场潜力的文化产品和文化服务。”[①]这为戏曲脸谱的生存发展提供了有利的政策环境，可以实现“在发展中保护，在保护中发展”。

但是，戏曲脸谱作为“非遗”，存在一个棘手问题，即戏曲脸

---

① 《中华人民共和国非物质文化遗产法》，转引自中国社会科学院知识产权中心编：《非物质文化遗产保护问题研究》，知识产权出版社 2012 年版，第 377 页。

谱兼具“非遗”分类中民间美术和表演艺术的双重性质，文化定位、市场定位变得复杂起来。目前，戏曲脸谱虽然尚未独立作为项目申报世界和国家的“非遗”，更多依附于代表性戏曲剧种的保护与传承，但是有的省市已经接受了戏曲脸谱的独立项目，如北京非物质文化遗产“彩塑京剧脸谱”、河南非物质文化遗产“焦氏脸谱”、上海杨浦区非物质文化遗产“京剧脸谱”等，且都有权威的传承人。戏曲脸谱作为民间美术进行申遗，似乎容易得多，但不是没有问题，这容易造成某些剧种的孤立和对传承人的依赖，更容易将戏曲脸谱从鲜活的戏曲创作中剥离出来，成为一种单一的民间美术。不过这样做的好处，是使戏曲脸谱得到广泛的传播与应用，扩大戏曲艺术的接受群体。

既然事实如此，我们不妨顺应事实，即沿着民间美术和表演艺术的双重道路，来讨论戏曲脸谱的应用与发展问题。

二、戏曲脸谱的文化传播与应用

便捷性的大众传播一直是戏剧艺术的软肋，信息传递受到极大的时空障碍，一旦被孤立的时间长了，就会被人遗忘，因为人们的艺术兴趣早已被便于家居接受的艺术形式所转移。戏曲脸谱作为表演艺术的一面，是如此，而作为民间美术的一面，其情形可以得到改善。

从非遗的角度来说，戏曲脸谱的广泛传播的目的，是保存地域文化记忆，通过活态的文化展示，增强人们的本土文化认同感。非物质文化遗产保护和传播的基本途径之一，是“转化为经济效益和经济资源，以生产性方式保护”，“甚至可以通过资源重组，以产业运作扩大生产规模，拓展销售市场，从而使这些项目得到弘扬和传播”①。这里所说的“生产性方式”，是一个宽泛概念，根据不同性质的非遗项目，它有不同的呈现方式。戏曲脸谱兼具表演艺术和民间美术的双重性质，那么戏曲脸谱的“生产性

① 王文章：《非物质文化遗产概论》，文化艺术出版社2006年版，第30页。

方式”就应该具有两面性，一面是依附于戏曲剧目的生产，另一面是依附于平面媒介的生产，共同服务于当前的文化产业发展和大众文化消费。也即让脸谱暂时从戏曲中剥离出来，成为美术馆中而非剧院里的装置艺术，暂时解掉戏曲的枷锁，释放脸谱本身的火热和深沉。

戏曲脸谱这种积淀极深的民族传统艺术，一旦被孤立出来加以应用、传播，成为大众文化消费的文化产业资源，就从艺术符号上升到文化符号，成为中国传统视觉符号，体现中国元素的文化符号，可以在当代一些新兴媒介中得到应用，成为“脸谱形象产品”。如中国银行发行的中银 JCB 信用卡，以脸谱作为形象和装饰，并不是为脸谱打广告，而是借脸谱形象来表达“中国”的概念，因为脸谱是中国传统文化的一个表征。对此，有人已经做过一些实践和研究，如曹正的《中国戏曲脸谱在设计中的应用研究》、田建伟的《中国戏曲脸谱对民族动画造型设计的影响》等，指出戏曲脸谱所蕴含的艺术元素和所承载的文化精神因素，具有积极意义和启发作用，是现代设计取之不尽、用之不竭的宝藏。这是戏曲脸谱得以传承、继续服务时代的重要途径。

从更为宽广的媒介传播与媒介融合的意义上看，戏曲脸谱作为传统文化元素的现代应用，可以从以下几个方面进行思考、探索。

（1）戏曲脸谱在话剧、电影、电视剧以及 MV 等姐妹艺术或“大戏剧”中的应用。这种应用可以借助新型姐妹艺术转化戏曲及戏曲脸谱的存在方式，扩大其文化传播，但一般要求与具体题材、主题相联系，不可生搬硬套。话剧如《挂在墙上的老 B》中，老 B 想变成另一个人，就戴上那个人的面具。《兰陵王》中，兰陵王借助面具闻名，最终脱不下面具，成为异化的悲剧。电影如《霸王别姬》中，饰演霸王的段小楼画着霸王妆，戏里是霸王，戏外是自私鬼，油面里一双闪烁不定的眼睛，正是灵魂的写照。一些古装电视剧对此有一些积极尝试，力求民族化的文化品格。如央视版《神雕侠侣》中，一些绿林好汉被画上各式戏曲脸谱，突出其好汉与个性的特点。大陆版《天涯明月刀》中，活泼可爱的周婷一旦骤变为复仇魔女后，整脸被涂成白色，配以血唇，成为其人格面具。古装剧《大明宫词》和《武媚娘传奇》对面具的巧妙运用，均力求与情节主题、人物性格紧密联系，而且具有呈现形式的美感和民俗文化的品位。MV 如《走四方》，歌手戴着面具行走四方，很有人生哲理意味。

(2)戏曲脸谱在平面设计、动漫设计、仪式表演等新兴媒介中的应用。这些其实都是在还原脸谱和面具的历史。从新石器时代的人面鱼纹彩陶盆、商周时代的人面纹方鼎，从巫祷仪式中巫觋的面具，都可以窥见脸谱、面具曾经在社会生产、社会生活中的印记与作用。如今有关戏曲脸谱的平面设计，可谓五花八门，目不暇接。网络 LOGO 如中国京剧院的院标是旦角眼部特写，为梅花映衬。网络头像中有一组戏曲脸谱头像，可以由网友任选。这些是借助新兴媒介的个性化、符号化的脸谱本身的应用。大多数脸谱形式的运用，并不是脸谱本身的独立制作，而是作为中国或地域文化元素，作为富有文化表征的图案花纹，在其他商品包装设计中加以应用。如张飞牛肉等土特产的包装袋设计，彪马“北京见”活动的平面广告设计，New Balance 576 中国脸谱系列的服饰设计，雅诗兰黛时装表演中的国际彩妆与中国脸谱的结合，等等。这里还涉及数码技术、应用化学与戏曲脸谱的现代应用问题，将文化产品做得更加精美，成为上等的工艺品，具有强大的市场竞争力。

(3)戏曲脸谱作为非遗项目的独立制作与传播，无论是商业性的，还是公益性的。如前文提到的北京非物质文化遗产“彩塑京剧脸谱”、河南非物质文化遗产“焦氏脸谱”、上海杨浦区非物质文化遗产“京剧脸谱”，都参加了一些公益性的展览活动，并作为艺术品进行出售，用于个人收藏、空间装置。有些地方的戏曲脸谱即使没有被列入“非遗”项目，也在文化旅游的利益驱动下，被做成各种工艺品，有潮州彩塑戏曲脸谱、山西平遥纱阁戏人、土家族傩堂戏面具、陕西秦地社火脸谱等，见诸一些旅游景区售卖传统玩物的店铺。以前，面具可能只是台下人隔着舞台欣赏的戏曲的一部分，现在则可能是国际友人的收藏，可能是小朋友的玩具，也可能是票友的回忆。

戏曲脸谱得到有效应用，走向消费市场，必须思考如何建立“脸谱形象产品”的问题，让脸谱与产品一起得到广泛认同。戏曲艺术为延续自身，必须保持自己的艺术独立性，而要进入市场，又必须按市场规律运作，要在这两者之中找到平衡，就要在坚持艺术规律的情况下进入市场，并增强脸谱形象产品的品牌营销和品牌传播的观念。各种依托脸谱符号生产的商品，都可以看成是品牌，而品牌形象的建立是一个长期过程，要求将商家的品牌意识借鉴过来，追求大众消费、趣味审美的文化品位，运用不同媒介与技术，通过广告、公关、销售、人际等方式，将特定的脸谱形象产品推广出去，树立深入人心、亲和力强的脸谱品牌形象。

脸谱形象产品既传播民族文化，增强本土文化认同感，又传播戏曲艺术，培养戏曲受众群体。但是，这只是一种传播方式，要克服戏曲当前的生存危机，根本办法还是增强戏曲艺术本身的文化适应力与竞争力，让戏曲在整个文化环境中取得一定的优势，借以求得长远稳健的发展。

三、传统与现代：戏曲脸谱的革新

作为表演艺术附属物的戏曲脸谱，其发展涉及戏曲艺术本身的发展问题。戏曲艺术的生命在于它独特的演剧体系，在艺术多元竞争的当下格局中，戏曲能否保持自己的独立品性，关系到它能否得到传承与发展的问题[①]。而戏曲艺术的发展，跟程式（包括脸谱化妆程式）的存亡关联紧密。

在当代审美文化的视野下，有学者对戏曲脸谱的未来发展进行探讨。如郑传寅《戏曲程式的文化蕴涵与历史命运——兼论现代戏曲符号体系的建构》，认为戏曲程式（包括脸谱）是一套

---

① 吴乾浩：《当代戏曲发展学》，文化艺术出版社 2007 年版，第 3 页。

特殊的符号体系，具有持久的因袭性和顽固的规范性，难以适应反映现代生活的时代要求和青年观众的欣赏趣味。戏曲脸谱的自身发展与现代化，似乎是个大问题，不可能实现。

当戏曲艺术作为非遗表演艺术类的项目得到有效保护与传承时，作为其附属物的戏曲脸谱的革新与发展可以随之得到较大改观。但是，这又带来一个新的问题，即传统保护与现代革新的矛盾。在非遗保护的基本方式与原则中，有一条是“在它产生、生长的原始氛围中保持其活力”[①]。由此可见，非物质文化遗产的保护是对于非遗项目原始形态的保护，使其得到当代及以后的传承，并不主张大幅度地改变、革新其存在形态。这种保守性的规定，对于尚有较大社会接受群体且文化层次高低有别的戏曲艺术而言，显然是不适合的。有些“老戏老演”给老观众看，是有观众市场的，但是众多的现有戏曲院团不可能没有新创剧目，而一旦有了新创剧目，艺术革新就不可能避免。戏曲艺术的革新，包含脸谱艺术的革新，要么向越剧、黄梅戏等现代剧种靠拢，几乎全部角色使用俊扮，要么探索如何建构现代戏曲脸谱的符号体系。传统与现代是一对文化矛盾，但也是传统走向现代的文化路径。

有学者认为，中国当代戏剧发展的总体性问题，一是传统与借鉴，二是戏剧与观众。[②] 其对借鉴中国戏剧传统的观点，可以看成是对包括脸谱在内的整个戏曲体系的警告。戏曲脸谱艺术的革新，名义上是要以话剧的写实性化妆为参照与借鉴，实质上是考虑现代观众的审美趣味，进行必要的艺术符号的更新。

抽象写意的戏曲脸谱，是中国美学传神论在戏曲化妆上的突出表现。中国艺术都有一个重神轻形的倾向，而且贵在神形兼备。戏曲脸谱的离形是不拘于生活自然形态，将脸部的色彩、

---

① 王文章：《非物质文化遗产概论》，文化艺术出版社 2006 年版，第 30 页。

② 徐晓钟、谭霈生：《新时期戏剧艺术研究》，中国戏剧出版社 2009 年版，第 10 页。

线条巧妙地组织成一定的图案，达到“离形得似”，借以传达人物的性格特征。正因如此，目前部分戏剧家主张重新用面具和脸谱等古旧化妆来表演，以保持戏曲脸谱的艺术独特性和民族性，这跟非遗的保护原则一致。

然而，随着当下艺术消费化、生活化的发展趋势，戏曲脸谱的传承与发展必须考虑话剧、电影、电视剧所形成的演艺化妆的普适性问题。戏曲脸谱作为戏曲造型艺术，其表意符号的革新可以在以下几个方面进行探索。

(1)角色少用花扮，多用俊扮，力争使戏曲脸谱生活化。这种方法对于越剧、黄梅戏等现代剧种不成问题，其化妆甚至可以做到向话剧的生活化靠拢，但是对于京剧、川剧等近代剧种，乃至傩戏、藏戏等古老剧种，则构成了严峻挑战，需要根据不同题材进行区别对待。

(2)古装剧目的净、丑角色可以花扮，现代剧目的净、丑角色不可花扮。新时期以来，著名新编古装京剧《徐九经升官记》《曹操与杨修》，仍旧保留着净、丑角色的花扮脸谱，在脸谱设计上比较保守。而近现代题材的京剧《膏药章》《骆驼祥子》，净、丑角色的化妆改用俊扮，动作和演唱仍旧保留着净、丑角色的表演程式。当然，特殊题材的作品，可以发挥脸谱的特殊符号意义。如现代题材的川剧《变脸》，变脸技术的多次运用，折射出近现代社会荒诞多变的本质。

(3)改进脸谱艺术，更加简练写意，使之适合当代青年的审美趣味。戏曲脸谱虽然是演艺化妆的一个门类，但是戏曲的脸谱化妆跟话剧、影视的现代化妆毕竟有区别，要求一定的夸张变形。对于古装戏曲而言，如果可以革新脸谱技术，最好的解决办法应是借鉴话剧、影视的化妆技巧，去掉传统戏曲脸谱涂面勾脸的烦琐线条与图案，变得更加简练写意。

事实上，在各省各团的戏曲新剧目创作中，脸谱艺术的革新情形要复杂得多，“保护派”与“革新派”的意见冲突，时有发生。

这里特别值得一提的，是著名京剧演员吴钰璋对京剧脸谱艺术不拘一格的革新精神。兼具化妆、造型天赋的他，对京剧脸谱进行了以下形式革新："一是对既定脸谱的活用和修缮，二是对初创角色脸谱的创作和设计，三是对其他舞台化妆手段的学习和运用。"也即"在继承先例的基础上，结合自身条件和对角色的把握，或稍事改动，或脱胎换骨，或改弦更张，给自己的舞台脸谱赋予了新的内容"[①]。尤其值得称道的，是他对其他舞台化妆手段的学习和运用。他认为，戏曲脸谱作为一门极为成熟的艺术，绝不可以故步自封，应该尝试一些新的化妆技法，促进脸谱艺术的继续发展。在一些近现代生活题材的新创剧目中，他将脸谱艺术的内在风骨与其他舞台化妆方法的外在形式进行结合，使角色形象既具有时代感，又不失脸谱的韵味。如他在京剧《秋瑾》中饰演贵福，虽是化现代妆，但按照脸谱的手法，将眉毛勾成刀形，刻画出清廷酷吏的残忍性格。他在京剧《白毛女》中饰演黄世仁，同样将脸谱技法融入话剧化妆，以塑造淫邪、猥琐的恶地主形象。吴钰璋为脸谱艺术实现传统与现代的结合，为脸谱艺术在现代剧目中发挥作用，为戏曲脸谱的符号革新，提供了许多宝贵的探索经验。

"保护派"与"革新派"的意见冲突，不止于戏曲脸谱，还有音乐唱腔、肢体表演、服装道具、戏剧结构等层面。其实，联合国教科文组织 2003 年公布的《保护非物质文化遗产公约》，是认同非物质文化遗产"被不断地再创造"的。它指出："非物质文化遗产世代相传，在各社区和群体适应周围环境及与自然和历史的互动中，被不断地再创造，为这些社区和群体提供认同感和持续感，从而增强对文化多样性和人类创造力的尊重。"[②]这种"被不断地再创造"既是历史的文化积淀，也是当代的文化拓展。

---

① 江洵：《海纳、革新、求是——吴钰璋先生脸谱艺术的三种精神》，《中国京剧》2010 年第 10 期。

② 《保护非物质文化遗产公约》，转引自覃业银等著《非物质文化遗产导论》，辽宁大学出版社 2008 年版，第 201 页。

处于全球化浪潮中的戏剧艺术，跟整个文化一样，不会轻易被强势文化所取代，反而具有更多开拓发展的空间。戏曲艺术是如此，脸谱艺术也是如此。英国学者吉登斯说，“现代性的根本后果之一是全球化。它远不只是西方制度向全世界的弥漫、其他文化由此而被摧毁。全球化不是一个平衡发展的过程”，它将导致一个“失控的世界”①。对于各民族各地区的传统文化而言，就需要政府和社会力量的介入与扶持，通过制定非遗计划予以保护与传承，在此基础上，“被不断地再创造”。其最终情形是，这个“失控”不是彻底的杂乱，而是多元文化相互交流、借鉴、融合，发展、形成新的文化，对于每种文化而言，这都是一种文化失控，同时也是一种文化拓展。既然世界文化是在互动中融合、发展的，那么戏曲艺术也会在中外戏剧、戏曲与影视等层面得到重新整合。

无论是从非遗保护的角度，还是从戏曲正统的角度，戏曲脸谱的革新与发展都是个难题。但是事实胜于雄辩，胜于理论，当前戏曲艺术与戏曲脸谱的革新事实，正推动着人们对于戏曲申遗和发展的认识。

四、小　结

当前，作为传统文化代表的戏曲脸谱乃至戏曲艺术，面临着新时代、新文化的挑战。要想在大众文化时代、数字化时代屹立不倒，为当代观众所普遍认同，戏曲脸谱、戏曲艺术必须改变思路，寻求发展良机。一个极为稳妥的办法，是将戏曲脸谱当作一种“非物质文化遗产”的形式，取得政策性扶持，利用“生产性方式”予以保护与传承，一方面在媒介传播与媒介融合中加以有效应用，扩大戏曲受众群体，另一方面在剧目创作中革新表意符号，实现传统与现代的结合。

---

① Anthony Giddens, Runaway World, How Globalization Is Reshaping Our Lives, London: Profile Books, 2002, P. xxxi. 转引自金慧敏：《全球对话主义——21世纪的文化政治学》，新星出版社 2013 年版，第 7—8 页。

黄大仙文化资源开发及其产业化系统要素探析

岑孝清[①]

（浙江师范大学文化创意与传播学院　浙江金华　321004）

内容摘要　黄大仙文化是具有民间性和宗教性的文化资源。这一资源的产业开发，其内容应当以民间性的“善”与道家道教性的“仙”为核心，据此形成竞争力。从系统学看，黄大仙文化资源的产业化形态包括信众、传创者、企业、市场和消费者五个构成要素，而区域、政府和智力部门构成了这一系统的环境。

关键词　黄大仙文化　文化资源　文化产业　系统要素

入选国家级非遗名录的“黄初平（黄大仙）传说”是一种文化资源，根据《非物质文化遗产保护法》规定的“合理利用”原则，对包括“黄初平（黄大仙）传说”在内的黄大仙文化资源的利用，一是公益性的利用，二是经营性的利用。作为经营性利用，主要是指产业化，这是符合正在进行经济发展方式战略转型的金华市实际的。战略转型当然是发展，对于文化产业来说，目前主要是指创意升级。如是，则黄大仙文化的产业化发展，至少应当考虑

① 岑孝清（1973—　），浙江师范大学文化创意与传播学院讲师，哲学博士。

两个方面的问题。其一，产业化发展原则是什么？定位为何？其二，作为一种系统的发展，其要素是什么？其内在动力是什么？如何驱动产业创意发展？对于第一个问题，笔者在《关于黄大仙文化产业创意的研发》①一文中曾有回答，即提出了：黄大仙文化产业的研发，要以创意为核心，加速产业升级；要以现代科学理论为指导，建立在当代科学知识的基础上；要体现以人为本的价值观原则，定位为金华市经济发展方式战略转型的窗口。笔者曾在2010年11月11日以这一见解在“中华黄大仙文化高峰论坛”上做了报告。如今，本文试图回答第二个问题中的第一点，即黄大仙文化资源开发及其产业化的系统要素问题，而其内在动力问题则需另文研究了。

首先要指出的是，所谓将黄大仙文化产业定位为经济增长方式战略转型的窗口，根据《金华市文化事业和产业发展十二五规划》(2011年11月27日)落实下来，那就是定位为旅游休闲文化服务业转型发展的窗口。更具体地说，发展这一产业的实体是以民间资金为主导的民间文化产业集团，这个集团包括民营文化产业基地和特色民营文化企业。因此，讨论黄大仙文化产业发展的系统要素及其内在驱动力问题，也就是在研究某一特殊类别的民间文化产业集团的发展问题。那么，如何进行研究呢？研究一个对象的内在发展动力，目前国内和国际科学界，所应用的一种工具是系统动力学。它是将对象作为一个系统，研究其内在要素及其关系，揭示其发展趋势，以及如何发挥人的主观能动性以推动此趋势发展的问题。

一、黄大仙文化产业的要素

根据系统动力学及目前文化产业发展的有关研究，黄大仙文化产业系统包括构成要素与外部环境。其构成要素包括信

① 岑孝清:《关于黄大仙文化产业创意的研发》，载陈华文主编:《非物质文化遗产研究集刊　第四辑》，学苑出版社2011年版，第83页。

众、传创者（即传说者和创意者）、企业、市场、消费者，这些属于系统的内部要素。

（一）信众是黄大仙文化资源的直接创造者

信众，是指有信仰的大众，包括秉持“善”念的民间大众、追求“仙”的境界的道家修行者，以及践行“仙”道修炼的道教信仰者。对黄大仙文化产业来说，信众的存在，也就意味着此产业内容具有民间性文化因素和宗教性文化因素。具体地说，在非遗性质上，黄大仙传说是黄大仙文化的主要部分，其基本观念是“善”；在道家思想方面，黄大仙文化的基本观念是“仙”；在宗教性质上，道教的“仙”道文化是黄大仙文化的主要部分，其基本观念也是“仙”。道家和道教对于“仙”的理解各有其义，但共性是认为身与心应当合一，在实践中应当追求身心健康。这才是当代黄大仙文化资源开发所要发扬的“仙”的含义。总之，“善”和“仙”构成了黄大仙文化的基本观念，它们是黄大仙文化资源开发的内容，是用以产业化的对象，是产业化后的核心竞争力所在。如果没有了对这两个基本观念进行践行、传扬的民间大众，没有了道教信众，也就没有了黄大仙文化产业核心竞争内容的直接创造者。“善”和“仙”的文化内容，使得黄大仙文化资源有别于其他的文化资源，也使得黄大仙文化产业化的内容与其他文化产业化的内容有了不同。

从民俗理论和马克思主义宗教理论看，具有民间性和宗教性的黄大仙文化现象，及其通过资源开发后所表现出的产业形态，根本上都是对人们追求美好生活的反映，是人们实现心中美好愿望的某种途径。不过，其中要注意的是：其一，“仙”的宗教性途径是特殊的，因为它只是对人生和现实生活的曲折反映，甚至有的是偏离了当代科学的，有其不可避免的历史局限性。其二，事物是变化发展的，因此还应当看到，随着文化及文化产业的发展，信众将会逐渐认识到，无论是作为民间性的文化还是宗教性的文化，其实质都是人本的和社会的。那就是，人是精神的创造者，种种的文化现象及其精神，根本上都是人的实践活动的产物，犹如人类所创造的影视，它的出现给人类带来了造梦的乐园一样；犹如人类所创造的互联网虚拟空间，它的出现给人类带来了可体验的精神天堂一样。

(二)传说者和创意者是黄大仙文化资源的开发者

传说者是指对“善”“仙”精神及其事迹给予口口相传的人，创意者是基于现代产业而对“善”“仙”精神给予外在化及其创新性设计的专业人士。

如前所述，黄大仙的传说，属于非遗，其精神核心是“善”；黄大仙文化的道教性，属于较特殊的文化现象，其精神核心是“仙”。无论是“善”还是“仙”，从文化产业化的角度看，都属于产业化的智力因素，具有一定的“知识产权”性。对“善”的宗教性的创意，就是“仙”这一内容的创意，如婺剧《黄大仙传说》中鬼神题材的戏剧形式；对“仙”的民间性的创意，就是“善”这一内容的创意，如《赤松山魂》所定位的人的主题的影视创意。站在今天的角度，对“仙”的理解，其积极含义是人们对于身心健康的持久追求；对“善”的理解，其积极含义是人们对于优异人际关系的永恒秉持。只要人的生命还在活动，对身心健康的需求就存在着；只要人类社会还在发展，对优异人际关系的追求就存在着。因此，这一“仙”与“善”是一种永恒的精神。黄大仙文化资源的开发，如能建立在这一普遍的永恒的观念上，将意味着：其一，它客观上滋润了人们所苦苦追求的“人何以为人”的精神土壤，给社会生活中的人们提供了一个安身立命的精神家园；其二，秉持这一精神进行建设的文化企业，将有其独特的和较为长久的生存根据。

人宏道而非道宏人。仙道与善道，是人在传播、弘扬和创意，其创造者和传扬者是人而不是神。这里特殊的是，传说者和创意者可能是道教信众，更多的可能则是非道教人士，如文化创意人员。在信息化和网络化时代，文化产业的创意显得很重要，尤其是创意者需要受到重视，黄大仙文化产业的发展仍然如此。因为创意者如何，将影响着产业的效益如何；创意者如何，将决定着产品和服务的形式如何。在此方面，关键是创意者如何创意的问题。的确，对具有“善”和“仙”文化内容的黄大仙文化资源进行产业化创意，会显得与众不同。如何保障传说者传说时不失掉“仙”的精神，如何让此精神在传说过程中不因创意性发挥而泛滥？如何使掌握现代创意技术的人士在对“仙”和“善”文化资源进行创意时仍然保持文化的本真性？等等，都需要把握创意的规律。目前，此方面的研究还很薄弱，尚待开展。不过，国内外一些关于文化创意规程的成果，是可资借鉴的。例如，国外研究者提出的创意阶层学习曲线“BRETAM”。按此规程要求，以“仙”和“善”为核心的创意内容，其技术创意过程，应当遵循突破（Breakthrough）、复制（Replication）、经验（Empiricism）、原理（Theory）、自动化（Automation）和成熟（Maturity）六个阶段。[①]总之，学习和遵循类似这样的创意规律，有助于创意者较快地走出迷茫，较快地探索出自己的路子。还应当指出，黄大仙文化产业如进行创意升级，则必将依赖数量众多的非宗教信众的创意人才，这些创意人才是保持黄大仙文化产业创造力的主要因素。

（三）旅游休闲企业是转化黄大仙文化资源的平台

在金华市，黄大仙文化资源的开发是与旅游休闲文化服务业捆绑在一起的。因此，旅游休闲服务业就是黄大仙文化产业的业态了。通过文化企业这一平台，黄大仙文化就可以得到实际的开发和利用。不过，在根本上，此文化企业应当自觉定位：企业不过是承载人们迈向美好生活的桥梁。这个桥梁之所以为桥梁，是因为它能做到将人们的精神转化为可体验的感受，将知识转化为经济，将文化转化为产业，从而塑造人的健康的心灵和社会所需要的人才的素质。把握了这一点，才可以说是把握了黄大仙文化企业的核心和灵魂。这其实是社会效益优先于经济效益的体现。对于承载黄大仙文化产业的企业来说，无论它是

---

① Brian R. Gaines：The learning curves underlying convergence，Technological Forecasting and Social Change，1998（1）：7-34.

较小规模的特色民营文化企业，还是已经或将要成为较大规模的民间文化产业集团，目前看来，都基本上不会是宗教社团的文化企业。但是，如果有宗教文化企业，或者这些民营文化企业可能会涉及宗教性因素，则有些问题不得不面对。

一是，道教社团能不能成为文化企业？这个问题的答案和最终选择应当在于道教自身。因为，从现行的《公司法》(2014年3月1日施行)看，无论是设立有限责任公司还是股份有限公司的条件，都看不出对宗教社团有何限制。换句话说，道教社团依照《社会团体登记管理条例》成立，已经属于社会实体，它同时能不能成为在工商行政部门注册企业实体的问题，实践已经有所回答了，虽然还有不少问题。不过，还要看到，宗教社团是特殊的社会实体。因此，目前国家对宗教的管理是依据《宗教事务条例》(2005年3月1日施行)，据此，宗教社团设立文化企业后进行经济活动时，是有不少局限的，这是由宗教这一特殊的社会现象决定的。

二是，宗教资产与非宗教资产的融资问题。这为什么成了问题呢？因为，宗教资产的性质是宗教信众公有的，是集体公有性质，而非宗教资产有私有的和非私有的，它们能否完全按照企业的条件来实施，如何实施？

三是，此文化企业以及它所提供的产品或服务，是宗教性的还是非宗教性的？这些问题也不是空穴来风，近些年出现的养生资源开发乱象已经反映出来了。

这些问题，目前都还未能解决。这其中的一个原因，可能是因为此类企业还没能准确定位自己。具体地说，无论此类企业是何种性质，它都不能脱离使人们实现向往的美好生活这一根本目标。作为产业中的黄大仙文化企业，如要发挥其之所以为文化企业的作用，即发挥其文化凝聚力的社会功能，则这一企业目标是不可或缺的。

(四)市场是黄大仙文化资源及其产品交易的场所

市场是进行商品交换的场所和领域。从文化产业市场的内容看，资源、产品和服务，都应当有其相应的市场，即黄大仙文化资源市场、黄大仙文化产品市场和黄大仙文化服务市场。目前，这些都还未形成。不过，黄大仙文化产业要发展，这是早晚的事。因此，在理论上，可以预先讨论一些问题。

第一，黄大仙文化市场的经营主体应当是多元的，但非宗教性的经营主体是基本的和主导的。从资源创造看，主体主要是创造“善”的民间生活者，以及进行“仙”道养生的道家人士和具有宗教性的“仙”道修炼的道教社团。在这之中，要注意的是两方面：其一，具有民间性的黄大仙传说，其主体是非物质文化遗产的所有者；其二，虽然道教的产品和服务不能进入市场，但不能排除道教社团作为企业法人进入市场从事买卖活动，因为法律并没有禁止其参与社会经济活动的行为。此外，黄大仙文化市场不仅有资源市场，还有产品市场和服务市场，产品市场和服务市场的主导都还不是道教社团，而是众多民间资本的创意个人、企业或企业集团。这样来看，黄大仙文化市场的经营主体也仍然是多元的。

第二，黄大仙文化市场的客体可能会有一定的特殊性，即产品和服务可能带有宗教文化元素，其进入市场的准入原则目前还难以确定。从《宗教事务条例》若干条款的精神看，纯粹宗教性的产品或服务，只能限于宗教场所，不能进入市场，例如第21条规定：“宗教活动场所内可以经销宗教用品、宗教艺术品和宗教出版物。”而且，虽然黄大仙文化资源开发后，已经成为非宗教的产品和服务，但这些产品和服务可能仍然含有宗教文化元素，如“仙”的文化元素。这些文化元素，在产业中，本质上是转换或创意的内容和信息，通过对它们的转换或创意，使之成为影视、戏剧、文学艺术等产品或服务的内在元素。这些产品或服务如果符合国家法律及其行政规章，就可以在市场流通、交换和买卖了。虽是如此，还是应当注意，这些产品或服务之所以对人们产生影响，大多是由于其中有上述文化内容和信息。因此，如何把握好含有宗教文化元素的文化产品和服务进入市场的度，这确实是个问题。目前,这在文化管理上还是空白。但有两点意见看来是值得深入研究的,其一是这些非宗教性的文化产品具有宗教的内容,但因采取了世俗的形式,所以可以进入市场;其二是人们可能只会接受这些文化产品的形式,而不会去接受其内容。事实上,内容和形式是不可分离的,故此两点意见的分析还不够。

第三,黄大仙文化市场的运行机制有复杂性。这一点,主要是由该市场主体的多元性和客体的特殊性决定的。主体多元而客体特殊,则主体与客体相互间的关系就会显得错综复杂。但无论如何,黄大仙文化市场一定是按照市场机制来运行的,不仅是具有民间性元素的产品和服务如此,就是具有宗教文化元素的产品和服务也是如此。因为,一方面是目前道教本身无意于也难以成为该市场的主导力量,另一方面是此类市场的主体主要是企业或非道教信众。不过,仍然要指出的是,创造道教文化的主要是道教的信众。

第四,黄大仙文化市场应当走国际市场的道路,市场建设应当着重于国际化产品和服务的搭建,这符合"民族的也即世界的"国际文化交流口号。如是,则:一是应积极创造有国际意义的黄大仙文化资源市场条件,如正在讨论的联合香港、广州及海外各地黄大仙社团共同申请世界非遗项目。二是应借助已经取得一定国际经验的文化形式,例如婺剧,通过它打造具有黄大仙文化元素的婺剧产品,为国际市场提供有竞争力的创意性产品。三是应重点开发虚拟市场,即黄大仙网络文化市场。在这方面,金华市虽然已经有了良好环境,那就是可以依托义乌中国小商品博览会、永康中国五金博览会、金华国际茶花节、横店影视城等有国际影响力的市场客体,但是,黄大仙文化市场仍然面临信息国际化和网络国际化的升级的挑战。

第五,从文化市场管理的角度看,有两个方面也可以开始考虑。一是市场管理主体,目前主要是综合执法部门,是不是可以坚持一条准入原则,即进入市场的文化产品不再是宗教产品。

二是应当扶持发展黄大仙民营文化产业基地和黄大仙特色民营文化企业，也允许道教社团参与融资，甚至成为股东，鼓励众多民营创意企业成为黄大仙文化市场的主体。

（五）消费者是黄大仙文化资源社会化的目标

这里的社会化是社会效益和经济效益的实现，主要体现于文化服务方面，即通过消费者的消费行为实现。宗教有其服务的对象，就是众生；文化企业有其服务的对象，就是消费者。众生与消费者有时会一致。当黄大仙文化资源以产业的业态存在时，众生就缩小为消费者了，两者一致了。根本上，由于消费者是追求和实现美好生活的人这一主体，因此，要从整个社会的角度考虑，消费者需要的是什么？对于信众来说，是精神支配的需要；对于非信众来说，就是休闲式、体验式或慰藉式的享受的需要。显然信众这一消费者人数是少于非信众消费者人数的，虽然前者是主导性的。这种主导现象，对于宗教文化旅游休闲服务业而言，表现于：宗教性文化需求决定着这一类服务业的特征。突出的例子就是当旅游区内的信众出现消极或积极现象时，都会引起“蝴蝶效应”，而非信众游客出现消极或积极现象时，一般不会引起“蝴蝶效应”；积极的如少林寺方丈传扬少林文化的现象，消极的如正一派某道士出现的“养生文化”现象。不过，这样的情况还不能说就是此类企业发展的趋势。对于此类文化企业的发展目标来说，它显然应当是人数较多的非信众的消费需要。因为，这才是旅游休闲服务业的发展方向，其内在的宗教文化因素只是此类文化企业发展过程中一定阶段的特殊的决定因素。而在未来，可能会此消彼长，“长”的应当是符合产业发展趋势和方向的东西，这是由社会发展的规律决定的，在中国特色社会主义文化事业发展的进程中也不例外。特别要指出的是，无论是信众的信仰需要，还是非信众的非宗教性文化需要，归根到底仍然是他们对美好生活的一种追求。只是，在黄大仙文化中，其特定的内涵是指人们对身心健康的美好追求，而进行这一追求的人，是推动黄大仙文化产业化的真正主体。

从道教的角度看，这些追求着的人们，他们共同需求的精神对象，可谓之“仙”。“仙”是一个可圣可俗的概念。圣者，神也，是道教信众所追求的超自然的体验状态或对象；俗者，生活也，是非宗教信众所追求的身心体验与人文情怀。以此看来，19世纪末至20世纪初，道教大思想家陈撄宁先生倡导的仙学和所阐扬的“仙”文化是可以深入挖掘的思想资源。所以，任福民先生在其《非遗：仙乡蝶变战略构想》（2010年10月10日）一文中，力倡双龙国家风景区的开发应当围绕“仙”文化进行，他的战略构想确实是符合道家和道教文化特征的。

不过，对文化开发及其战略构想的认识，似乎还可以再深入，即从更长远的社会发展趋势看，消费者的未来是怎么样的？当前，围绕中国特色社会主义文化事业（包括文化产业）的发展目标，黄大仙文化产业的发展，其消费者的目标定位是追求身心健康的美好生活的人们，其实现方式定位为文化企业，其承载平台主要是旅游休闲服务业。其中，休闲服务业虽然不可能也没必要去实行公有制经济制度，然而，从长远看，作为一种非公有制经济，其发展将伴随着主导性的社会主义公有制经济，且顺应着这一主导潮流。因此，在更长的发展进程中，或在间接的途径上，此类休闲服务业应当自觉适应社会主义公有制经济的发展，并参与到孕育未来共产主义社会新人的整个文化产业发展目标中。如果说，曾经，“机器是人类的救世主，是把人从肮脏的手工劳动和雇佣劳动中解放出来的上帝，是带来闲暇和自由的上帝”（Paul Lafargue，1842—1911），那么，在社会主义公有制条件下，文化产业的出现可谓是人类的救世主，因为它将增加整个社会的自由时间，为培养共产主义新人创造更为广阔的社会文化空间。[①] 黄大仙文化产业是一种文化产业，而且其实现方式主要是民间资本的企业，这些企业是转换民间性文化资源和宗教性

---

① 陈鲁直：《民闲论》，中国经济出版社2005年版，第92页。

文化资源的企业。因此,在长远的发展进程中,这一产业也可能起到增加整个社会的自由时间的作用,并发挥着积极的历史作用。

二、黄大仙文化产业系统的外环境

内环境存在于外环境之中,内在要素及其要素间的关系是在一定环境影响下发生的,黄大仙文化产业上述诸要素不是孤立的,无条件的。黄大仙文化产业的外环境包括:区域、政府、智力部门。区域,这里指的是金华市,这是黄大仙文化产业化发展的空间、地理环境,当然,如果黄大仙文化扩展为金华、广州、香港三地的话,所谓的区域就是指此三地了。政府,通过政策、法律、行政等手段,引导着黄大仙文化产业的方向。智力部门是指科研、高等院校、行业协会等社会团体或社会支撑平台,包括其中的研究人员和社会工作者。

(一)区域是黄大仙文化产业化发展的空间

金华是黄大仙文化的发源地,黄大仙文化产业的发展具有区域性,属于区域经济的范畴。金华市的自然风貌、人文特点等外环境,共同构成了黄大仙文化产业化发展的空间。

首先,从自然风貌看。金华市有横亘 250 公里的金华山,其中的双龙洞、冰壶洞、朝真洞、金华观"三洞一观"构成了独特的地理景观。值得回味的是,此"三洞一观"在 1959 年时曾归属县政府商业局,50 余年后,此"三洞一观"作为产业化的实体,又回归到了商业领域。绮丽独特的自然风貌为社会所厚爱,双龙风景区成为国家森林公园(1991 年 11 月)、国家重点风景名胜区(1994 年 1 月)和国家 AAAA 旅游区(2000 年 12 月)。

其次,从人文环境及其特点看。金华市是国家历史文化名城,有 2200 多年历史。据统计,2011 年,金华市就有文物保护区 13 个,文物保护单位 697 个,其中国家级文物保护单位 16

个，省级文物保护单位100个。[①]《金华市文化事业和产业发展十二五规划》(金华市人民政府，2011年11月27日)的统计显示：金华市有国家级非遗保护名录项目28项，省级非遗保护名录项目80项，市级非遗保护名录项目274项，县级非遗保护名录项目501项。目前，代表区域文化特色且成就斐然的是婺文化，例如，婺文化大讲堂、婺文化网站，以及编辑出版的婺文化系列丛书50多本。而且，婺文化生态保护区已被列为省级文化生态保护区，市文化局和浙江婺剧团还被授予"国家文化遗产日奖"，等等。还要提到的是，金华市在2006年就将"黄大仙道教音乐"列入非遗名录了。

最后，从文化发展的政策环境看。《浙江省文化产业发展规划(2010—2015)》(浙政发〔2011〕3号)关于金华文化发展的定位清楚反映了此方面的情况。在规划中，省政府将金华定位为全省重要的文化产业增长极，要求："以金华、义乌、东阳为主体的浙中城市群要利用商贸影视文化既有基础，进一步发展影视制作、网络游戏、文化旅游、品牌会展、文化产品流通等产业，进一步巩固在全国行业发展中的领先优势，形成全省重要的文化产业增长极。"相应地，《金华市文化事业和产业发展十二五规划》明确提出，要"把文化产业培育成国民经济新的增长点"。政策源于文化管理实践的需要，在当代，文化管理的实践几乎同时伴随着政策的形成。目前，随着金华市在文化产业建设实践方面的需要，相应的政策格局日益明确，网络文化企业、文化出口企业和文化产业园区三大领域也提上日程。这些政策中，都有可以作为发展黄大仙文化产业的根据。

(二)政府对黄大仙文化产业化的规划、引导和推动

政府这一外部环境要素对内部要素发生作用，具体表现在三个方面。第一，指明黄大仙文化产业化发展的方向，规划黄大

---

① 金华市人民政府网，http://www.jinhua.gov.cn/art/2012/12/25/art_3098_184989.html。

仙文化产业及其相关重大项目的蓝图。例如，市委、市政府以政策的方式，做出了进行双龙名胜、大仙圣地、浙中凉都三大项目建设的决定。其中，浙中凉都项目于2011年8月12日开工，总投资6.8亿元人民币，建设面积达15.5平方公里，而黄大仙道教养生园就在其中。第二，主导黄大仙文化产业的对外交流，不但保证了黄大仙文化产业发展的健康与安全，而且提升了文化交流的地位。例如，2012年省政府组团，金华市选送的反映黄大仙文化的巨幅玉石镶嵌作品《黄大仙》参加中国（深圳）国际文化产业博览会，引起了海内外的广泛关注。第三，实施政府目标，为黄大仙文化产业经济转型升级创造环境。例如，近年来，金华市坚持以建设“文化强市”为目标，文化与经济并重发展，努力推动文化产业成为金华市经济发展的新增长点和经济转型升级的新引擎。这些努力已经有成果。2011年，金华市文化产业就实现增加值139.47亿元，占GDP比重5.7%，位于全省首位；同时，文化产业从业人员年平均人数130010人，占全市从业人员年平均数23.4%。相应地，人民的文化消费也改善了，如下指标表明了这一点：城镇居民人均娱乐、文化支出占消费支出的比例为7.53%，农村居民人均娱乐、文化支出占消费支出的比例为4.35%。①

（三）智力部门是黄大仙文化产业科学发展的保障

智力部门也称为第三部门。综观黄大仙文化产业的发展历程，可以发现，第三部门的专家或学者从不同角度，在诸多领域，就黄大仙文化的性质、内容，以及黄大仙文化产业化发展的方向、规划等进行了探索，展开了争鸣，提出了建设性意见，发挥了智囊作用。这一智力保障如能持久、有序和健康发展，不但会给黄大仙文化产业以科学发展的保障，而且还会提升金华市这一环境的创意气息，这也就是当代西方一些国家所追求的作为创

① 金华市人民政府网，http://www.jinhua.gov.cn/art/2012/12/25/art_3098_184989.html。

意城市特征的“创意鸣”(Creative Buzzes)[①]。

多年来,因黄大仙文化研究而赋予金华城市“创意鸣”的,表现很多,这里陈述两方面。一方面,社会研究机构受主要管理机构的委托,对黄大仙文化产业化发展进行了综合性论证。例如,2010 年 7 月,中国城市竞争力研究会受金华市双龙风景名胜区委托,做出了《中国金华黄大仙和谐文化品牌推广策略研究报告》。另一方面,诸多领域专家以探索的精神、独到的方法,进行深入研究,提出了有益见解或建设方案。例如,浙江师范大学的陈华文教授,从民俗学的角度,指出了黄大仙文化的根源。他认为,在事实上,“有关黄大仙这一神性人物的存在和影响的产生,主要依靠三种不同的系统,即典籍记载、文人吟咏和民间传说”[②]。又如,金华黄大仙文化研究会的张乐初教授,通过对黄大仙传说的性质的研究,指出:黄大仙传说是千百年来劳动人民集体创造的,集中反映了人民群众的生活、思想感情、要求愿望和审美理想,因而具有高度的人民性,也折射了以人为本的思想。[③] 这一真知灼见,是值得产业开发者充分注意的。还有,曾供职于双龙风景区管理机构多年的任福民先生,提出了包括黄大仙文化产业开发在内的双龙国家风景区的战略构想,全面阐述了“仙乡发展归遁非遗”[④]的建设主张,这是实践者的学术见解,纵横捭阖,深谋远虑,诠释着一种实践应当出真知的智力路线。

---

① Gertler M. 2004 Creative cities: What are they for, how do they work, and how do we build them?, Canadian Policy Research Networks(CPRN), http://www.cprn.org, 2004-08-13.

② 陈华文:《论典籍、诗文与传说的交错互动——以浙江金华的黄大仙为例》,《民间文化论坛》2004 年第 5 期,第 41—47 页。

③ 张乐初:《黄大仙传说与世界非物质文化遗产》,载《黄大仙文化》2012 年第 1 期,第 36—37 页。

④ 任福民:《非遗:仙乡蝶变战略构想》,载《黄大仙文化》2011 年第 1 期,第 5—15 页。

产业化语境下民间传统手工艺的创新与发展[①]

孙发成[②]

（浙江师范大学文化创意与传播学院　浙江金华　321004）

内容摘要　在当下，民间传统手工艺的实用价值渐渐淡化，其历史文化价值、经济价值和艺术收藏价值逐渐凸显。在产业化背景下，民间传统手工艺已经成为一种重要的文化资源，手工艺产业成为一种新型业态。与传统手工艺行业不同，产业化的民间手工艺更重视创新，其在融入现代科技、创新表现形式等方面已经有了积极的探索。从长远看，突出品牌文化、重视都市休闲和民族风将成为民间传统手工艺产业发展的重要途径。

关键词　产业化　民间工艺　创新

当今社会，“文化产业”已经不仅仅是一个时髦的词汇，而是一种实实在在的经济形态。它代表着工业革命以来人类社会在经济和文化层面的发展方向，推动并实现了“经济的文化化”和

---

①　本文系教育部人文社科青年基金项目“民间传统手工艺传承中的隐性知识研究”（项目编号：14YJC760052）的阶段性成果。

②　孙发成（1982—　），男，山东安丘人，博士，浙江师范大学文化创意与传播学院讲师。

"文化的经济化"。文化产业主要经营符号性商品，既包括以高技术为特征的广播、电视、新媒体等，也包括以高情感为核心的传统艺术、传统手工艺等，并不断延伸到第一产业和第二产业的所有领域。可以说，产业化作为一场运动，也作为一种理念，已经渗透到社会生活的每个角落。民间传统手工艺，这种带有田园理想和质朴情怀的、反映自给自足经济制度的经济文化形态，在面对工业革命和大机器生产的来势汹汹后已然伤痕累累；文化产业的兴起，既给传统手工艺带来了新的挑战，也提供了重生的机遇。传统手工艺能否在产业化环境中实现蜕变和创新，关乎其自身的生存与发展。

一、当代民间传统手工艺的价值与定位

文化产业的繁荣发展，依赖于对大量文化资源的转化和利用，它一方面生产出大量的文化产品，另一方面也生产出消费群体，改变了消费者对传统产品的认知需求。民间传统手工艺历史悠久，内涵深厚，在产业化进程中无疑是一种可以转化和利用的文化资源。作为一种文化资源，其产业转化和利用是建立在对价值的认识基础上的，基于这种价值体认，才能最终确立其在产业化背景下的定位和角色。

1. 历史文化价值

民间传统手工艺是在历史上生成、发展的，它是特定民族和地区的民间手工艺人世代传承的文化遗产，反映出不同时代、地区和民族的生产生活方式和思想观念。虽然很多民间手工艺正逐渐淡出今天的舞台，但其所承载的历史记忆却不曾褪去。随着非遗保护运动的开展，"非物质文化遗产"成为家喻户晓的词汇，大量民间传统手工艺项目被列入各级非遗代表作名录，以求在政府和社会层面推进这些项目的保护和传承。从专家学者到平民百姓，已经对这些历史上传承下来的遗产进行了新的认可和肯定。作为我们民族文化和传统文化的载体，民间手工艺越来越得到现代人的青睐，正是基于其内蕴的历史文化价值在今

天的发扬。

作为民间文化，民间手工艺作品的表现主题、题材、造型、色彩、工艺都与整个民族的历史和文化相联系，成为体现地域和民族文化特色的载体。不管是传统刺绣、印染还是雕刻、扎制，都能细循其悠远的历史和发展脉络，品读众多精良的工艺作品。流传至今的技艺，依然在延续这种历史，并可与产业化发展相融合，为实现新的跨越积蓄了力量。

2. 实用经济价值

大多数的民间手工艺，在其产生之初都是以实用性为根本诉求的。比如服装、工具、家具的设计制造，工艺虽不同，但目的却是一致的。尤其是早期的民间传统手工艺，只是作为小农经济的补充而存在，是一种满足家庭日常生活的生存手段，其后才逐渐具有独立的经济意义。在今天的大工业生产下，民间手工艺虽然在大多数人的家庭生活中渐渐淡出，但依然具有对大工业生产的补充功能。在一些资源比较匮乏、地域偏远、经济落后的地区，民间手工艺产品依然扮演着重要的角色。比如土制的器皿、自产的编制品、刺绣针织、服饰、家具等依然肩负着生活的重任。

当然，由于民间手工艺本身代表的是一种物质生产方式，其产品可以流通、消费，毫无疑问具有商业经济价值。尤其是在今天的产业化背景下，民间手工艺所代表的传统、生态品质，成为一种消费符号，可以依托现代企业的管理模式或依托旅游业、会展业、产业集群等方式实现新的发展。这也是其现代经济价值被不断挖掘和利用的结果。

3. 艺术收藏价值

民间工艺品曾经只是凡俗百姓的实用物件，难入高雅艺术的殿堂，在艺术收藏市场不受重视。随着民间文化的崛起和人们审美趣味的转变，曾经不值一提的民间手工艺作品逐渐得到重视，并具有了收藏价值。如扬州剪纸艺术家张永寿的作品，以前只是几分钱一张的鞋花样，现在却升到上千元。中国西安皮影博物馆馆长江国庆介绍说，近10年来，皮影的价格已升值几十倍，2003年一个普通的清代皮影人头的价格为200元到500元，现在都涨到1000元到2000元；一个宫殿造型的明代皮影单品在2003年大概1万元到2万元，现在也可卖到5万元到8万元。[①] 由此可见，传统的民间手工艺品在今天正越来越受到追捧。

民间手工艺品之所以被收藏家所重视，其经济价值得以增值，一个重要的原因是人们审美趣味的转向。民间手工艺品的历史文化价值和其所凝聚的手工艺人的技艺得到当代人的重新认识，也就是其象征符号价值变得重要。相较于机制产品，民间手工艺品更具文化性和情感性，其造型语言和手工性质可以拉近人与物的亲和关系，避免了现代工业产品的冷漠和严肃。手工生产避免了现代工业品的通用性和标准化，能够满足人们对生命力和情感性的追求。

对于今天的民间手工艺来说，除了少量依然在服务于家庭生活外，大部分工艺种类将不得不面对新的社会环境和产业现实，其形式和内涵正在发生急剧的变化。因此，民间传统手工艺的产业化转向就是一个不得不为之的选项。

二、产业化语境下民间传统手工艺的创新方式

工业革命前的民间传统手工艺都是以原生材料、手工方式的采用为基本特点的，它的发展自然而缓慢，满足着当时的社会消费需求。而在工业社会后，机械化、电子化、信息化技术不断进步，新材料、新工艺相继涌现，传统民间手工艺已经无法再按旧有的节奏发展。传统的和现代的发展模式，并存于今天的民间手工艺中，而在和文化产业相结合的过程中，如何创新谋发展就成为民间手工艺面对的最大现实。目前国内民间手工艺行业

① 《收藏民间工艺品有奇巧》，http://collection.sina.com.cn/qtcp/20120918/142185231.shtml，2015年6月21日。

在文化产业领域的发展有多种形式，创新的方式也不同。常见的模式中一种是借助现代科技，直接采用新技术、新材料变革传统手工艺的表现形式；另一种则是在题材、技法等艺术本体层面拓展深化，获得新的表现形式。

1. 融入现代科技

传统的民间手工艺充满乡土情怀，原生态的材料和工艺铸就了朴实的艺术风格，但是手工生产效率低下，面对的消费群体却千变万化。民间传统手工艺要走产业发展之路，必须适应市场导向，以满足消费者群体的多元需要。融入现代科技手段，是提升民间传统手工艺生产的产能，以及催生新的工艺形式的重要手段。如潍坊风筝中的自由式风筝，运用了新技术，不仅能迎风转动，还能做出敲锣打鼓、喷烟冒火等各种变化。山东工艺美术学院的潘鲁生教授开发出“传统年画雕版再造工艺”，把传统木版年画工艺与现代材料相结合，运用激光技术、橡胶及硫化工艺使年画雕版制作批量化，克服了手工制版工艺复杂、成本高、使用寿命短、保存难的缺陷。① 四川自贡的灯彩也不断引进新的技术变革灯彩的形式，取得了较好的效果，如《松鹤延年》灯组将景观艺术和彩灯工艺有机结合，运用现代程控技术整合灯区内的各灯景进行演绎性展示，形成自贡灯会独有的展演形式。高达 40 米的松树首次采用新型材料茶色玻璃盘和玻管材质制成。这些尝试无疑拓展了民间传统手工艺的界域，对于特定产业的发展有着推动作用。

2. 创新艺术形式

在不需要引入新科技的情况下，部分产业化中的民间传统手工艺采用创新艺术形式的方式获得消费者认同，达到开拓市场的目的。如四川绵竹年画，在传统纸质年画中开发出了刺绣

---

① 《“再造工艺”复活传统年画雕版》，http://news.xinhuanet.com/photo/2002-12/29/content_673920.htm，2015 年 6 月 21 日。

年画、手绘折扇、年画挂历等产品，通过转换表现载体拓展市场空间。虽然刺绣年画等产品已经不属于传统年画形式，但是其题材、风格依然具有传统年画的特征，可识别性较强，传统的韵味得以保留下来，是较成功的创新。山西广灵蕙花剪纸公司研发的写实多层剪纸作品，利用电脑分色和多层拼贴技术制作出了三维立体效果的剪纸作品，颠覆了传统剪纸的平面形式，既拓展了剪纸的艺术表现空间，同时也带动了中国剪纸市场的发展。东阳木雕近些年在创新表现形式方面也有突出的表现，东阳木雕传承人黄小明认为，就东阳木雕的创作风格来说，“必须在继承传统的基础上，用更具时代感的手法与内容，用新的表现形式，去融合现代人的审美观念，表达现代人的思想文化，如此，东阳木雕才能走得更远”[①]。基于此，他在继承东阳木雕传统的基础上，以新的观念和技法打造出“新东阳木雕”。黄小明的“新东阳木雕”超越传统东阳木雕主要表现戏曲故事、神话传说、历史人物等题材限制，吸收现代地方景物和风俗人情，创作了《情归自然》《云南印象》等反映地域文化特色的作品；在艺术形式上他吸收国画、速写、油画等现代美术元素，以传统木雕技艺打造出具有精英美术风格的装饰性作品；在雕刻技法上，他创用了“叠雕”，即分块雕刻，再根据总设计拼接在一个平面上，解决了巨型木雕易开裂的问题。通过不断的创新实践，黄小明的木雕作品广泛应用于现代家居、宾馆、饭店、旅游景点等，既丰富了东阳木雕的艺术形式，又拓展了市场空间，实现了传统技艺与现代生活的融合。[②] 在产业化语境下，民间传统手工艺形式的创新使之具有了新的文化价值和经济价值，赋予传统手工艺以新的内涵和表现，也带来了良好的市场效益。

---

① 陈一点：《东阳木雕：文化创新立市的成功实践》，《金华日报》2011 年 12 月 16 日，第 D01 版。

② 孙发成：《当代语境下民间手工艺人的身份转向与群体特征》，《民族艺术》2015 年第 2 期，第 64—65 页。

三、产业化语境下民间传统手工艺的发展路径

民间手工艺作为传统文化资源，在走产业化发展的道路上必须打破传统思维，与现代社会接轨。作为一种传统手工艺形式，其所面对的时代环境和消费人群已经发生了明显的变化，这不仅要求其所提供的产品要与时俱进，更重要的是生产经营理念的转变。在产业化背景下民间手工艺能否把握机遇重现生机，既需要好手艺、好产品，也需要更多的智力资源。对于那些已经产业化、企业化的民间手工艺来说，它们最具有开发价值的是其历史和文化积淀，而最薄弱的则是现代化的经营管理理念。作为一种文化产业形态，从民间传统手工艺的特殊性及其与现代社会的融合关系分析，我们可以对其产业发展做出一些初步的判断。

1. 突出品牌文化

在中国民间传统手工艺发展的过程中，具有品牌的产品和名店早就存在，比如张小泉剪刀、内联升鞋业。拥有自己的品牌使手工艺产品增加了产品附加值，具有了一定的竞争优势，但当时的品牌概念还是比较滞后、不规范的。现代意义上的品牌概念是在西方工业化进程和市场经济高度发展的背景下形成和发展的，它是“企业及其产品或服务的标志，是社会公众区分一个企业、一种产品或服务的依据，是制造商、商标、产品、服务、包装、色彩、质量等多种要素的综合”[①]。当代民间工艺的产业化，不管是利用传统老品牌，还是新生品牌开发，都需要现代品牌管理思维和理念，通过突出品牌文化实现产品增值，满足顾客心理需求，增强企业竞争力，甚或是提升民族文化形象。

我国的传统民间手工艺数量众多，分布广泛，手工艺持有者、管理者层次不一，品牌文化的建立和培育还明显不足。即使

---

① 颜海、苏娴、熊晓亮：《文化产业概论》，北京大学出版社 2014 年版，第 124 页。

是那些百年老店，由于缺少现代企业管理经验，也存在诸多问题。如常州白象牌梳篦，其历史久远，声誉远播，历史上曾接连荣获10余枚国际国内金、银质奖章，其中包括1910年南洋劝业会颁发的金质奖章、1915年国际巴拿马和平展览会颁发的银质奖章、1926年美国费城万国博览会颁发的金质奖章等等。但今天的常州梳篦却由于种种原因不复曾经的光辉，一个重要的原因就是品牌文化资源并没有管理好。倒是仅有10余年历史的“谭木匠”打造出了属于自己的特色品牌。谭木匠公司成立时，市场上梳子制造商多达3000余家，但大多采用塑料化纤材料为原料机械化加工，成本低、品质次。而具有保健、防静电等功效的木梳和牛角梳，市场上产品样式单一，品牌形象不突出，高端梳子市场几乎是空白。针对这一状况，谭木匠将产品定位为中高端市场产品，以差异化营销方式立足市场。在产品品质方面，谭木匠将现代技术与传统工艺相结合，创造了多样化的梳体造型，将流行时尚与传统文化相结合，树立起企业的高品质和高品位的形象。在品牌销售渠道上，谭木匠采用连锁加盟专卖店的方式，剔除了传统的批发、超市、商店分销的销售渠道，并采用统一的包装。通过一系列的品牌文化建设，谭木匠已成为中国制梳业无可争议的第一品牌，在全国拥有1000余家连锁店，遍及全国的300多个大中城市，并把店开到了美国、新加坡、马来西亚、韩国、阿联酋，产品远销欧美、日本、东南亚等数十个国家和地区，并在2009年成功在香港上市。可以说，凭借卓越的品牌文化和现代企业营销理念，谭木匠取得的成功是有目共睹的。这对国内众多的民间手工艺品来说具有积极的启示意义。

2. 重视都市怀旧和民族风

随着城市化进程的加快，民间手工艺产品在当下面对的市场和消费者已经逐渐转向城市，城市人群的消费心理和需求将决定手工艺产品的未来。城市人群的生活方式往往是快节奏、单调刻板的，他们享受着现代产业革命带来的种种便利，住钢筋混凝土大楼，使用各种机械和电子产品，接受铺天盖地的传媒信息，早已疏离田园牧歌式的乡土社会。所谓物极必反，当现代化发展到一定程度时，人们对于传统、民族、乡土的情感反而越发浓厚。对于传统生活方式、传统工艺、民族风情的接受和欣赏逐渐变成一种调剂城市生活的良药。这无疑给民间传统手工艺带来了新的机会，通过对其传统内涵和民族特质的挖掘来满足城市消费群体对传统和乡音的需求。可以说，民间手工艺文化是对抗社会化大生产和外来强势文化的有效武器，民间手工艺文化满足了城市群体的乡土情怀与猎奇欲望，民间手工艺文化资源可以结合旅游、休闲等进入产业发展的道路。如位于苗栗县的华陶窑是一座集陶艺、花艺及景观为一体的台湾式园林。游客可在这里体会自己制陶的乐趣，自己拉坯制作不同造型的陶器，并可委托窑方上釉煅烧，最后寄至游客手中。

城市群体的怀旧心理也体现在对少数民族手工艺文化的认可上，民族地区的手工艺产品由于带有不同于消费者自身的文化和形式，因此更能引起消费者的购买欲望。这种消费心理的转向，以及交通、通信等条件的改善，处于边远地区的少数民族手工艺产业得以迅速发展。比如黔东南苗族侗族自治州自2002年以来开始发展乡村文化旅游，发动群众开发民族服饰、刺绣、印染、制陶等旅游商品，吸引了大量游客，也推动了地方经济的发展。

总之，民间手工艺产品具有深厚的地域特色和文化内涵，承载着民族的生活方式和风俗习惯，具有地域性、民族性、民俗性等特点，要想使民间手工艺产品适应快节奏、工业化和都市化的现代社会需求，需要生产者对民间手工艺的内容、形式、功能、价值等方面进行设计和策划。

民间宗教文化资源开发中的“圣俗二元再生产”

——以台湾大甲妈祖绕境进香为例[①]

余海霞[②]

（浙江师范大学文化创意与传播学院
浙江金华　321004）

内容摘要　民间宗教文化资源的开发掀起了宗教旅游的热潮。旅游和宗教之间的关系无论从抽象还是现实层面来看，都充满着矛盾，包括旅游开发对宗教神圣性的破坏抑或宗教的可持续发展需要顺应世俗化的潮流，甚至两者圣俗相融，二元再生产。本文即以台湾大甲妈祖绕境进香活动为例，探讨在大众旅游背景下，宗教文化资源开发过程中，旅游与民间宗教神圣化或世俗化之间的关系，也为中国大陆民俗节庆活动的开展或是相关文创产业的开发做一参考借鉴。

关键词　宗教　文化资源开发　圣与俗　大甲妈祖

---

①　本文为2013国家旅游局课题研究成果之一，项目编号：13TAAG012。

②　余海霞，女，浙江温州人，浙江师范大学文化创意与传播学院文化产业管理专业本科生。指导老师：林敏霞（1978—　），女，浙江玉环人，浙江师范大学文化创意与传播学院讲师，文化人类学博士，人类学高级论坛青年学术委员会副主席，桂林金钟山旅游研究院研究员。

一、前　言

民间宗教或者说民间信仰是一种历史悠久的社会文化现象，它在相当大的程度上承载着一个社会的物质、精神和制度文化，是社会文化的重要载体和表现形式，对许多族群、民族和国家的发展有着重要影响。

我国各个地区的民间宗教文化多元，包含了各自独特的世界观、仪式、艺术、传说、节庆甚至文化典籍，是非常宝贵的文化资源。

近年来，随着大众旅游的兴起，不少地区纷纷采取多种措施，将宗教文化资源的开发利用纳入城市建设、文化遗产保护、对外文化交流、招商引资和旅游开发等整体规划，带动了一股宗教旅游的风潮。一方面，这有利于继承和弘扬民间宗教中的优秀传统文化，保持其神圣性；另一方面，大众旅游也不同程度地导致宗教的世俗化。“世俗化”与“神圣化”之间的矛盾在宗教文化资源开发中日益凸显。

2014 年 2 月—6 月，笔者有幸作为交换生赴台湾交流学习，恰逢台湾“三月疯妈祖”，亲临现场感受，所见所闻实令人叹为观止，台湾传统文化与现代文明的融合在民众对妈祖这一民间信仰的狂热崇拜中可见一斑。这也不禁引起笔者的好奇，妈祖是海内外华人的共同信仰，对妈祖信仰的旅游开发催生了近几年的“妈祖热”，各地关于妈祖信仰的民俗节庆活动层出不穷，相较于大陆的妈祖信仰与各式妈祖节，台湾是如何传承与保护妈祖文化的？被喻为“全球三大宗教盛事之一”的大甲妈祖绕境进香[①]活动在时代变迁中是否也面临着神圣性和世俗化的矛盾冲突？

由此，笔者借在台湾交换学习的机会，带着上述思考，跟随大甲绕境进香队伍两天，随机访谈沿途信众、商贩、宫庙，又深度

① 绕境进香：神明巡视乡居（辖区），前往外地庙宇拜会。

访谈了台湾民俗专家学者、大甲镇澜宫前总干事、大甲 e 时代青年会成员、参加了大甲绕境进香活动的陆生等等。把现有的相关调查和思考撰写成文,以探讨在大众旅游背景下,宗教文化资源开发过程中,旅游与民间宗教神圣化抑或世俗化之间的关系,也可为中国大陆民俗节庆活动的开展或是相关文创产业的开发做一参考借鉴。

二、台湾妈祖信仰的相关背景

(一)台湾妈祖信仰的现状与特点

台湾是妈祖信仰盛行的典型代表地区,有 2/3 人口为妈祖信众,奉祀妈祖的庙宇有 2000 多座。今日台湾妈祖信仰的普遍以及妈祖香火的鼎盛,主要是源自闽、粤移民渡海来台时,携带了祖居地妈祖庙的香火或神像,并在台湾拓垦定居,形成聚落。早期台湾妈祖信仰即是透过这种称为"分灵"或"分香",由家乡妈祖庙奉请神像和香火的信仰行为传播开来,对妈祖的信奉和妈祖庙的建立也随之在台湾的土地上扎根。台湾民间生活中流传最普遍而亲切的称呼,不是妈祖的封号,而是妈祖婆、婆仔、圣母。显示妈祖的形象已由"通贤灵女"转变为一位慈蔼的母性长者,更充分反映了妈祖在信众心里和思维中的诉求形象。

遍及台湾的妈祖文化场域和旺盛的分灵习俗与进香等宗教活动,形成了特殊的层级谱系,分灵庙宇每年重回祖庙进香,刈火,保持其灵力不衰,更促成台湾妈祖庙绵密的关系网络与热闹的祭典活动。以妈祖的进香、绕境等民间信仰的仪式活动为主,可将台湾的妈祖信仰大致分成两种类型:一为跨地域、长时间的进香活动,这一类型的进香活动除了祭祀圈的信徒年年参与之外,往往还能吸引其他地区的大批信众加入,成为台湾的年度盛事;另一类则为祭祀圈内的祈福绕境,这种类型的绕境活动是现在台湾最普遍的妈祖庆典,在农历三月妈祖诞辰前后于台湾各地庙宇陆续展开,形成"三月疯妈祖"的热潮。其中,"大甲镇澜宫妈祖绕境进香""白沙屯拱天宫妈祖进香"以及"北港朝天宫迎妈祖”三项因其独特的文化价值已被列为台湾当地的“重要无形文化资产”予以保护和传承。

(二)大甲妈祖绕境进香活动

每年农历三月,台中大甲镇澜宫都会举办大甲妈祖南下奉天宫绕境进香活动,大甲妈祖绕境不仅是年度宗教、文化界盛事,也成了活络台湾中部沿海偏乡经济的重要活动。沿途数十万信众徒步经台中、彰化、云林、嘉义4个县市20多个乡镇逾百座宫庙,来回跋涉320多公里,成为台湾特殊的文化现象。此活动在2008年被列为台湾“重要无形文化资产”。相较于中国大陆关于妈祖信仰的旅游开发,大甲妈祖绕境进香活动每年都能吸引逾百万信众、游客参与,且人数规模呈不断扩大趋势,由此产生的经济效益也极为可观。

(三)台中县大甲妈祖国际观光文化节

台中县政府从1999年起至2010年介入“大甲妈祖绕境进香”活动,推动办理民俗节庆文化活动,2003年起定称为“台中县大甲妈祖国际观光文化节”,配合地方文化、地方产业与观光等资源特色,带动观光旅游、宗教朝拜、艺术展演、学术研究、地方产业再升级等,成为全县的重大节庆活动。此节庆活动由政府主办,与大甲镇澜宫合作但互不影响,妈祖信仰最核心的进香仪式等传统民俗部分依然由宫庙主导,参与绕境进香的有相对固定的群体(如每年都来徒步行走的虔诚香客),而延伸的节庆活动则可能吸引到更多以观光为目的的游客。

三、大甲妈祖绕境进香的神圣性表现

大甲妈祖绕境进香是台湾重要的民俗文化资产,其活动的核心价值不仅仅是众多虔诚信徒九天八夜的徒步进香,更重要的是过程中传承的信仰精神以及结合当地人民生活的文化传统,这种民间力量增添了民间信仰的神圣光辉。正如涂尔干认为:神圣之物的特质,并非其自身真正拥有多少神性,而是通过某一图腾的象征，以及相关祭典与仪式的运作，激起集体狂欢，而后所激起的情感再一次汇聚到这个图腾上，从而强化了图腾的神圣性。[①]

(一)大甲妈祖绕境进香仪式

大甲妈祖的进香行程经历三次演变，最早始于清代，相传当时大甲居民每隔 12 年会前往湄洲祖庙朝天阁进香，但规模不大。日占初期，两岸之间的宗教活动中断，大甲居民前往湄洲祖庙进香的活动也受到影响，因而大甲镇澜宫改往北港朝天宫进香，因刈火[②]进香有助于大甲妈祖神力的提升，也能招来更多的信徒参与，早先三四十人的进香规模开始逐渐扩大，参与人员也不再局限于大甲居民，到 1987 年时人数已达到 10 余万人。1988 年后，大甲镇澜宫为避免误为大甲妈祖是分灵自北港朝天宫，而决议将"北港进香"改为"绕境进香"，转往新港奉天宫，将"刈火"改为"添火"仪式以端正视听。绕境进香的时间也由最早的七天六夜延长为九天八夜(后来在采访中了解到时间延长的原因是沿途经过的小宫庙、人家都希望妈祖神轿多停留一些而用各种方法挽留，导致行程经常延迟，不能按时驻驾)。

绕境进香全程贯穿了"筊筶""竖旗""祈安""上轿""起驾""驻驾""祈福""祝寿""回驾""安座"十大仪式。

每年元宵节晚上通过"掷茭"(卜杯)[③]方式以取得妈祖同意，决定当年度进香绕境的起驾时间，按例由大甲镇澜宫的董事长主持。当请期完成，决定进香日期后，各参与团体即着手准备相关事宜，阵头开始操演练习。2014 年妈祖起驾的时间是 4 月 6 日，正好在清明后一天，台湾当地民众都解释说这是妈祖显

---

① Emile Durkheim 著，芮傅明、赵学元译：《宗教生活的基本形式》，远流出版社 1992 年版，第 53 页。

② 刈火：一般是指分灵的庙宇每年在神明诞辰前夕回到祖庙谒祖，或是前往供奉同一主神但历史较为悠久、香火旺盛的庙宇祈求香火。

③ 卜杯：民间信仰里信徒与神明沟通、取得允诺与否的一种方式。

灵，特意避开清明节。之后在农历二月十九日即观世音菩萨诞辰日，掷筊请示妈祖决定竖头旗的日期。头旗为整个绕境进香活动的指挥旗，一旦头旗竖立，意味着大甲妈祖绕境进香行程即将展开，各负责小组开始路线勘察并于途经重要地点和宫庙贴上香条，昭告广大信徒进香期程。祈安典礼和上轿典礼在进香前一天举行，向妈祖禀告此次绕境的相关事宜，祈求进香活动顺利完成、全体人员平安，以鼓舞士气。妈祖上轿之后，各香团体率领聘请的阵头以及前来参加送驾、参拜的团体依序进行拜庙，各种表演节目陆续登场。紧接着就是九天八夜行程中的起驾、驻驾、祈福、祝寿、回驾、安座典礼。信徒一路相伴，进香人潮涌动。

十大仪式不仅具有宗教意义，衔接了整个活动过程，同时也为信徒祈福庇佑，发挥了安抚人心、强化信仰的作用。

（二）显灵神迹与虔诚信徒的苦行

每逢大甲妈祖绕境进香，人们要准备祭品、香火恭候在自家门口，游行队伍一到，便燃放鞭炮。九天八夜，300多公里的路程，依然阻挡不了虔诚的香客徒步走完全程。人们之所以信仰妈祖，是因为“善”与“奉献”是这种信仰的精神内核。他们认为妈祖劝善惩恶，乐善好施，有求必应，是尽善尽美的，这些善行很容易获得民众的认同。① 支撑他们走完全程的除了妈祖这种“神格魅力”，还在于台湾民间众多关于妈祖的神迹传说。

大甲妈祖信仰属于民间信仰的一部分，没有传统宗教的经典教条，所以其传播载体主要都建构在灵验经验或神迹传说之上。因为进香活动跨越地区，让神迹传说在进香沿途传播，信徒们透过彼此的交谈，分享保佑或灵验经验，产生一种交互作用，使大甲妈祖的信仰范围不断扩大。②

---

① 翁卫平：《台湾妈祖信仰的民俗发展及其功能》，《莆田学院学报》2003年第10期，第1页。

② 洪莹发：《大甲妈祖进香神迹传说初探》，收录于《中华妈祖文化学术论坛论文集》，第59—65页。

研究大甲妈祖进香多年的学者张珣，就曾经说明香客能够支撑长途的步行以及大甲妈祖进香规模扩展的原因，其实都与进香客对妈祖显灵神迹的经验传播有关。资深的香客们竞相叙说以前的事迹，以显示自己的丰富经验，老香客们咀嚼着往日的回忆，反刍妈祖的灵验，每一次进香，重复往日的记忆，一次一次地烙印，而成为信念的一部分。年轻香客也于听闻中学习进香规则及典故，肯定传统信仰价值的存在。多数民众均认为大甲妈祖一定很灵，才能有这么多的信徒参加进香。这种滚雪球效应不但巩固原有的进香人数，而且吸引到更多外地人口的自动加入。

显灵神迹主要有救难与协助的叙述和惩罚叙述两类，分别包括解救旱灾与意外事故、保佑军旅安全与疾病康复的叙述以及违反禁忌或因言行不当等受到惩罚的叙述。笔者在行程的第四天随队徒步了一天，在与不少香客的随机聊天中，发现他们大多都是跟随大甲妈祖绕境的常客，时间较短的已经跟着走了四五年，最长的走了20多年，这其中既有奶奶辈的人，也有妈妈辈的人。他们有的是来还愿，有的是为了祈福求平安，甚至有的是因为跟大甲妈祖绕境已经成了一种习惯。一位坚持了20多年的阿嬷说道："当初生小孩让我差点血崩而死，医生都要宣布死亡的时候，很奇迹地，我没有横着出院。现在小孩都已经当兵去了，所以这个经历就很神奇。我不管是医生医术很好把我治愈了还是妈祖就这么灵验。我在那一段靠近死亡的时间里面，许下和她的承诺。所以只要我身体允许，我都会跟着她一起走。第一是感恩，第二是承诺，第三是因为信仰。能走下来的每一个人都有自己内心的一个故事。"这些信徒自愿以苦行的方式跟随妈祖长途跋涉，这份敬神爱人的精神是支持妈祖进香活动传承悠久的重要因素。当然，也有香客是没有全程走完的，但他们同样在行走的时间里感受到一种心灵的平静，而不觉得辛苦疲累。显然，对这样虔诚的信徒而言，大甲妈祖绕境带给他们的愉悦感更多的是来自宗教而非旅游。

(三)香客、信众的热心与虔诚

大甲妈祖绕境进香途中最美的风景是人，打动人心的除了意志力坚定的香客还有沿途中每一个热情服务的信众。他们虽然无法亲身参与绕境，但仍然精心准备食物供应给辛苦的进香团队与随香客。不仅有面、粥、饭等多种主食，还搭配各种食蔬现炒，或是草籽粿、肉圆、润饼、刈包等台湾传统点心，此外，还有洗净装袋的时令水果、降暑热的刨冰、补充体力的饮料……种类繁多，应有尽有，最重要的是这些食物全部免费。每年在大甲妈祖即将绕境前的准备阶段，各方信徒就会有组织地自发号召周围的朋友，大家有钱出钱，有力出力，有时间出时间，轮流分工在各个妈祖会经过的据点设摊供食。甚至有些上班族会请假来参与，他们觉得这也是感恩妈祖的一种形式。除了吃以外，热心的信众还包住。往往妈祖在哪里驻驾过夜，驻驾点周围就是随香客这一夜住宿的地方。有些香客会随身带睡袋，以便随地而睡。其他可以住宿的地方包括香客大楼、社区活动中心的会堂、学校等等，此时向民宅借宿，也基本都是来者不拒。

所以大甲妈祖绕境进香活动不仅激发了民众参与公共事务的热情，凝聚了社区向心力，还让人与人之间卸下防备，愿意彼此相信和帮助。这是一场集体的心灵治疗，展现了人性的光辉面。笔者认为，这正是妈祖的神性感召和神格亲和力对民众的一种美德熏陶和人格教育，它培养了人们健康、正直、善良的伦理道德观，形成了这种淳朴的民风。因为有信仰，所以心善，所以愿意与人为善，而这正彰显了妈祖信仰的神圣力量。

四、大甲妈祖绕境进香的世俗化表现

不可否认的是，大甲妈祖绕境进香经历了200多年的历史变迁，仪式、信仰等核心部分保存下来的同时，也受到商业化、娱乐化等多种因素的干预，受众群体中除了单纯因宗教信仰而来的香客外，还有很多慕名而来的海内外观光客，其参与动机或出发点往往不只是“拜拜”，更多的是出于新鲜感、好奇心，是最大限度地体验这种宗教的不同之处的"体验型"旅游者。[①] 可以说,台中县大甲妈祖国际观光文化节等其他延伸活动的开展有一部分原因是为满足这种旅游体验。

(一)主办宫庙的商业化

大甲镇澜宫是一座具有200多年历史的妈祖宫庙,曾于19世纪80年代末首先开启海峡两岸妈祖文化交流,近20年来每年都要组织信徒前往福建莆田湄洲岛进香朝圣,是目前与湄洲岛妈祖祖庙联系最密切的台湾妈祖宫庙。

1999年,在与当时的台中县政府合作下,大甲镇澜宫举办首届"妈祖文化观光节",此后,大甲妈祖绕境进香活动就成为台湾每年农历三月的文化与宗教大事。

与大陆不同,台湾的宫庙比政府有钱,不仅是重要的宗教文化场域而且有充分的自主权。因此,当政府想要与宫庙开展合作时,大甲镇澜宫董事会是有质疑的。从台中县政府的立场出发,鉴于台中县资源不足,在拒绝更多污染工业进驻台中县的前提下,如何开展无烟囱工业诸如筹办大甲妈祖文化观光节成为他们的目标。虽然许多民间信仰在发展过程中,不可能决然地与商业利益分开,资源与利益的分配一定存在,但是要如此公开地将神明与商业观光活动直接联结,这是第一次。再加上当时的社会氛围对于这样商品化的活动依旧有许多抗拒。因此,当时的县政府极力促成驻台使节团的参与,以及将妈祖文化节的活动放置在中正机场的宣传上,让这个活动有开始国际化的可能。[②]

1999年由外地而入主大甲镇澜宫的董事长颜清标也必须透过新活动的举办来缓和宫庙内部的纷争,进而确立其地位以

---

① 科恩(Cohen E)著,巫宁等译:《旅游社会学纵论》,南开大学出版社2007年版,第187页。

② 董建宏、林正珍:《当代台湾妈祖信仰的世俗化与商品化初探——以台中大甲镇澜宫为例》,《妈祖国际学术研讨会》2012年第1期,第247页。

及稳固信众。

之后，随着台湾文创产业的高速发展，大甲镇澜宫率先推出Q版妈祖公仔，将妈祖的形象卡通化、可爱化，意外地掀起一阵流行风，以致多家宫庙纷纷模仿，其中商机可见一斑。这种通过商品化来大量生产制造宗教图腾，并透过网络科技让信众以更多元而便利的方式直接与神祇沟通祈求的方式成为许多庙宇为日后发展而思考的重点。毕竟庙宇的神圣性与灵性还是来自信众的支持，越多信众参与，对于宫庙的声望乃至图腾自身神圣性的提升，都有所助益。大甲镇澜宫还透过创意商品的授权，发行联名卡，将消费行为与功德结合，造成使用者在消费即可获得神明庇佑的想象。而这种做法正是世俗化的表现，要获得神明庇佑可以去庙里“拜拜”或是投香油钱，这种需要附加在消费行为上的“庇佑想象”似乎更多的是为了促成消费者的消费动机。

笔者在探访大甲镇澜宫时，也发现宫内地下一楼的妈祖文物厅暨商品部陈列着各类妈祖文创商品，妈祖 T 恤、帽子或是摆件还算我们能想得到的常规纪念品，但是妈祖 U 盘、妈祖保温瓶、大甲妈祖行车记录器，甚至妈祖酱油就让人觉得有过度消费妈祖之嫌。赚钱的功利目的远超出了纪念和宣教的意义。但纪念品部的销售人员表示商品卖出所得让厂家收回成本后，多余利润是用作慈善，捐赠给筹建中的大甲妈祖育幼院。

另外，笔者还了解到，在 2012 年 5 月，大甲镇澜宫打出征求企划人才的广告，因为薪资高，吸引了许多人的关注。庙方还特别强调，企划人才的征求，为的就是让大甲镇澜宫可以常年举办各项特色活动，而不是只在绕境时聘请临时人员来策划活动。这样的人才征选，加上台中县政府在 2008 年指定大甲妈祖绕境进香为重要无形文化资产，更强化了大甲镇澜宫在宗教文化产业的地位。

(二)活动内容的娱乐化

随着“大甲妈祖国际观光文化节”知名度的提高，每年的衍生活动也越来越丰富。既有民间企业组织，也有协会承办参与，各色活动都有意走向年轻化、现代化、产业化，并且注重产、官、学三方的互相合作联结。比如，举办地方农特产嘉年华；发展进香体验的观光旅游活动；推出大甲古迹及特展一日游、大甲妈祖文化游等套装旅游行程；组织导游人员参与大甲妈祖研习营活动，研习大甲镇内的观光据点、小吃及农特产品等；开展妈祖国际学术研讨会，邀请海内外各界研究妈祖的学者共同探讨；举办服饰装扮的创意活动（通过表演、竞赛、动态展览方式进行），如已经举办过的“妈祖杯文化婚礼新娘造型创意大赛”，妈祖巡“饰”创意刺绣展；还有一些强化运动休闲的娱乐活动（运动娱乐活动结合传统民俗艺阵的方式进行），如 2009 妈祖万人崇 BIKE——为台湾骑福；等等。虽然有些活动与妈祖的联系显得牵强附会，但它又确实依托妈祖这个信仰符号造成了一定的影响，挖掘出了民间宗教文化资源的价值。

笔者也就这些活动采访了台湾民俗学学者林茂贤教授，他指出：“文化节里可能有什么服装秀，什么骑脚踏车比赛，但我们不会把它当成民俗，它已经离原来的民俗太遥远了，我们不会干预它，但也不鼓励，我们最注重的还是宗教仪式的部分。传统和现代很难平衡，在每个地方都一样，所以一定不能过度开发，那样妈祖的神圣性一定会减弱，减弱之后人家会以为妈祖也是商人，这样就完蛋了。所以我们有个全部由学者组成的队伍来控制经费。一旦发现我们要保护和传承的导向被偏，就可以把补助费撤销，或者废止。废止一项已经被指定的无形文化资产，这对当地信众来讲，是很受打击的一件事。所以我们在建议他们改掉不足之处的时候，他们会很乐意接受并改正。”

（三）衍生问题的复杂化

虽然大甲妈祖绕境进香活动在做法上有可借鉴之处，但在这几年的发展中，也暴露出一些复杂且尚待解决的问题。

首先是来自传统与现代的冲突。这项民间信仰活动的范围主要集中在台湾中南部地区，这与北部是经济相对发达和现代化的都市区有一定关系。换言之，北部的传统民俗以及民间信仰是存在式微迹象的，而这无可厚非，所有的都市区都面临这样的问题。尤其台湾又是一个传统与现代、中式与西式相互交织融合的典型地区。

由于都会区民众的自我意识比较强烈，一些神明绕境或其他宗教仪式进行的时候，可能有交通堵塞、引发火灾、加剧雾霾、鞭炮声过响而影响睡眠等损害到他人权益的情况发生，这时甚至会出现民众去报案的情况。而中南部乡县地区的人比较淳朴，他们觉得妈祖难得来一次，这么热闹，应该捧场。所以，大型的庙会不仅台北，台中、高雄也全部没有，台湾指定无形文化资产中的民俗类活动也没有一个是都市的。笔者采访到的一个卖妈祖 Q 版公仔的年轻人就说："我是台北来的，也有正式工作，来这儿卖公仔就是凑个热闹，图个气氛。这些民俗活动还是中南部弄得好，台北连年都不过了！传统的东西还是越乡下保护得越好。妈祖庙台北虽然也有，不过不像这边这么盛大。"这也从侧面反映出，物质生活水平和文化教育水平较高的都市群体并不是那么崇信妈祖。妈祖的神圣性依然在那里，但这些潜在的信徒却逐渐流失了。

其次是在绕境进香过程中扮演重要角色的民俗艺阵的变味。早期的进香阵头比较简单，仅有头旗、开路鼓、凉伞、大轿等，与现今的盛大规模不可同日而语。当代阵头可分为宗教性和表演性两种：前者由进香客担任，主要功能在于增加热闹或扮演护驾角色；后者由头香、二香、三香和散香等团体聘请，增添节庆的气氛。而这类香客自发请的表演阵头就难免参差不齐，不仅艺术性不足，而且充斥着色情元素。正如笔者在现场看到的辣妹钢管舞、电子花车，驻足观看的游客不在少数，这的确是吸引眼球，也满足了不少看客的世俗趣味，但也破坏了整个仪式的神圣性，与整个宗教活动的氛围格格不入。

此外，钻神轿、抢压轿金和红绳等习俗在近年愈演愈烈，作为神迹灵验的一种，说是抢到和钻过的人都会受到福报，导致信徒纷纷效仿，也造成钻不到的信徒产生情绪上的反感，成为潜在的冲突爆发点。而有些游客其实并不知道行为的个中缘由，只是凑个热闹，盲目跟风，作为纪念品留为己用而已。还有传闻说摸大甲妈祖的神轿也会很灵验，导致慢慢越来越多人去摸扯轿子，不仅阻碍了神轿进庙，造成场面混乱且容易引发安全问题，同时对神像本身也是一种亵渎。曾经就出现过妈祖椅子被掰断的情况，而且被掰断的椅子还是有上百年历史的文物，后来只能重新修复。参与者的过分热情带来的无意破坏让主办宫庙只好用玻璃框把妈祖像保护起来。

四、大甲妈祖绕境进香的神圣化与世俗化之间的关系

对于宗教生活中的“神圣”与“世俗”，法国社会学家、宗教社会学创始人杜尔凯姆在其《宗教生活的基本形式》(1912)一书中说：“把世界分成两个领域，一个包括所有神圣的事物，另一个则包括所有世俗的东西，这是宗教思想独具的特色。”[①]他认为所谓的神圣事物是指那些由禁律隔离开并受保护的东西；世俗事物则指那些须与神圣事物保持一定距离的东西，即禁令的对象。“神圣”与“世俗”在杜氏那里成了永远不能相融、完全对立的二元结构。此观点的拥戴者，宗教学家米尔恰·伊利亚德在《神圣与世俗》(2002)中以神圣与世俗的样式分析剪裁了宗教生活中的一切事象，他用这种二元论对宗教生活中的时空领域、节日庆典、祭礼仪式等一一厘清，使得“神圣”与“世俗”在宗教生活中泾渭分明。[②]

---

① 爱弥尔·杜尔凯姆著，渠东、汲喆译：《宗教生活的基本形式》，上海人民出版社 1999 年版，第 43—53 页。

② 米尔恰·伊利亚德著，王建光译：《神圣与世俗》，华夏出版社 2002 年版，第 15—20 页。

在大甲妈祖绕境进香活动中，笔者发现，不仅“世俗化”和“神圣化”相互融合，而且还存在一种“圣俗二元再生产”的关系。

(一)神圣的世俗化生产

神圣的世俗化生产，通俗地说，就是为了俗人的利益，运用世俗化的手段对神圣的宗教资源进行旅游开发、旅游消费、旅游经营和旅游监管等。① 现在兴起的宗教旅游就是典型代表，如大甲妈祖国际观光文化节就是对大甲妈祖绕境进香这一民间宗教信仰资源进行旅游开发的世俗化行为后的产物。

从旅游开发者来看，他们将信仰的神圣性作为一个吸引点和宣传点，在保持信仰核心精神不被破坏的前提下巩固原来的信徒人群并聚集更多以观光或猎奇为目的的其他人群，由此来刺激旅游消费，带动地方产业，促进资源流通，同时获得物质方面的经济收益和精神方面的文化认同。而作为旅游消费者主体的游客，出发动机往往是“体验式朝圣”，其虔诚度和对信仰神圣性的理解与感悟可能并不深入，以通过参与这样的神圣活动来满足自己世俗的心理需求。旅游经营者往往是当地民众，旅游观光带来的人潮一定程度上也是“钱潮”，如一些在绕境期间跟着妈祖驻驾的流动夜市小贩就可以从九天八夜中获得不菲收入，更不用说其他旅游公司。旅游监管者的角色通常由政府扮演，但大甲妈祖国际观光文化节中还有普通民众和专家学者的监督，一旦有超出底线和原则的世俗化行为都会被制止。

笔者认为，在台湾，这样的宗教世俗化并没有很大地影响宗教本身的神圣性，反而是以“化世俗”的形式为宗教“神圣化”提供了契机。它生产出的不仅是经济效益，更使宗教能有更多融入社会、展演自身的舞台，也是扩大宗教影响力的一种有效途径。

(二)世俗的神圣化生产

同样的，世俗的神圣化生产可以理解为以神圣的手段达成

① 孙浩然:《神圣与世俗双重再生产视角下的宗教旅游研究》,《江西科技师范学院学报》2012 年第 8 期，第 102 页。

世俗的目的。[①] 不同群体在这之中有不同的行为表现。

无论是绕境进香中凑热闹的围观游客还是虔诚信仰妈祖的香客,他们作为"世俗之人"学习和感悟宗教教义中的精神,在宗教活动中祈求神灵庇佑,进行一番带有世俗交换色彩的祈福、许愿、还愿、捐献功德等"神圣"行为后,获得心灵的慰藉,带着神灵的恩赐重新开始"世俗"生活,并将这种感恩、与人为善的信念运用到自己的生活里。

对于经营商家来说,为自己的"俗物"贴上"神"字招牌无疑可以增加吸金能力,赚更多的"神财"。所以相关的旅游纪念品层出不穷,有些确实有宣传功能和收藏意义,如 Q 版妈祖公仔等。

对宗教团体来说,"世俗的神圣化生产"是宗教自身神圣性的可持续发展。面对各种世俗化的冲击,神圣的生成速度远落后于衰退速度,极容易消失殆尽或是被世俗所湮灭,只有不断注入新的神圣内容,才不至于衰竭。[②] 因此,大甲镇澜宫作为大甲妈祖绕境进香活动的主办宫庙,通过各种神圣化的方式吸引旅游者前来,提升自身的知名度,用世俗资财来支持每次活动,修建宗教建筑,投身慈善,等等。

从政府部门立场看,可以发现台湾的宗教旅游与大陆最大的不同在于它们并不由政府包办,相反,公共部门只能以一种客观、公正的旁观者身份参与,核心的宗教仪式、传统信俗都由宫庙掌握,由民众支持,由学者监督,一旦有越界和偏离导向的行为就会被阻止。

五、结 语

在台湾这片相对质朴的土地上,宗教信仰深深扎根于民间,

---

① 孙浩然:《神圣与世俗双重再生产视角下的宗教旅游研究》,《江西科技师范学院学报》2012 年第 4 期,第 103 页。

② 孙浩然:《神圣与世俗双重再生产视角下的宗教旅游研究》,《江西科技师范学院学报》2012 年第 4 期,第 104 页。

作为台湾最负盛名的宗教活动，大甲妈祖绕境进香有着无可取代的地位。无论是对当地信众还是一般游客而言，这个值得他们徒步苦行的盛大仪式都有其非凡的神圣意义。

随着大众旅游的发展，大甲妈祖绕境进香也不再只是单纯的宗教仪式，而成为一种以文化节为载体，结合朝圣、观光、休闲、学术、体验、教育等多种要素的世俗化的产物。我们在讨论大陆民俗节庆开发的时候，经常会提到保护与开发的度如何把握的问题，一方面我们认可以文化资源开发的形式来传播和推广亟待拯救的文化，另一方面又看到大量不当开发导致原文化受经济利益冲击，而逐渐变质的案例。

从大甲妈祖国际观光文化节可以看出它与大陆民俗节庆的不同。首先，它有扎实的民众基础，最核心的宗教仪式、民间信俗都传承得较好；其次，文化节与大甲妈祖绕境进香有明确的分界，文化节是观光活动而非宗教活动，绕境进香不需要文化节提供经费支持，相反是政府希望通过绕境进香而聚集的人潮来参加文化节以刺激地方经济；最后，整个文化节的内容和形式都是受监督的，一旦有超出底线和原则的部分，都会被抵制和取消，保留下来的还是大众所喜闻乐见的活动。虽然这让妈祖信仰沾了些世俗气，但在台湾民众心里，妈祖是台湾的母亲，她本来就是接地气的。可见，宗教的“神圣”与“世俗”并非完全二元对立，若能把握好度，两者可以相辅相成。这不仅需要产、官、学三方的合作与协调，更需要每个民众的监督与支持。

笔者只在台湾停留了 4 个多月的时间，对很多问题的认识可能还不够全面和深入，也无法提供更多数据，但大甲妈祖绕境进香及文化观光节的确做到了借助大众旅游的平台，在强化自身“神圣性”建设的同时促进产业发展，带动地方经济，加强文化认同，发扬人性光辉。

让乡愁有依托

——关于舟山传统村落文化保护的若干思考

朱秀华[①]

[舟山市文化广电新闻出版局(体育局)
浙江舟山　316000]

内容摘要　在舟山乡村,先人留存给我们数量众多的宝贵文化遗产——古村落。然而,随着时代的变迁,一些古村落的形态逐渐消失在人们的视线里,“乡愁”正在成为稀缺品。如何对舟山传统村落文化进行有效保护,是我们当下必须直面的课题。笔者从当前古村落现状、存在的问题,以及进一步加强古村落保护方面提出了对策建议。

关键词　乡愁　依托　保护　对策建议

在漫长的历史长河中,勤劳智慧的舟山人留存给我们数量众多,形式多样,具有文物、建筑、艺术、经济等多种价值的宝贵文化遗产——古村落。它是历代舟山人文化的根,是舟山的财富、国家的瑰宝。

---

① 朱秀华,舟山市文化广电新闻出版局(体育局)职员。

近年来，为保护、传承、利用好千年历史文化村落资源，使其古韵长存、永续发展，成为展示舟山海洋特色文化的重要载体，舟山市将保护、利用传统村落纳入全市文化发展战略，全面有效推进古村落的保护工作。目前，全市共有古建筑村落 22 个，自然村落 8 个，民族风情村落 6 个，省级历史文化名镇 2 个，省级文化生态保护区 1 个，省级民俗文化村落 2 个，省级历史文化村落 2 个。然而，随着时代的变迁，尤其是在近年快速发展的城镇化进程中，传统村落消失的现象非常普遍。“乡愁”正在成为稀缺品。

对舟山传统村落文化进行有效保护和全面深入研究，既是当前舟山市文化传承、文化繁荣和发展的需求，更是舟山市处于社会转型期、城市化、城镇化和新农村建设进程中必须直面的课题。

一、舟山传统村落的现状

舟山群岛历史悠久，民风淳朴，文化积淀深厚，资源丰富，具有悠久历史的古建筑村落遍及舟山渔（农）村各个角落。近年，舟山大力加强历史文化村落的传承保护，强化文化氛围，提升古村落功能，进一步改善和优化古村落人居环境。

（一）古建筑村落风范依旧

舟山市广大渔（农）村地区经过千百年的文化积淀，成为自然环境与文化景观和谐共生，传统文化、地域文化与民俗文化资源最为集中，物质和非物质文化保存最为丰富的地方。这些民俗文化首先体现在物质层面。先民用自己的智慧创造了遮挡风雨、躲避寒冷的民居。古民居包括沿海的石屋、古村落、书院、祠堂、戏台等，也包括依附建筑物的木雕、石雕等民间文化遗产。据调查，舟山市渔（农）村仍保留了 500 多处古民居、古村落。其中建于清末的金塘大鹏岛古民居，至今较完整保留了 50 多幢民居，是舟山古渔村的典型代表。民居也是人们适应地理环境，实现人地关系协调的具体表现。那些错落有致的村落布局，那些层层叠起的渔村石屋群，实际上体现了“天人合一”的和谐精神，体现了舟山先人博大精深的艺术才华。

（二）村落民俗文化活动日趋活跃

舟山市广大渔（农）村依托得天独厚的村落文化优势，充分借助当地民间丰富多彩的民俗文化，以文切入、借文造势、靠文发力，让丰富的文化资源活起来，让民族风情释放能量，助推村落文化产生更大的社会效应。定海区合门村积极打造年俗文化品牌，协同文化部门在茶人谷景区举办民俗文化风味十足的年俗文化系列活动——海岛民俗亲子嘉年华、海岛民间迎神大巡游、海岛传统民俗美食汇等活动接连不断，吸引了一批批省内外游客。普陀区干施岙村既是五匠文化的展示地，也是民俗文化的体验地。重阳节做百团、盖孝敬印、赏菊饮酒、挑重阳担、做茱萸荷包；海岛传统乐园里踏水车、过独木桥、撑竹筏……祭海自古就是虾峙镇沙蛟村的重要传统习惯，每年农历七月，该村年年组织祭海仪式，拜龙王、敬酒、敬祭品、上龙旗、读祭文、击鼓鸣乐、喝壮行酒……该村还注重传统民间文化传承，还举行了拜师学艺仪式，8 名小学生向 8 位老渔民拜师学艺。渔文化传统技艺代代相传，后继有人。

在舟山大地，村落民俗文化活动丰富多彩，无处不在，处处可以体验到多姿多彩的民俗文化活动。

（三）村落文化展示场馆建设稳步推进

近年来，舟山市渔（农）村充分利用丰富的非物质文化资源，兴起了建设村落非遗展示馆的热潮，一座座富有地方特色的村落非遗展示馆拔地而起。早在 2004 年，普陀区里岙村新建起了占地面积 800 平方米的仿古式木质四合院。馆内分民间习俗、民间工艺、红色记忆、海洋生物、文物史迹等 6 个展区，共有展品 2000 多件，其中大部分展品由该村村民赞助。普陀区白沙渔俗馆颇具特色，馆内收藏了 180 余件有关东海海域渔业发展情况，渔民生活习俗的渔民生产工具、生活用具和历史资料。全馆占地面积 500 平方米，分为“渔捕”“渔风”“渔钓”“渔动”4 个展区。定海区新建村依托文化旅游相融合的“戏剧谷”品牌，设立了“戏剧长廊”和农耕文化主题馆，组织开展节庆礼仪、乡风文明、文化技能培训和文化娱乐等活动，使村落文化成为集戏剧表演交流、采风创作、艺术培训、展览展示等多功能于一体的综合性活动阵地。定海区毛峙村 20 世纪 80 年代是一个十分富足的渔村，曾被人称为“小香港”。通过毛峙渔俗馆的展示，生动再现了渔村不同历史时期的民俗风情、经济社会形态和重大活动。在舟山各地，利用展示陈列平台，充分展示了海洋历史文化和渔俗文化，村落文化正成为传承弘扬优秀传统文化和海岛特色民间文化的新方式。据统计，舟山市共有村落展示场馆 28 个，建筑面积 15000 平方米。

(四)村落海洋渔文化得到深入开展

近年来，舟山市充分挖掘渔(农)村民俗文化资源，不断推进渔(农)村海洋渔文化保护与建设。一是加强渔(农)村渔文化景点景观建设。在美丽海岛建设中，相关职能部门积极引领村落在规划编制、景观设计中，注重吸收多姿多彩的海洋渔文化元素，使舟山海洋文化在保护中得以传承，在修复与升级中焕发出新的生机。如嵊泗县东海渔村在景观景点的建设中，突出渔民画、渔网、船具等的展示，受到社会各界的广泛好评。二是积极打造渔家乐特色村文化品牌。以创建渔家乐特色村为载体，广泛动员广大渔(农)村村民利用得天独厚的自然资源，兴办富有海洋渔文化内涵的渔家乐农庄。通过举办“海洋技能大比武”“道地明星秀”“渔美人”“舟山渔家乐形象大使”评选等活动，渔家乐渔文化内涵有了质的提高，开拓了一条富有舟山海洋渔文化特色的发展路子。三是加大对渔(农)村文化骨干的培育。近年来，舟山市将基层文艺人才素质提升列入全市渔(农)村实用人才培训重点，组织渔(农)村基层文化骨干进行动态艺术、静态艺术等学习，努力提升海洋渔文化队伍的艺术水平。

(五)村落旅游文化结出丰硕成果

近年来,舟山市一些村落依托丰富的海岛民俗文化,做深海洋文化、民俗文化、食俗文化等文章,将非物质文化遗产的发掘、保护、利用与发展旅游业相结合,大力发展具有海岛村落特色和海洋文化内涵的村落文化产业,形成了一批深受广大游客欢迎的村落旅游景区。每当双休日或节假日时,到民俗村体验海岛渔(农)村风俗游的游客越来越多。游客旅游已从走景点、赏人造景观向自然、淳朴、原生态的乡村游转变。定海区茶人谷的茶文化、新建社区的戏剧文化;普陀区干施岙村的孝文化、五匠文化,螺门村的渔文化,茅洋村的红色文化;嵊泗县田岙村的渔民画文化,无不展示着村落文化的无限潜力。目前,全市共有28个旅游村落,从业人员1.5万个。以2012年上半年为例,旅游村落共接待游客179万人次,创旅游收入3.75亿元,分别比上年同期增长42%和156%,取得了较好的经济效益和社会效益,成为舟山市旅游业的一大亮点。

(六)村落民间文艺团队茁壮成长

随着村落经济的不断发展,物质水平的提高,广大渔(农)民富而思文,富而思乐,对精神生活的要求越来越高,针对这一现状,舟山一些村落加大投入,培育和开展符合村落特点的文化活动,培育村落文艺团队。早在1998年,普陀虾峙镇泥峙村组建了全镇第一支女子舟山锣鼓队,之后村村都组建了不同风格的村落民间文艺团队,常年活跃在渔(农)村文艺舞台上。浙江省民间艺术之乡白泉镇的一些村落挖掘深厚的民间文艺资源,组建了舟山锣鼓队、跳蚤舞队、高跷队、舞龙队等20多支村落文艺团队,活动长年不断,还应邀参加省、市重大文化节庆活动。从2008年开始,岱山县将培育村落民间文艺团队作为新农村文化建设的重要工作来抓,通过各项措施加强村落文艺团队建设。如今岱山县村落文艺团队数量达到132支,人员达5000多人,他们在全县大型文化活动和节庆活动中担当主角，在文化的参与上也对更多群众起到了精神引领和现实窗口的作用。

二、传统村落保护中存在的问题和原因

保护历史文化村落，也就是保存人类社会历史发展的轨迹和记忆。可惜的是，在过去一些年中，在自然毁损、盲目折旧建新、过度商业开发、保护意识淡薄等多重因素的影响下，许多村落已受到破坏，当地的民俗文化、传统技艺等也随着古村落的消失而濒临失传。

(一)急功近利，推行大跃进式的城镇化

近二三十年快速发展的城镇化、工业化，使得传统村落消失的现象非常普遍。一些地方政府急功近利，不惜以牺牲农耕文明为代价，推行大跃进式的城镇化，大张旗鼓地拆除传统村落和传统建筑，甚至实行强制性的迁村并点、合村并城的措施，把几十个村庄集中在一起，建立“新型农村社区”。全市从 2004 年的 344 个村，合并成目前的 192 个渔(农)村社区，91 个城市社区。不合理的城镇化致使传统村落的社会组织形态和聚落结构发生了天翻地覆的变化，保存数量逐步减少，也使农民失去了赖以生存的土地资源和农耕生产条件，带来许多社会问题。

(二)缺乏有效管理，旅游开发过度商业化

商业化是我国传统古村落开发颇具争议的问题。毫无疑问，在古村旅游开发中商业化是不可避免的，没有商业化便没有旅游开发，实际上适度的商业化并不威胁到古村旅游的核心。然而目前的问题是，一方面，部分景区为了迎合游客的需要，对古村进行大规模的重建，引来了大量的外来经商者，店铺泛滥破坏了古村原有的风貌，改变了原有古镇的古朴风格，传统文化受到了外来文化的冲击，造成古村的过度商业化，不利于古村可持续发展；另一方面，在开发过程中，在喜新厌旧和经济利益驱动下产生的短期行为，使越来越多的古民居资源受到了严重破坏

甚至毁于一旦。如舟山市普陀东极乡东福山，随着旅游事业的不断发展，很多的居民、开发者肆意对东福山石屋群进行改造，改变了石屋群的原始风貌，破坏了东福山石屋群的整体形象，海上“布达拉宫”的“乡愁记忆”面临逐渐消失的困境。上述问题归根到底还是因缺乏有效管理及相关法律法规的有力保障。

（三）重视经济硬任务，轻视古迹保护和利用

从目前舟山市城镇化建设的情况来看，一些基层干部认为，GDP是“硬任务”，古村保护是“软任务”，在政府财政有限的情况下只能有所取舍。因此，除了极少数的传统村落被列为各级文物保护单位，得到一定保护外，很多古村落“散落乡间无人识”，处于自生自灭的状况。比如，近年来大规模的开发建设使古村落保护面临严重危机，新村建设、旧村改造、道路动迁等等，使得传统村落现代化、老龄化、空心化的状况加剧，自然毁坏和遭到人为破坏的问题日益严峻，原来遍地皆是的古村落，如今已成了稀罕物。在舟山新城方圆25平方公里的开发范围内，已看不到古村落保留的迹象，一批有着几百年历史的古村落化为乌有。有些老屋子尽管破旧，但有着几百上千年的文化历史，即使是近代的建筑也有半个世纪上下的历史。它们延续的是一个村落和地域文化的鉴证，是当地老百姓的一种精神寄托，若不进行有效保护，村落历史文化将会逐渐消失。原有的民俗、生活方式、生产方式、社会关系也将渐渐逝去。

（四）游客承载过量，古村环境污染严重

舟山市一些古村面临的最大压力是高峰期的游客流量超过了古村旅游承载极限，经常处于拥挤混乱的状态。在旅游旺季，古民居周围垃圾满地、污水横流，不仅破坏了古村原有的幽静自然的意境，还对古街道、古建筑造成了一定的破坏，使旅游活动无法正常进行。

三、关于进一步加强古村落保护的对策建议

村落文化遗产是我国传统文化的重要组成部分，简单地讲，

就是根植于农村所承载的一种精神文化。因此，在新一轮城镇化建设中，要牢牢把握村落这一文化根脉，切不可在城镇化建设中，将“乡土”和“乡愁”丢失，村落文化消失就意味着舟山海洋历史文化的断层。为此，笔者提出以下对策建议。

(一)树立村落文化的保护意识

在新一轮城镇化进程中，一定要注重传统村落文化内涵的延续，从“硬件”到“软件”都应该有“文化村落化”的保护意识。一是树立自然生态价值的保护意识。乡村的价值首先是生态价值，包括“望得见山，看得见水”的自然生态价值和“记得乡愁”的文化生态价值。乡村的自然生态保护与建设如果离开了乡村主体而单纯变为城市休闲服务的“农家乐”式伪生态，人为地把乡村分割为“有趣的”娱乐休闲环境和被忽略的垃圾污水排放地，那么所破坏的不仅是乡村生态环境的完整性，而且是农民的乡土情感基础。二是树立文化生态的保护意识。在自然生态之上的另一个层面是文化生态，即以乡土记忆、文化传统和当代农民的认同感为精神内涵的社会关系结构。“记得住乡愁”可以是现代城市人的精神需要，但首先应该是乡土文化记忆的复苏和乡土认同的重构。没有乡土认同的乡愁会变成当代都市人的善感性矫情表演。现代化发展进程中的城乡冲突历史是农民的乡土认同不断被剥夺的历史，未来的生态文明建设意味着对乡土文化价值的重估和农民认同感的重构。三是树立求真务实的保护意识，乡村价值的另一个更深远的层面在于对有一定价值的古民居、古街道，切不可随意处置，能保留的尽量保留，确实需要修建的必须经过文化职能部门有关专家论证后，方可改建。众多的古村落、古建筑、名人故居，具有历史的、艺术的、科学的文化遗产价值，蕴含着丰富的文化内涵，是我们直接了解舟山海洋历史文化的百科全书，值得我们倍加珍惜和传承。

(二)健全村落保护管理机制

各级政府应坚持文化自觉，明确传统村落保护发展总体思路的工作目标，将古村落保护作为建设美丽乡村的重要任务，列为城镇化的目标之一，纳入各级政府政绩考核指标。建立传统村落保护法规以及监督、执法机制。进一步完善村落法律法规的规章制度，建立传统村落警告和濒危警示制度。

（三）切实加强村落文化的传承

随着城镇化的加速推进，传统村落留存的文化正趋于逐渐消亡的处境。因此，我们必须采取切实有效的保护措施，认真做好村落文化的传承保护工作。一是保护好处于“断根”之境的村落非物质文化遗产，让“乡愁”能够在新环境里有持续生存的空间。二是注重村落文化的多样性，不能让全村人都唱“同一首歌”。要以扬弃的科学态度，进一步挖掘民俗文化、手工技艺等传统文化，以本地的民间文化为基础，海纳百川，吸纳村外民间民俗文化精华，改善人文环境，从而使村落民间文化保持旺盛的生命力。

（四）建立古村落名录制度

在深入开展调查的基础上，应尽快建立传统村落名录，按“一村一档”建立传统村落档案。综合评估古村落的保护现状，实行分级分类保护措施，明确保护原则和工作重点，合理划定保护区域，制订传统村落科学保护标准，已列入市传统村落名录的村要签署“保护承诺书”，保护不力或发生破坏应被问责和依法处罚。同时，还可采取各种形式，建立古村落的奖励和补偿机制。

（五）创新多元村落文化的保护方式

要积极探索“多元化、社会化、转移性”的保护模式。大力推行“村民自保、私保公助”等多元化保护形式。积极鼓励社会组织、企业和个人“认领、认养、认保”乡土建筑等，以有效保护村落历史传统村落文化。

城镇化进程中村落发展与非遗传承方式探讨

——以景宁畲族自治县畲族村落东弄村为例

王二杰[①]

（景宁畲族自治县文化广电新闻出版局　浙江景宁　323500）

内容摘要　自20世纪80年代以来，城镇化进程迅速推进，人们的生产生活方式发生了重大的变化，乡村以传统生产生活方式为载体的传统文化逐渐式微。在新的形势下，东弄村村民把握非物质文化遗产保护和美丽乡村建设的契机，采取多种措施来保护推动传统畲族文化传承发展，探索非遗传承新型模式，进一步探讨乡村文化发展的推动力，从而满足城镇化进程中人们的精神需求。

关键词　城镇化　探索　展现　推动力

“城镇化（Urbanization）是现代化水平的重要标志，是随着工业化发展，非农产业不断向城镇集聚，从而农村人口不断向非农产业和城镇转移、农村地域向城镇地域转化、城镇数量增加和规模不断扩大、城镇生产生活方式和城镇文明不断向农村传播

① 王二杰，浙江景宁畲族自治县文化广电新闻出版局文化遗产科职员。

扩散的历史过程”①。在这一转变的过程中，尤其是以非物质形态存在，又与群众生活密切相关，世代相承的传统文化表现形式的非物质文化遗产显得尤为重要，人们为其保护做出了各项探索。

一、东弄村概况

东弄村，位于我国唯一的畲族自治县，也是华东地区唯一少数民族自治县的景宁畲族自治县城东南部，处于敕木山东峡谷，谷深如弄，故名东弄。东弄开基于明万历七年(1579)，至今已有430余年历史，始祖昆公聪自澄照乡金丘村迁徙至彭坑村不久，即迁居东弄村。东弄村属鹤溪街道，下辖东弄、下店、周坑、降头4个自然村、6个村民小组，全村共104户，376人，除1户姓叶外，其余均为畲族姓蓝。东弄村是景宁县革命老区、少数民族集居村、民族特色示范村。

目前，景宁县共有国家级非遗项目2项，省级非遗项目19项，市、县级非遗项目125项；国家级非遗代表性传承人1人，省级13人，市、县级88人；建立县级非遗保护传承基地16个、非遗教学实践基地8个、非遗“活态传承”示范村4个；建成非遗传承展示馆(室)、传习所33个。东弄村村内所传承的非遗项目主要有国家级非遗项目畲族民歌，省级非遗项目畲族婚俗、畲族彩带、畲族祭祀仪式，以及县级非遗项目手工织布、手工编织、功德舞、草鞋等。村内现拥有省级非物质文化遗产传承人蓝余根(畲族婚俗)、蓝延兰(畲族彩带纺织技艺)两人，市级非遗传承人蓝仙兰(畲族三月三)，县级非遗传承人兰聪美、蓝光元(畲族民歌)、蓝木昌(做功德)、蓝香菊(畲族彩带编织技艺)。2006年，东弄村做功德项目基地是景宁县第一批非物质文化遗产传承基地；2009年，东弄村被评为县非物质文化遗产“活态传承”示范

① 张占斌：《新型城镇化的战略意义和改革难题》，《国家行政学院学报》2013年第1期，第49页。

村;2012 年获得浙江省第二批非物质文化遗产旅游景区(民俗文化旅游村)等众多荣誉。另外,东弄村村内畲族古民居众多,村内拥有蓝氏宗祠、蓝氏家庙等宗祠文化遗存,村内拥有枫香、苦槠、马尾松、南方红豆杉、细叶青冈等多种古树群落,使东弄村成为名副其实的文化村落。

二、城镇化进程中东弄村非遗传承方式探索

20 世纪 90 年代初,景宁县政府制定对位处半山腰、交通不便的东弄村予以移民搬迁的规划,最终选择属地搬迁方案,即东弄村村内田地上另建新村,村民根据自身居住条件自行决定搬迁,后因新老村之间公路修通,又形成新老村齐头并进的布局。在产业经济上建成了初具规模的毛竹、茶叶、香菇等产业基地,部分村民在东弄老村经营起农家乐,村民的生活水平不断提高。随之对畲族文化的挖掘与保护也不断深入,并积极在城镇化进程中对非遗传承方式进行探索。

(一)日常生活的长效展现

1. *以乡村为主体的非遗场馆建设*

东弄村村内畲族古民居众多,宗祠文化也比较兴盛。东弄村根据文化礼堂、非遗馆、文化广场和农家书屋等基础文化设施建设需求,将村级组织活动场所和村内蓝氏宗祠、蓝氏家庙、旧礼堂等改建成为集蓝氏宗祠、功德舞馆、农耕展示馆、彩带展示馆等多种功能为一体的综合性非遗展示馆和文化礼堂,村民还自发建起畲族彩带工作室、畲族山歌展示馆等非遗展示场所。

东弄村的蓝氏宗祠、功德舞馆建设是在原有基础上,对其环境进行整修,保留原有的文化空间,再现文化所存在的社会环境,成为非遗项目展示展演的重要平台。农耕展示馆、彩带展示馆、畲族彩带工作室和畲族山歌展示馆通过大量的农耕实物结合文字、图片,勾勒出旧时畲民农家生活的种种细节和完整风貌,描绘出独特而又细腻的畲族风情画卷,还原出农耕文化的深

层内涵。东弄村非遗馆的建设，极大地丰富了村民的日常生活，为村落非遗项目提供了一个展演展示的平台，符合东弄村的文化需要和发展要求，吸引了广大村民踊跃参与。

2. 以村民为主体的自发探索

近年来，景宁县政府积极鼓励组建文化队伍，群众每年自发以节庆为契机，开展演出场次达 3000 多场，如快乐广场队、畲族山歌表演、畲族婚嫁习俗表演等。早在 20 世纪 90 年代，东弄村就已成立东弄村畲艺展示队、畲族山歌队，编排展现畲民日常生产生活场景及休闲娱乐方式的舞蹈《织彩带》《畲谷风祭》等，展现出畲家人的独特习俗和勤劳智慧。在 2010 年东弄畲艺展示队的基础上，东弄村蓝延兰、蓝仙兰等一批知名畲族民歌手成立了“东弄村畲族文化艺术团”，成员有 20 人，他们自编自演畲族舞蹈、畲族山歌以及婚俗表演。在重大活动中，总会看到她们演唱的畲族歌舞《农耕舞》《畲族敬茶歌》《畲族敬酒歌》《彩带情思》等。2012 年，东弄村《农耕舞》获丽水市第五届乡村文化艺术节“农民草根达人秀”金奖。

同时，省级非遗传承人蓝延兰，市级非遗传承人蓝仙兰，在自家院子里建立自己的畲族彩带工作室和畲族山歌展示馆，对畲族彩带和畲族山歌进行全面的展示，并且建立起集展示、讲解、教授等功能于一体的非遗展示馆。这些使东弄村民能够在日常生活中时时看到、听到、触到身边的非遗项目，亲身体验传统文化为生活带来的精妙，切身感受畲族传统文化的魅力，潜移默化中学习非遗精华，使其成为生活中的一部分，成为村落共同的集体记忆，从而构建起稳固的文化空间，增强村民保护非遗项目的文化自觉性和积极展现村落文化的文化自信。

(二)节日狂欢中的集中展现

传统节日是历史上形成的民俗活动，也是各项文化活动集中展现的时刻。“从平日的角度看，节日期间人们的生活处于非常状态，带有集体‘着魔’的特征。节日以公共的时间和空间为基础，活动过程带有戏剧表演性质；它所追求和创造的，是集体的文化认同、公共的价值观念和和谐的社会环境。”①东弄村的传统节日期间，也是乡村各项非遗展示活动的集中展现时间，人们唱山歌，跳畲舞，织彩带，吸引着附近村落村民前来观看。对于村民来讲，他们通过自身的参与，获得情感上的宣泄和精神上的满足，取得娱己的效果。

东弄村在 2011 年和 2012 年连续两年举办了“东弄村畲族文化展示活动”。在畲族传统节日三月三期间，东弄村邀请县内各畲族村、福建蕉城、安吉、泰顺及云和有关民族村的畲族歌手同台竞技。以歌会友，以歌传情，活动集畲族歌舞表演、畲族手工艺制作展示、农耕文化展示、祭祖表演等于一体，成为村级规模最大的畲族文化艺术展示活动。尤其于 2013 年，在东弄村举办了中国畲乡三月三畲族原生态民歌大赛暨畲族非遗展示体验活动，来自全国各地的 10 支代表队共 75 名选手参加了中国畲族民歌大赛原生态组决赛。《三月三彩带映畲乡》《山哈歌言传万年》《彩带情思》《畲娃颂畲乡》等一曲曲原汁原味的畲族山歌回荡在东弄村。这次大赛期间，众多的非遗项目如畲族彩带编织、银饰制作、功德舞、菇民戏等丰富多彩的畲族非遗项目展示体验活动得以举办，让人们在山水之间感受畲族民歌的独特魅力，体味乡村的别样热闹。

在表演中，观众感受到了节日的喜庆气氛，通过观看表演，获得欢乐和心情上的愉悦。同时，节目在排演中得以代代传承，老一代人通过教授和表演，引发年轻一代对地域文化事象的兴趣，在无形当中传授着地方文化知识。对于青少年来说，表演抑或观看的过程，都是他们在特定环境中接受习俗教化的过程，这使他们在娱乐享受的同时，传承着本民族文化，获得本乡本土的文化记忆。在这个表演场域中，集合了各个阶层中的人，观众与

---

① 关昕：《文化空间：节日与社会生活的公共性》，《民俗研究》2007 年第 2 期，第 271 页。

观众、观众与表演者相互交往、传递信息、交流感情，这是其他活动所不能替代的。

三、城镇化进程中乡村非遗发展的推动力

（一）政府多举措扶持非遗项目发展

近年来，景宁县政府提出了打造全国畲族文化总部的目标，在加快经济发展的同时注重文化建设，在推进现代城市建设的同时注重城市文化内涵的培育。重点对国家级非遗项目畲族三月三、畲族民歌进行培育，创设“中国畲乡三月三”“中国畲族民歌节”两大载体，积极打造品牌，扩大品牌影响力，推动畲族民歌民舞在当代的传承发展，从而切实提升区域畲族文化实力。

同时，不断推进全县文化基础设施逐步完善，结合美丽乡村建设和文化礼堂建设的需要，积极开展了乡村系列非遗馆（室）建设，先后建成了“安亭传师学师馆”“大际罐展示馆”“畲药体验馆”“岗石山歌馆”等众多门类齐全、主题鲜明的系列非遗馆群，基本实现了乡乡有非遗馆、村村有非遗点。这些非遗馆（室）正成为人们提升素质的最好平台和最佳场所，也成为乡村非遗民俗活动的核心展示场所。

2013 年，对在第四届全国少数民族文艺会演中荣获表演金奖在内的 9 个奖项以及浙江省第十一届精神文明建设“五个一工程”奖的大型畲族风情舞蹈诗《千年山哈》进行改编，推出大型畲族风情歌舞史诗剧《印象山哈》，并在 2014 年三月三期间正式推向市场，实现常态化演出。剧目以传师、耕山、恋歌、礼嫁四幕，向观众展现耕种狩猎、种茶织布、婚恋嫁娶等畲族传统习俗，将非遗资源以全新的姿态予以舞台展现，是一部走近畲族、了解畲族、感悟畲族的非遗精品，是目前全国唯一一部展现畲族题材的旅游剧目。

（二）乡村文化精英的努力

随着经济的发展，人们生活水平的提高，新一批地方精英逐

渐活跃起来。这些文化精英有着良好的文化知识，同时对村落文化有一定的了解，他们利用手中的资源，在国家政策允许下，成为各类文化项目发展的组织者和领导者，为村落的各项发展出谋划策，成为村落发展的中坚力量，并得到政府层面的认可，被评为非物质文化遗产传承人，为传统文化的保护、传承、发展做出重要的贡献。如在东弄村举办的各项文化活动、组建的各类文化志愿队伍、修建的各项文化设施等都离不开蓝余根、蓝延兰、蓝仙兰等文化精英的努力。

（三）群众对传统文化的需求

随着经济的发展，人们对传统文化的需求进一步扩大，许多优秀的民间文化再一次被认识、挖掘，并得到有效传承和保护。从 2003 年起，景宁县开始启动普查工作，重点对民族民间艺术资源进行全面调查，取得了较大成果，全县普查出民族民间艺术项目 204 项。2007 年开始，再次对全县 22 个乡镇（管理区）进行开展包括口头文学、传统技艺、礼仪节庆、民间信仰、民间知识等 16 个门类的非物质文化遗产普查工作，共搜集各类信息线索 38000 条，整理出较高价值的线索 15600 条，查清了 16 个门类、70 个种类、2000 多个项目。整理普查资料 26 册 35 万字，拍摄照片 1600 幅，录音 136 小时，录像 248 小时，建立了非物质文化遗产资料档案室。

景宁县现已建立起包括国家、省、市、县四级非遗项目和传承人体系，为非遗项目的传承发展打下坚实的基础。乡村自发组建起快乐广场队、畲族山歌表演队、畲族婚嫁习俗表演队等业余团队 513 支。这些业余团队充分利用乡镇“文化广场”和村“文化角”等新载体，积极组织各项文化活动，营造出人人有责、人人参与、人人贡献的浓厚氛围，促使人们参与活动的热情空前高涨，成为非遗活动开展的主力军。

四、结　语

非遗是传统文化最重要的一部分，保护非遗就是保护优秀的传统文化。经过国家、省、市、县的多级努力，非遗得到前所未有的礼遇。但是，这些保护更多的是对非遗项目、传承人的保护，人们很少关注项目所栖息的生态环境、传承场所。乡村作为最底层的非遗保护场所，它的保护不再仅局限于对项目的保护，而可以扩展到对民众生活的保护，它的任何变化都深深地影响百姓的文化生活。这就需要我们更加关注乡村这一载体在非遗保护中所发挥的作用，关注乡村民众的文化生活。

浅谈互联网时代少数民族民间文化的生存状态[①]

——以在广西少数民族地区的实地调查为例

简圣宇[②]

（广西艺术学院　广西南宁　530022）

内容摘要　文化的发展，除了需要宽容的开放之外，也需要适度的封闭以实现层层的积淀和保持其相对稳定。正如河流里生物的丰富性既需要活水的滋润，也需要流速的相对缓慢，否则全开放的信息洪流可能将把之前好不容易累积起的文化冲击殆尽。信息时代的现代性洪流正在以迅雷不及掩耳之势冲毁各种原本以为相对封闭而得以保存下来的原生态文化据点。而网络新媒体上的资讯由于商业等原因，片面地、有选择性地进行报道，把纷繁复杂的原生态文化简化为旅游解说词。所以我们如何一方面顺应新媒体日渐繁荣的时代潮流，另一方面又尽可能地避免原生态文化被占有绝对优势的网络传媒简化乃至改写、

---

① 本文为“2013 年度广西高等学校优秀中青年骨干教师培养工程”阶段性成果之一。

② 简圣宇（1981—　），男，南宁人，广西艺术学院艺术学二级学科“艺术理论与批评”学科带头人，博士，教授，硕士生导师。

屏蔽，是我们需要认真思考的议题。

关键词 互联网 生存状态 广西 黑衣壮 白彝

从局域网，到互联网，再到移动互联网，我们进入这个全新时代之后，"交互"在社会学领域前所未有地得以普及，主体间性才在日常生活中得到最充分的发挥。人类社会已经经历了狩猎、农耕、工业化等数个时代，而如今我们所处的当下，正是一个全新的"交互"时代的开始。新媒体替代传统媒体已经是时代的必然，然而，在这场历史性的时代转化中，我们必须留意和警惕文化生态问题，即在网络交互平台上，依托新技术优势的新媒体艺术，如互动游戏、手机电影等，正在对传统文化特别是脆弱的少数民族民间文化构成重大威胁。本文将以2013年12月对那坡县吞屯和达蜡彝族村的黑衣壮、白彝等社区的具体调查为例，就此展开阐述。

一、黑衣壮之乡的当代文化状况

"黑衣壮"作为壮族的一个支系，在广西以及整个中国的少数民族文化资源保护中有着重要意义。黑衣壮也由此被当作广西民族特色文化的重要代表之一。在现在可以搜索到的网站介绍中，他们的文化特征被定义如下："黑衣壮服饰是至今仍然保留着最为传统、最具有特点和内涵的壮族服饰。它不但以黑为美，以黑作为穿着和民族的标记，而且在穿戴上讲究实用，款式大方，朴素美观，别有风度"，"其独特的生活习俗和文化特质受到世人的关注，居住的环境还保存着壮族古老的干栏式结构房屋，他们的语言用'敏'为母语"等等。

这类介绍让我们产生一种错觉，那就是黑衣壮仍然处于相对隔绝的文化状态，现在媒体拍摄到的和文章记录下的黑衣壮形象，就是黑衣壮本身的现时态。而实际上，在移动互联网大潮的冲击下，再偏远的村落也不会孤立存在了。

大石山区那坡县吞屯，是黑衣壮之乡。我们未进屯，先在村级公路上盘山而行，途中看到了山中的农作物。在这儿的石山上没有一块平整的田地，农民只能在石山间巴掌大的嶙峋石缝中，见缝插针地种上农作物，其中之艰难，非亲眼所见，不能体会。这里颇为偏僻，手机信号不是特别好。按照笔者原先的想法，本地应当保持着非常纯正的原生态文化。然而在我们这个时代，就算是昔日如此偏僻的山寨，仍然不会脱离现代社会的整体发展步伐。

一进村，就看到村口挂个牛头，跟黑衣壮的民俗风马牛不相及，估计是从云南旅游村学来的挂饰。接下来发现，这个村落整体上已经开发为旅游接待村。屯中女子介绍黑衣壮风俗时提到，此地老人 49 岁就要祝寿，每隔 12 年再祝一次。49 岁即祝寿，可猜测原先此地人均寿命偏短。《尔雅》云："黄发、齯齿、鲐背、耇老，寿也。"古时候的"寿"在今人看来，实在不是什么好兆头，骨质疏松的典型症状都出来了。不知道黑衣壮 49 岁而非整数的 50 岁做寿，其用意何在，问当地人，可惜一问三不知。须知，在其他少数民族，这种做寿中的细节往往包含着主要的文化信息。①

当地老妇人为我们进行"传统舞蹈"表演。如"黑枪舞"——舞动黑色的长柄矛。据当地人介绍，这是庆祝战士归来的舞蹈。但奇怪的是，此舞应为青壮年男性表演才对，但表演者从始至终都是这些老妇人。这些 50—70 多岁之间的老妇人，身高在 1.3—1.5 米之间，矍铄开朗。经询问，得知此地年轻人都已经离乡谋生，只剩下留守老人。这个"黑枪舞"与其说是"传统舞蹈"，倒更像广场舞，疑为应付游客而新近编排的，询问当地人，对方笑而不答。再问陪同干部，答曰：有部分舞蹈是年轻人上网

---

① 比如，壮族的兄弟民族毛南族就有一种风俗："添粮补寿"。毛南人认为每个人一生的口粮有定数，老人所余口粮不多了，亲友们为他添粮便可补寿，所以在为老人举行"添粮补寿"仪式时，要请师公和歌师为老人唱添粮补寿歌，以期老人能够健康长寿。见蒙国荣、谭亚洲译注：《毛南族民歌》，广西民族出版社 2000 年版，序言第 20 页。

搜舞蹈视频之后编演的。

之后又表演了“8”字舞，说是祈求兴旺发达，能保佑发财、发展，对“8”的崇拜不是20世纪从香港传来，然后流行于粤方言地区的吗？“8”在壮语中与“发”并无谐音。笔者越发对这些传统表演感到怀疑。

最后一个舞蹈是游客与当地的舞者，围成一圈跳集体舞，这更让笔者生疑。恕笔者孤陋寡闻，就笔者所阅读到的有关壮族的史籍文献，从未提及此舞蹈，倒是在云南旅游时，在景区比如丽江，见到过这类“传统舞蹈”，而且似乎现在中国所有少数民族景区，无论是北至内蒙古，还是西至青海，全有此类“传统”围圈集体舞。

方才笔者进屯时，村口大树上挂着牛头骨，当时还诧异，这不是羌人、藏人的习俗吗？现在看完“传统舞蹈”表演，再看到表演的晒谷场边上挂的“广西那坡黑衣壮原生态旅游开发有限公司”招牌，估计也是旅游公司策划组的“杰作”。

导游是本地妹子，高中毕业后从事此工作，她身上的黑衣壮服饰也已不是传统手工制作，而是购自县里的商店。我问她日后的打算，她坦言：“我以后肯定是要嫁出去的，谁想待在这种（艰苦的）地方啊。”

此地“空心化”问题日益严重，能打工的劳动力都出走了，仅春节才回乡。在村里的年轻人当中几乎没有男青年。如此状态，本民族分支的文化继承，看来颇为艰难，孩童已不再穿传统黑衣壮服饰，亦不熟悉传统民俗。现在的所谓民俗，也都只存在于文献记载和遗存的器具上。现在所谓的“原生态”，等这一批老人亡故之后，很可能沦为为旅游业而衍生的表演。

屯中还有不到十座干栏建筑，其余都是新建的水泥房，仅存的干栏建筑也基本不用作民居，而仅仅用作储物房，偶尔见一建筑有人居住，门口也已经加砌了扎眼的水泥楼梯。导游姑娘不经意一句话说明了问题：“老房子住得难受，谁不想住（条件更好的）好（水泥）房子。”

我看到一些房子颇有创意，建造者为了兼顾在外观上的传统和住得舒服，发明了一种敷衍法：先用水泥建房，接着用泥巴和木竹片覆盖在外墙上，再用石头砌在墙角。乍看跟传统民居还颇为相似。

在另一处的空地上，有传统工艺品销售。我买了一条40元的五彩围脖。老妇人说是自己织的，但我砍价时，她又说公司已经统一定价。我细捏围脖，明显是机织的。尽管如此，本地民风仍然非常朴实，老妇人虽然不停劝我们团中的女性穿上当地黑衣壮服饰拍照，但都止于耐心热情劝说，而绝不强求，收费也仅仅10元。不像湖南、云南的一些地方，先热情哄游客穿上，再漫天要价讹钱。老妇人都是先提醒游客穿服装要收费，然后才递上服装，神情慈祥殷勤。此地人也正在被商业化时代所侵蚀，有的老妇人要给钱才拍照，否则捂住脸。当然，索要资费也很少，也就一两元。

在传统社会，信息的传递存在着“级差”，新涌现的文明成果和思潮一般萌始于文化中心（如国家首都），然后传递到其周边的重要都市，再从都市传到其周边的乡村，继而从一处文化区域流传到另一处文化区域。这种文化的传递速度相对较慢，所以当这个“新的”文明成果和思潮在其始发地早已经不再是“新的”，甚至被视为“落伍”的文化象征时，在相对于中心而言较为偏远的文化区域却才刚刚接收到这一切，当地人们认为这是中心地区正在流行的风尚。这种传递过程就像一块石子投入水池，当波纹产生的中心已经平静下来时，池塘边上才刚刚感受到涟漪的传来和泛起。

《朱子语类》卷一百二十五中，记录着一段公案，朱熹的学生李梦先问：“庄子、孟子属于同一个时代的人，那为何两者从未相遇，书中也不曾提及对方？”朱熹认为大约是因为两人住的地方相距太远，所以虽然同是那时的诸子大家，却无法同声相应或彼此争鸣：“庄子当时也无人宗之，他只在僻处自说”，而“孟子平生足迹只齐鲁滕宋大梁之间，不曾过大梁之南。庄子自是楚人，想见声闻不相接”。且不论朱熹是否确切回答了这个问题，单就这个“庄子孟子同时，何不一相遇”的问题，就可看出前现代社会交流的不便。后来17—19世纪大量欧洲学者的交流，也是依靠延时几个月甚至数年的书信往来实现的，著名的如伏尔泰《哲学通信》、卢梭《书信集》、普希金《书信集》等。而如今互联网早已消弭了信息的时空阻隔，隔着大洋都能即时争辩。

“小楼一夜听春雨，深巷明朝卖杏花。”世界各地发生的事情，无论是在地球的哪个角落，只要可以联网查询的，那么最迟都不会超过次日就传播到世界上的其他地方。在以往的非互联网时代，知识的权力往往掌握在少数人手上，一个人可获得的知识资源往往与其权势、地位、年龄成正比。但在我们这个交互社会中，知识资源逐渐呈现出开放多元、获取便捷的态势。社会成员无论权势年龄，在面对可获得的知识资源时，其知识权力日益平等，知识的社会等级和地域级差的传统格局开始瓦解。

在移动互联网时代，新媒体的即时通信功能已经消解了文化传递的“级差”，整个世界忽然变成了一个平面。这已不再是传统时代那种涟漪一般的慢慢传递，如今文化中心新发生的事情，即便在相对边缘、偏远的地方也同样可以即时了解。比如，在吞屯的空地旁边就有酒吧，无论是游客还是店主都习惯性地开着手机，通过手机信号或者店内 WiFi 来进行通讯交流。黑色的传统服饰也不再是新一代本地年轻人的日常衣服，仅有老人家还穿。年轻人因为景区的需要在白天才穿着传统服饰，只要没有招徕游客的任务，他们就直接穿上普通短袖长裤，跟游客穿着基本无异。而且就算是在工作中穿着传统服饰，闲下来也掏出智能手机或者平板电脑，玩游戏、看影视剧。一位本地女孩子聊起最新的韩剧如数家珍，对相关资讯的了解远超于我。跟酒吧里的女孩子聊了一下，她高中文化程度，对三星手机的使用，以及对里面的游戏软件诸如植物大战僵尸、愤怒的小鸟等，颇为熟悉，可对本民族的诸多民间信仰则较为漠然，竟然不太了解花婆神信仰，而这一信仰乃是广西壮族、毛南族等少数民族信仰的重要核心。

年轻一代人热衷于花时间和精力在新媒体上，追逐所谓的新潮文化，玩游戏、看影视剧，但就是不愿意去传承那些他们认为“老土”的少数民族传统民间文化。许多原本是黑衣壮最简单不过的日常传统，对年轻人而言，却已经变为必须主动去了解才能知道的冷知识；而且他们了解这些传统文化知识的动力，还是来源于旅游公司的考核，这是值得我们警惕的。

黑衣壮有一个较为具有代表性的问题，那就是缺少整理和传承本民族分支的特色文化的自觉意识。这也是西南少数民族共同存在的一个问题。过去他们大多没有关于自身历史的文献记录，有关他们的历史需要借助中原王朝的文献才能得以管窥，于是他们实际上处于一种被叙述而非主动自我叙述的状态。“黑衣壮”这个称谓，也并非这个民族分支自称，而是 1997 年广西右江民族师专的何毛堂、李玉田、李全伟等研究者在对其进行人类学考查时，根据他们服饰的颜色等族群特征加以命名的。由于此命名简洁明了、朗朗上口，所以获得此民族分支内外的广泛认同，成为正式称谓。作为中华民族大家庭的一员，如何自觉主动地展现自身的文化艺术特色，是黑衣壮需要思考的课题。

二、对达蜡彝族村实地考察的文化启示

去黑衣壮吞屯的次日，我们到达蜡彝族村，见到“白彝”民众，即穿白上衣、黑裤子的彝族人。白彝以白色为显要标志，但他们并非以白色为贵，彝族在旧时，“黑彝”的社会等级是要高于“白彝”的，彝人原本以黑色为贵，这正好与昨天的黑衣壮形成对比。

为了发展旅游经济，网上的宣传资料说黑衣壮“以黑为美”，百度百科也直接引用此说。但我在吞屯向当地人细致询问时，才得知其实还有另外一种截然相反的说法：黑衣壮是因为本地人在壮族族群中地位不高才用黑色系的服装。黑衣壮服饰的主要染料，来自大山里随处可见的植物蓝靛草。除了黑衣壮之外，

许多少数民族以及汉族也曾使用过此染料制作的服装，只是没有黑衣壮这样从头饰到衣裤都纯黑装扮而已。当其他族群已经不再以黑衣为风尚服饰时，黑衣壮仍然以此为衣，在一定程度上暗示着这里在旧时代属于文化传递较为边缘的地区。如壮族作为中国一个较大的少数民族，有相当多的支系，由于语系众多，所以对自己的称谓也非常之多，如“布壮”“布依”“布侬”“布越”等。这类自称达到近20多种。[①] 吞屯的黑衣壮在本地自称“布敏”，据称并非本地原住民。此地已有原住民和先行迁移来的居住者，他们早已占据了居住和生产较为便利的水边区域，这些后迁徙来的黑衣壮不得不转到条件恶劣的大石山坡上定居。“黑衣”实际上在当地曾经含有贬义。

由于手头资料的匮乏，我仍然无法确定历史上布敏人究竟是“以黑为美”还是“以黑为卑”，但可以确定的是，黑色在过去等级森严的旧社会是有特定意味的，而目前网络上的资料只提供了片面的信息，让浏览者误以为只有“以黑为美”一种说法，而不知还有截然相反的另外一种说法。可见，对于网上的宣传资料是否符合真实情况，一定要做实地调查和参阅文献，切不可被宣传资料所误导。实事求是去调查，乃是学术研究严谨性之所在。

无论是黑衣壮还是白彝，其所穿衣服的颜色都显示其当年在族群中的等级秩序中地位并不高，他们被排斥到相对边缘、环境恶劣的边远之地居住，这本是他们当年不幸历史的见证，但又因为地处偏远，而使得其特殊的传统服饰得以保留，记录下中国

---

① 曾经有文寨的壮族受访者提到：新中国成立以后就不太讲“布央”“布敏”了。讲也讲，但是讲得少，都是老百姓讲的多，开会都是讲“壮族”，讲我们都是“壮族人”。新中国成立前，我们也晓得自己是“壮人”，都是讲话来分的，“布央”“布农”“布敏”是怎么划分的？很久以前的我也不晓得，我想是因为讲的话不一样吧。讲的话不一样，就划分成“布央”“布农”“布敏”，还有汉人了。汉人讲我们是“讲壮的”“讲土的”。我们讲汉人是“讲官的”，高山汉是本地的，我们叫“桂州佬”。新中国成立以后就分咯，分成汉族、壮族、瑶族、苗族、彝族、回族，样样都有。“布央”“布农”“布敏”统统都叫壮族了。见海力波：《道出真我：黑衣壮的人观与认同表征》，社会科学文献出版社2008年版，第156页。

文明史上的幸运一笔。

白彝传统女式服装中有一条宽20厘米左右的大腰带，她们对外称是“这个地方太艰苦，怕女人跑了，所以要有一条精美的腰带拴住她们（的心？身?）”。但当介绍完之后，这位韦姓妇人却在转身与另外一个人聊天时，说了另外一个版本的说法，还说刚才给我们说的版本是“应付外人”的。由于这位妇人在交谈时没用彝语，而是彝调官话，结果被同操桂柳官话语系的我全听懂了。

韦姓妇人用官话提到，在她们的口头传说中，彝人穿上现在的白色服装之后是能飞的，后来汉人为了防止他们造反，就加上这副夸张的宽腰带，于是彝人就再也不能飞了，只能困守此处。妇人的这个略带魔幻和荒诞色彩的传说，或许未必完全荒诞不经，而是隐含着几百年来的当地历史信息，是历史记忆的曲折反映。白彝原本居住在水边，在彝人文化中，白色就是水的象征颜色，而达腊的白彝却住在山里。联想到这个妇人提到的口头传说，或许暗示一段历史：在新中国成立之前，各个族群之间经常有冲突，这个宽腰带传说，乃是当时的彝汉争地的历史在口头传说中留下的痕迹。[①] 可能是当时还处于刀耕火种时期，生产力发展水平低下的白彝人，在争地盘时被赶出肥沃的水边土地，移居山上。

就我接触到的地区而言，都有类似的俗语，如“壮人住山头，彝人住水边，汉人住街头”。这句话在不同地方有不同版本，比如“汉人占街头，彝人占田头，苗人占山头”等，可资旁证。

---

① 族群之间的征战，从秦代即开始。公元前214年秦始皇进军岭南，战胜西瓯、骆越，桂东的壮族先民原始社会解体，进入封建社会，桂西原始社会尚未解体。唐太宗贞观十二年（638），李宏节进军桂西“始拓生蛮”，设置环洲（今宜州、环江），唐武后垂拱（685—688）中，在环洲之东北境设抚水州（今环江北部与贵州三都、荔波），西部设羁縻智州（今河池），这些政治措施使广西各少数民族的先民地区受到中央王朝政治、经济、文化的强烈影响，原始社会开始解体。见《毛南族民歌》，广西民族出版社2000年版，序言第1—2页。

接着达腊白彝同胞为我们表演民族歌舞，虽然也掺入了“折扇舞”之类明显是当代舞蹈（尤其像大妈最爱的广场舞）的杂质，但整体上保持了原生态歌舞的大部分样貌。

演出涉及两种乐器：五笙五和铜鼓。五笙五，又名葫芦笙，用一束共计五根细竹子制成，两头置葫芦，葫芦底部有五个孔，演奏者以手指按压孔，控制音调。铜鼓有大、小各一只，大的那面鼓目测直径 1 米，似乎有些年头了，鼓面已经被敲打到变薄。

我问他们这面铜鼓的年代，说法不一：一人说 200 多年，另一人说有 2000 年了。或许他们误以为我准备收购，所以故意把年代说得更久远一些来提高价钱。等当地文化部门工作人员过来之后，才从他们口中得知，大的那一面鼓是民国时期的，小的则是 10 多年前制作的。可见，田野调查不可轻信被访人的介绍。也有些时候，被访者有可能因为怕答不上来丢面子及其他原因而胡诌，如果不加辨析地就此做记录，恐将出错。特别是当被访人的文化程度不高，当地又无档案记录的话，尤其要小心。

我原以为大、小二鼓的设置只是为了调节音律。直到他们告知：二鼓是一公一母的。此时，我又以为公的大，母的小，再次猜错，其实恰好说反了。他们是按照自然界母大公小的常态来设置的。目前网络资讯中，极少提到铜鼓分公母的关键文化特征，若非刻意在搜索引擎中键入“铜鼓＋公母”的关键词，很难搜索出如此重要的民俗细节，甚至在公立博物馆的网站中都缺少甚至干脆没有这一关键介绍。这提醒我们，即便是学者，也总是或多或少带着主观的想法进入观察现场的。而在现代性思维浸染下的我们，极容易在不经意间，用自己惯常的思维，想当然地误套给被观察的对象。

二鼓用草绳悬挂在木架上，两者鼓面相对。演奏者对它们进行交替击打。顺序大致是双击大鼓一次之后，迅速多次单击小鼓，再反复若干次。我过去曾以为铜鼓都是鼓面朝天，双手抡棍子击打的。特别是这种小型铜鼓，本以为是像当代的架子鼓一样击打演奏，原来是自己主观误读了。白彝同胞的这种击鼓方式，或许暗示：(1)此鼓以母为尊，母大公小，有着母系社会的遗风。(2)鼓分公母，相向对击，或有原始巫术的遗风，阴阳和谐，对鸣求雨。

铜鼓文化是广西八桂大地延绵数千年来最重要的、几乎未间断过的代表性地域文化，但现在却处于衰微状态。目前复制出的铜鼓，在外观上基本达到古代氏族社会礼器的标准，但作为乐器，却难说够格。金海鸥先生对乐器之音提出过著名的四条标准：音准、音量、音色和分辨率。而无论是在广西博物馆的纪念品商店，还是在这次的田野调查现场，笔者所见的现代仿制铜鼓在品质上都有待提高。这次白彝同胞敲击这两面铜鼓时，大的那面民国时期的铜鼓鼓面中心发出的声响颇为浑浊，而小的那面新近仿制品发出的声音又太杂乱。真正的作为乐器的铜鼓，鼓膛的回波共振非常重要，浑厚的鼓壁产生的波振量相当大，其穿透力可达千米之外。而我们如今在现场看到的铜鼓，也就是相当于道具性质的东西，其发出的与其说是“音”，倒不如说是“声”。

此外，真正的白彝服装是镶嵌银饰的，笔者却在几位年轻妇人身上看到塑料质地的仿银饰。这一廉价制品表明外界商品化批量生产的风气已经影响到了白彝，正在对白彝的传统社会文化进行强有力的渗透和深刻的改写。

许多真实的民俗，由于缺少噱头而往往是寂寞无声的。比如，2013年国庆节，笔者晚上夜游龙胜，沿着河岸走，看到有当地老人唱山歌，老妪和老翁相互对歌，歌词用的是当地瑶语。对歌调子凄切哀婉，若泣若诉，与白天歌圩的青年男女热闹非常、欢声笑语的情歌对唱大异其趣，而且与白天歌圩的歌者看见人来就唱得更起劲完全不一样，这些当地老人看见有陌生人经过时就降低嗓音，歌声含混不清。

我感到非常诧异，忙立刻开展田野调查。经询问旁人，才得知他们所唱的内容，乃是老年生活的不愉快，如婆媳矛盾、父子代沟、残年病痛，乃至回忆当年美好胜景不再的，内容伤感凄切。

可惜我无法确切记录他们对歌的具体歌词。当时我忽然意识到，其实现在各地对本地非物质文化遗产的展示多是有选择性的，公开对外的基本上是能够吸引游客的，而能够吸引游客的则是热烈奔放的。在网络文宣和电视台宣传的“传承民俗文化”的“龙胜十大节庆”，无一例外全部是这种类型的：瑶族禁风节、三月三壮族传统对歌节、三月三侗族花炮节、三月三瑶族干巴节、龙胜红衣节、龙脊金坑春耕摄影节、红瑶晒衣节、桂林龙脊金秋稻浪节、瑶族盘王节、苗族祭鼓节。结果这样一来，中外游客就被误导认为对歌都是在白天进行的，内容都是热烈开心的，却不知道那些对歌都是为了吸引他们而选择过的。他们只知道白天里的那一部分，而另外一部分是更为重要的一部分，已经从他们视野中被屏蔽了。

如今除了节日和迎客之外，无论是黑衣壮还是白彝，日常生活都已经日渐难见传统服饰的身影。真正的“原生态”生活，早已随着时代变迁而被现代生活冲击得支离破碎。皮之不存，毛将焉附。所谓“纯正原生态”，不过是商家的噱头罢了。

与黑衣壮一样，白彝的传统房屋也逐渐被废弃。因为传统建筑在夏天不够透风，闷热阴暗；而到了冬天又难敌严寒，冻得人难受。当地政府人员说，随着新农村建设的发展，木瓦结构房屋将慢慢消失，逐步退出历史舞台。我感到惋惜，问当地村民为何不愿意再建传统房屋，村民答曰：除了不舒服之外，现在木料价格也已经太贵，无力再建传统木瓦干栏房屋，只能选择建便宜许多的水泥房。

村里全是老人和孩子，作为中坚力量的青壮年多已外出打工，年轻人接受、认同和追求的，乃是大山外面的“时髦”生活方式。被上一辈人视为理所当然的日常生活中的民俗，到了下一辈人那里，就成了来自父辈口中的记忆，最后只能在博物馆、图书馆里面看到的文物、记载等了。

这就是“现代性”横扫一切的可怕力量，其借助当代的社会经济文化，特别是移动互联网的载体，无形而无处不在。不少国外学者动不动就将中国少数民族传统文化的消亡归罪为所谓“被汉化”。其实，这不过是现代性扩张的结果，只是现代性在中国少数民族文化中的扩张，是以汉文化作为中介进行的罢了。换个文化语境，如在印度，这种现代性扩张又会被归咎为“不列颠化”“美国化”。

三、小　结

互联网的多媒体技术的发展，正在迅速和持久地颠覆我们以往的认知模式，族群文化之间的稳固边界正在模糊。互联网时代给传统文化的传承和保护带来了非同寻常的挑战，迫使我们在新的时代氛围中重新思考少数民族民间文化的生存状态问题。在现代性文化的整体冲击下，少数民族民间文化的保护已经迫在眉睫。

如今的政府投入，不应当过度倾向于那些能立刻显现出明显经济效果的节庆活动，而是应运用激励机制来吸引年轻人投入民间文化的保护工作，对少数民族的传统文化实施活态保护。不过，尽管如此，由于时代风尚、生活习惯和审美趣味的日新月异，这样的保护措施可能也只能在一定程度上减缓这些传统民间文化的衰亡，它们即便在保护政策中延续生存下来，也依旧无法避免变异的命运。这不仅仅是少数民族文化的问题，汉族文化亦是如此。

所以及时进行资料整理，如文字材料的编撰整理、影像资料的拍摄和归档，就成了政府和学界的当务之急。这些资料在整理之后，不能仅仅留存在资料库中，而要适应网络时代的发展，及时通过网络向大众展示出来。这些整理工作其实非常紧迫，如果我们不尽快开展，那么随着互联网通讯的稳步铺开，许多少数民族传统民间文化很可能在20年之内无记录地消亡。日后再想深入细致地做相应的研究，也只能是此情只待成追忆了。

皖南皮影戏的历史与现状调查研究

吴衍发[①]

（安徽财经大学文艺学院　安徽蚌埠　233030）

内容摘要　皖南宣城皮影戏在400多年前随湖北移民传入，流布于皖南宣城以及毗邻的苏浙地区，在广泛汲取皖南民间小调、花鼓戏、绘画、雕刻、剪纸等民间艺术精髓的基础上，发展成为个性鲜明、演唱方便、唱腔优美、唱词精练、雕刻精湛和表演活泼大方的民间艺术形式，有着浓郁的皖南徽文化特色。宣城皮影戏在中国南方影戏中占有十分重要的位置，其皮影制作技艺更是南方皮影的典型代表。然而，随着社会经济的发展和民间社会信俗的巨大变化，源于农耕文化的皖南皮影戏市场日渐冷落萧条，大批剧种随着皮影老艺人的逝去而大面积地萎缩。因而，皖南皮影的传承与保护成为人们需要解决的重大课题。

关键词　皖南皮影　艺术特色　历史传承

安徽皮影荟萃，曾经活跃于江淮大地，盛极一时。据江玉祥教授介绍，在中国南宋王朝偏安于江南期间，中原影戏便随难民南渡，曾一度传播到了安徽等江淮地区；若按皮影大系来看，安

---

① 吴衍发（1974—　），男，安徽金寨人，安徽财经大学文艺学院副教授，东南大学艺术学院艺术学博士，研究方向：民俗艺术学。

徽皮影与山东皮影、河南东部皮影、苏北和苏中皮影同属于山东影系。[①] 皖南皮影戏发祥于安徽省宣城市。宣城皮影戏400多年前随湖北移民传入，广泛流传于宣城市及皖南和毗邻的苏浙地区，并在广泛汲取皖南民间小调、花鼓戏、绘画、雕刻、剪纸等民间艺术精髓的基础上逐渐发展起来。皖南皮影戏以它独特的个性自成体系和流派，具有演唱方便、唱腔优美、唱词精练、雕刻精湛和表演活泼大方等特点，具有浓郁的皖南地方特色和文化底蕴，深受人们喜爱。皖南宣城皮影戏在中国南方影戏中占有十分重要的位置，其皮影制作技艺更是南方皮影的典型代表。

一、皖南皮影的历史渊流

据记载，明末清初年间，宣城地区发生严重水患，并由此而爆发了一场严重的瘟疫，使得皖南地区“全境死亡枕藉，无人掩埋，十室九空”，许多村庄变成了无人村。不久后，清政府奖励移民南迁垦殖，规定移民来此可以“插标划田，立山为界，居室为家”，新开垦的田地3年免征税赋。于是，湖北、河南等地的穷苦移民大批南迁过来，使荒芜沉寂多年的皖南山村，渐渐有了生机，所谓“一担箩筐下江南”，就是描写这段真实历史的。移民在迁入时，不但给皖南增加了人口，同时也带来了湖北随州等地的民间皮影戏。譬如宣城皮影《湖北下江南》《逃水荒》等传统剧目，正是讲述当时灾民南迁情况的。

皮影戏传入皖南地区后，与当地的民间歌舞融合演变，慢慢发展壮大，深受广大百姓的喜爱。皮影艺人农忙时种田种地，农闲时便挑着一担皮影戏箱走乡串村演出，一为养家糊口，二为丰富百姓的业余生活。它的演出形式轻装简便，影人、道具全部装

① 江玉祥：《中国影戏》，四川人民出版社1992年版，第196—197页。江玉祥教授根据皮影戏影偶的制作、弄影的技术、唱功、灯光、舞台和乐器，把皮影戏分为秦晋影戏、滦州影戏、山东影系、杭州影戏、川鄂滇影戏、湘潭影戏、潮州影戏等七大系统。安徽皮影戏属于山东影系。

在两个长方形的木箱里，用一根扁担挑着即走，所以当地人也叫其为“一担挑的戏”。且演出不受场地限制，只需四人一台戏，舞台要求随遇而安，无论庙台、场院、村头树下，大到容纳两三千人的场，小到农舍的堂屋都能演出。人少易于接待，收费低廉，百姓出得起钱，看得起戏。当年，连本戏要通宵达旦或连演十天半月不止，一个庙会可出现几个影戏班搭台对擂演唱，热闹非凡。这些皮影戏剧目大多直接或间接地取材于民间，有青苗戏、青山戏、谷梅戏、愿戏、接年戏、拜年戏等，百姓统称为“太平戏”。这些影戏剧情较真实地反映了皖南劳动人民驱邪避灾、祈求太平的美好愿望。

清朝中晚期，皖南地区农村中富豪旺族、宅门大户依其财富势力纷纷请名师刻制影人，私养皮影戏班，供其家族消遣娱乐。

日军入侵前后，又因社会动荡和连年战乱，民不聊生，致使盛极一时的皖南皮影戏万户凋零，一蹶不振。

新中国成立后，皖南皮影戏班又开始重新活跃，1950—1965年期间是皖南皮影戏发展的“黄金时期”。当时宣城地区约有60多担皮影戏箱，分布全区的皮影戏演职人员超过300人；其中以广德艺明皮影剧团最为有名。艺明皮影剧团1958年参加地区会演，1959年又应邀参加了浙江省戏曲观摩演出，演出获得好评。1963年艺明皮影剧团改为大集体，直属县文教局领导，由李发荣任团长，当年演出的童话剧《龟与鹤》《小花猫钓鱼》《采蘑菇》《半夜鸡叫》等，在演出中受到观众好评。此后，县文教局对皮影进行革新，整理改编剧目，改编音乐唱腔，灯光方面采用了现代技术，以多种彩色日光灯取代了原来的单色照明灯，并置办了云灯、水灯、闪电灯和扩音设备，同时又改进了皮影的造型和活动关节，使皮影的头可动、嘴可张、眼可眨，被当地百姓亲切地称为“动画小电影”，深受人民群众喜爱，演出效果也大大提高。

1966年“文化大革命”开始，皮影剧团全体演职人员与县花鼓剧团合并搞运动，传统皮影戏被当作“一个眼睛看‘文化大革命'"的毒物，在运动中被整箱搬至十字街付之一炬，皮影剧团也随之撤销解散。"文革"结束后，被禁锢达十年之久的皖南皮影戏迅速得以恢复和发展，戏班如雨后春笋般一下子涌现出50多担戏箱，演出活动长年不断，观众络绎不绝。20世纪80年代末，大部分皮影艺人渐渐老去，许多剧目随着老艺人的去世而消亡，皖南皮影戏开始衰落下去。

进入20世纪90年代后，和其他许多民间艺术一样，受到电影、电视等现代艺术的冲击，皖南皮影戏很快衰微。由于演出市场的萎缩，许多艺人转行另谋生计。进入21世纪后，民间影戏艺人年龄都很大了，只有零星的影戏班还在艰难地勉强支撑着，其生存发展状况每况愈下，面临即将消亡的危险。

二、皖南皮影的艺术特色

皮影戏传入皖南地区后，与当地的民间歌舞融合演变，慢慢发展壮大，深受广大百姓的喜爱。它有北方皮影的影子，更有南方的气息；既有历史渊源，也有现实生活基础。

1.乐器制作

乐器有大铜锣、小铜锣、双镲、云板、大鼓、高音梆子等。这些器具以前多数是老艺人自己动手制作的。鼓框用直径9寸左右的粗梧桐木，先把内中木质挖出，只留外面2.5—3厘米厚度，然后削成鼓形，两头用处理好脱掉毛的牛皮蒙上，用钉子钉死固定。大、小铜锣和双镲是用熟黄铜经千万次锤打定型而成的，高音梆子、云板是用红木或枣木挖制的。

2.影人雕刻

影人的材质和造型风格是区分影戏流派的一条重要依据。皖南影人的雕刻在长期的传承与摸索中形成了自己的独特个性。

(1)选皮制皮。上乘的好牛皮是毛色淡浅又不透毛的活牛皮。病死的牛或伤死、累死的牛，其剥皮均不可以做生皮，使役的牛的膀背处曾经磨破的地方也不能使用。皖南皮影的制作材料是 1 岁以上至 2 岁左右的小水牛皮和小黄牛皮，牛皮的处理和硝制更有一套秘不外传的奇特工序。主要用生石灰按配方依次防腐，再放在流动的清水里浸泡（根据气候温度 1—7 天酌情掌握时间），然后取出用刀刮制。第一次先刮去牛皮里的肉渣，第二次刮去外面的牛毛，第三次是逐渐刮薄、刮去里皮。每刮一次用清水浸泡一次，直到第四次细致精刮，把牛皮刮得白净透亮为止。刮好的牛皮要把它展开，然后用钉子钉紧在特制晾晒框架上晾干透后，再放置一个夏天之后才可以使用。

（2）画稿描样。一般的艺人都是照样画稿，即制好的牛皮用湿棉布捂软，把牛皮表面的油脂擦拭干净，再用斜口硬木棒把皮子推磨至平整光滑，再放在皮影画稿（底谱）上，用细钢针把皮影的线条纹样描在牛皮表面上。但是一代代有创意的艺人却要在以往的基础上自己创新，这些画稿就这样积累起来了。皮影图案的设计是皮影雕刻的关键一步，皖南皮影的雕刻图案有以下四种：

第一，两方连续带状花纹，如云纹、水纹、花卉、珠孔等。

第二，四方连续式，如团花、菱纹、甲纹、鱼纹、人字纹等。

第三，自由式翎毛花卉纹，如海水江涯、龙凤、兽类、飞虫等。

第四，特定图案，如官阶、文武的压梁子纹、英雄帽等的装饰图案，它有一定的规矩，表示文武官阶的大小。

皖南皮影的雕刻画样美妙而神秘，因为它源于古老的民间美术。影人造型图案可以在庙堂美术的藻井、花牙、壁画、神像中感知到它的渊源，在古老的花木家具中寻到影子，在砖雕石刻中发现端倪，在民间剪纸、印染土布、门神、幼儿的老虎鞋、金银首饰等民间工艺品中窥见相似之处。皖南皮影雕刻艺人正是在这浩如烟海的民俗文化中寻找灵感而创造了自成一格的雕刻图案。

（3）雕刻上色。皖南皮影雕刻的独特之处还在于“推皮触刀”，即执刀的手不动，另一手推动牛皮来完成雕刻。这种刻法对推牛皮的手劲、手感要求很高，刻出的皮影线条要圆润有致，尤其是对大弧度的曲线刻制，弧度要有流畅美和韵律感。同时，艺人还要掌握刻、扎、凿、打、挑的雕刻技艺，他们把雕刻皮影的心得归纳为口诀来传授技艺。譬如，刻影头：先刻头帽后刻脸，眼眉刻完再刻鼻子尖；刻花纹："萬"字先把四方画，四边咬茬转着扎；"雪花"先竖画，然后左右再打叉，六棱丢出齿，挑成雪花花；刻盔甲：先把眼眼打，拾岔岔，"人字"三角扎；刻建筑纹饰：空心桃儿落落梅，雪里竹梅六角龟，一满都在水字格。凡此种种，皆是长期实践中的经验所得。

皖南皮影是以运动的方式供人们欣赏，雕刻的刀口不论长短必须中间断口，确保皮影各部件完整耐用。

皖南皮影的颜色是用矿物、植物颜料上色的，主要有藤黄、铜绿、朱砂、墨汁等。先将碎牛皮熬成皮胶，将颜料熔化在皮胶里，然后在火上边加温边上色。清代、民国的老艺人调配的颜色胶性较重，上色时讲究笔尖不挨到皮影，将笔尖下垂的颜料囤在牛皮上，这样上色的皮影一般中间深、周围浅，具有颜色饱满、过渡自然的特点。现在一般都采用平涂，效果不如从前。现在，皖南皮影多采用对比强烈的红、黄、绿、黑四种颜色。

(4)发汗熨平。皮影上色后，要经过脱水和定型，艺人称之"发汗熨平"。传统的方法是将皮影部件包在布内，然后夹在两层烧热的土坯中间，这样可使牛皮的水分充分挥发，颜色渗透入皮内，胶质熔化后也渗入牛皮的毛孔，如此一来皮影颜色鲜亮、不易褪色，并且平整而不变形。现在艺人一般采用电熨斗操作，由于电熨斗没有土坯的吸水性，牛皮的水分不能完全挥发，效果较差一些。

(5)缀接钉制。皖南皮影制作工序比较复杂，每一个人物得用 12 片料子：头帽 2 片，上下身各 1 片，腿脚 2 片，手和胳膊 6 片，影子由头部、身躯、四肢组成。影头分开保管，演出时才插入颈口，用线完成缀接后，另用 3 根细竹竿分别定在影人的颈口部位和两只手上，缀接钉制好的皮影要求提起胸签后，影人自然下垂，既不挺胸也不背锅，双腿微微分开，欲行还止、动中求静，由艺人操作表演时能自由活动。

皖南皮影比北方皮影稍长：小影人 1.5 尺、中影人 1.8 尺、大影人 2.0 尺左右。为了适应幕影表现，皖南皮影戏吸收其他艺术的一些技巧，采取了抽象与写实相结合的手法，对人物及场面景物进行平面化、艺术化、卡通化、戏曲化的综合处理，制作出线条细腻、黑白分明、色彩艳丽、造型隽美、形象逼真的皮影人物形象。皖南皮影制作时还模仿地方花鼓戏剧中的生、旦、净、末、丑等行当角色，赋予皮影人物个性，皮影人物一出场，人们就能分辨出人物的忠奸善恶。在雕刻中以夸张、洗练的手法，巧妙运用点、线、面的结合，尽量体现皖南剪纸的表现艺术和人物性格。譬如，性格粗暴者多用粗线，以阴刻为主；老奸巨猾者，多用变形细线，以阳刻为主；美丽善良者，多用细腻、柔和线条表现。雕刻线条粗犷有力，布局疏密有度，造型夸张生动。色彩以红、黄、绿、黑四色为主，鲜明大方，简练朴实。红、黄、绿、黑四色，同时喻示了人物的个性特征，比如红脸的精忠、黑脸的骁勇、黄脸的狡猾、白脸的奸诈等等。

此外，皖南影戏中还有独具特色的纸影，其雕刻工艺亦非常精美，但自民国后期以来，已渐渐失传，因此亦当对其进行挖掘，并加以保护。

3.唱腔音乐

皖南皮影戏的唱腔是在地方花鼓戏和民间小调上吸收其有益成分，经 400 余年历代艺人的努力，形成了完整的音乐体系并且口耳相传、代代传承下来的，具有浓厚的乡土气息。皖南皮影唱腔以说、唱、逗、笑等形式为主，一人唱众人和，尾字甩腔，气势雄浑，拖音较长，韵味十足，优美动人。唱腔采用渔鼓筒伴奏，增加了其音乐魅力。

皖南皮影里的戏曲人物，分生、旦、净、末、丑。表演时两人说唱，两人伴奏。声腔有主腔和小调之分。表演时，乃多腔多调，即每一行当都有一个固定腔调，各有特色：如武将声刚劲有力，女角声细气娇，神仙声慢气和，妖怪声高气粗、怪腔怪调等，唱腔板式有慢板、中板、紧板、数板等几种。

皖南皮影没有固定的调式、曲牌，属板腔体，分[导板]、[摇板]、[敕板]、[二六板]、[老生腔]、[三生腔]、[小生腔]、[花旦腔]、[丑角腔]、[婆婆腔]、[拖腔]等。

皖南皮影以武场伴奏为主，乐器有大铜锣、小铜锣、双镲、云板、大鼓、高音梆子等六种。皖南皮影的锣鼓经主要是吸收当地民间音乐和皖南花鼓戏的锣鼓经，较常用的有[炮台锣]、[进出场锣]、[杀锣]、[动作锣]、[唱锣]、[大开门锣]、[小开门锣]、[收尾锣]等。

4.唱念艺术

皖南皮影唱词精练准确，生动形象，诙谐风趣，具有鲜明的地方特色和乡土气息。演一场皮影戏，民间艺人要唱几百句戏词，这些戏词除了有脚本的，不少是一代代口耳相传下来的。唱词虽没有固定的格式，句式不定，或长或短，但仍有一定的规律可循：根据字的音调来配搭，而使其成为押音乐的唱段，唱词多以四句为一段，以“五五七五”句式为主。

譬如，传统剧目《西游记》故事之《火焰山》一剧，孙悟空钻到铁扇公主肚子里后，铁唱：“口中渴得很，忙把香茶饮，喝得喉咙有点哽，肚子为何疼？浑身汗直涮，头昏眼发花，肚子里就像鸡爪抓，像得了绞肠痧。疼得真厉害，事情真古怪，抓心抓肝不自在，又像是动了胎。”孙唱：“嫂嫂莫乱猜，不是动了胎，是我老孙在你肚里踹，不过我不出来。”铁唱：“他在肚子里用脚捅，疼得我用手捂，翻肠倒肚往上涌。哎呀，我的活祖宗。”

又如《禁赌》：“赌博总有我，牌上像有火，好像见了油京果，恨不得煮水喝。”再如《穷孤儿》：“叔婶将我赶，端的一缺碗，筷子一支长来一支短，篮子把底穿。”此外，皖南皮影戏在每段唱词尾句注重“抖包袱”（笑料和噱头），让人看得捧腹大笑。这些唱词充分表现了皮影戏剧的民间性、文学性以及极高的幽默感，体现了一种纯洁的艺术美。

皖南皮影戏主要是击乐伴奏，后台两人同时敲打六种乐器。文唱以小锣勾节奏，武打以大锣凑威风。演唱时虽只有锣鼓和简板敲打节奏与过门间奏，却变化无穷。艺人通过简板敲打的声调轻重、速度缓急、板式变化，能让观众领略到喜怒哀乐之情，从而把观众带入佳境。

5. 剧目与剧本

皖南皮影戏传统剧目很多，有《封神榜》《水浒》《西游记》《隋唐》《杨家将》《岳飞传》《天·地宝图》《月唐》《李自成》《七侠五义》《义气图》《公案》《包公大审》《铡皇亲》《响金钟》《十把穿金扇》《金镯玉环记》《西厢记》《珍珠塔》《双失婚》《三巧配》《天仙配》《夫妻观灯》《女驸马》《五女拜寿》《白蛇传》《盗红令》《十劝世人》《禁赌》《银合太子走国》《兵吞六国》《绿牡丹》等。现代剧目有《东郭先生和狼》《半夜鸡叫》《小芳招亲》《采蘑菇》《老鼠嫁女》《二小放牛郎》《学雷锋》《赖宁之歌》等100多个剧目，大小单曲可达400多个剧目。这些剧本的作者大多没有留下姓名，可以说是"无名"的皮影作家。

皖南皮影戏的剧本有两种形态：一是完整的手抄本，二是艺人代代口耳相传下来的"口述本"。其中又以后者为多。"口述本"的演出有很强的灵活性，艺人往往多撷取日常生活中的熟事、趣事巧妙地进行"再创作"，从而使其更能贴近人们的生活，获得百姓的喜爱。如《穷放牛》："太阳一出满天红，有钱人骑马我骑牛，有钱人骑马大路走，老子骑牛水当中，叫老子么样想得通？"又如《穷捕鱼》："红日当了顶，没见茶饭影，手捧凉水当饭吃，渔民好伤心，凄凄惨惨河岸行，是我穷渔人。"然而，这些剧本多是口述剧本，没有稳固的存在形态，极易造成剧本的流失。

6. 操纵与表演

操纵能显示道艺高低，尤其是武打戏（徒手打），一人同时操纵八影四对打，杂而不乱，堪称绝技。刀枪有玩花枪、单枪刺喉、回马枪、单刀取头等手法，人物的敌对我打、替身变换，更是皖南皮影戏的主要特点;另外,开场诗、收场语及中间插曲幽默风趣,能使观众拍手大笑,给他们带去无穷的乐趣。

皖南皮影只需四人一台戏,前台两人演唱兼操纵箭杆,后台两人打击乐器伴奏。皖南皮影表演也遵循一定的程式。皖南皮影戏表演有严格的程式,通常演出程式分为文场、武场,又分殿案、堂案、大武场、小武场等。它的表演空间就是一扇影窗,大约6尺长、3尺宽,整体舞台高6尺。要在这样的一个空间里展现各种人物,就必须进行夸张和变形。经过历代皮影艺人的摸索实践,逐渐形成了一套规范的表演艺诀。如武小生:出场风摆柳,升帐亮相身一扭,单脚一抬回身走,坐帐报名双袖抖;文小生:身隐臂摇双交手,步履稳重平身走;少女生:步小动作稳,低头目下瞅;花小生:出场手叉腰,彩脚晃动走;武生:举止如山重,开打似叶飘,站立如玉树,走路像风扫;文生:不慌不忙,举止文雅,双臂轻摇,动作潇洒;髯生(胡子生):走路臂一晃,脑袋点两下,蹒跚步履迟,站立手平跨;花生(丑生):卑躬屈膝,点头哈腰,摇头摆脑,一步三摇;大花脸(老座子):出场要冲,举止要重,整冠理须,稳中见动,一步两摇,眼睛上瞧,仰面凸胸,抖袖挺腰;毛净:上场翻身,站立有根,双手戮动,亮相腿分。这些基本的动作表演程式,是历年来皮影戏艺人们一代代传承下来的,给操纵者一个总的要领。

皖南皮影戏运用地方戏曲形式表演,但又不受戏曲的程式束缚,行当分工不严格,往往演出程式一个人演多个角色。动作也不固定,如孙悟空出场时动作快,上蹿下跳、连翻跟斗,妖怪出场时凶相毕露,文人出场时文雅和气。各行之间又有不同的小行或戏路。

7.舞台美术

皖南皮影戏主要活跃在皖南山区的农村,舞台一般都是临时搭建在农户的院子里或者农户的堂屋(客厅)里。幕布长6尺、宽3尺,用4根活动的木制带榫构件把幕布拉紧固定。然后放在风车上(寓意风调雨顺),中间悬起一盏油灯(现多用100瓦节能灯）就能演出了。皖南皮影戏题材相当广泛，从神话的上天入地，到历史剧的文戏武斗，从天上的灵霄宝殿，到人间的相府帅帐，从旅途的舟马车骑，到阴间的牛鬼蛇神，无不在皖南皮影戏中得到了充分展现。

皖南皮影戏表演之生动，是其他艺术种类所无法替代的。场景、细节、表情、神态，都可以从皮影特有的质感中栩栩如生、惟妙惟肖地表现出来。影戏艺人的操作技艺出神入化：男人的喘息、妇人的抽泣、闺阁少女脉脉含情的羞态、沙场骁将飞扬跋扈的霸气，皆可达到引人入胜、回味无穷的境地。

皖南皮影戏人物的冠戴服饰，除了演绎清代故事特殊外，其余各朝代人物的冠戴服饰都是一样的。这也和皖南寺庙美术中的雕刻一样，采取了“以简胜繁”的不分朝代办法。在以后的发展中，同时也借鉴了皖南剪纸和其他姊妹艺术的优长。不论是图案设计，还是刻镂技巧，都是南方皮影系列中的精品。

皖南皮影戏艺术兼有历史、民俗、戏剧、美术、音乐、文学等元素，是安徽民间艺术领域中当之无愧的瑰宝。

三、皖南皮影的历史传承

皖南皮影在400余年的辗转发展中代有传人。而作为一种主要生存于民间的古老艺术，影戏的传承自有拜师、写师徒字、期满谢师等种种行规，从艺者主要是生活在农村里的民间艺人。皖南皮影戏的师傅授徒的传承方式主要靠口传心授、言传身教。农村皮影艺人都不识字，依靠死记硬背和勤学苦练，终究也能将皮影艺术融会贯通。一般皮影艺人头脑中都有几十部剧目。

皖南皮影艺人技艺传承基本是靠师傅的口耳相传，是靠学徒的耳濡目染、心领神会。皮影艺人唱念做打的功夫，在以皮影谋生的艺人眼里，皮影就是自己的“饭碗”，一般不会轻易传授于人，尤其是那些经过长期摸索才总结出来的“绝活”更是如此。有些学徒虽然拜了师，但师傅也不一定会倾力传授，其原因主要是师傅担心徒弟艺成后抢了自己的“饭碗”。有的非父子不相传，而事实上，家传也“易子而教”，有的老艺人非到生命垂危时才会传给他人。所谓“宁给二亩地，不教一回戏”，说的就是这个意思。

皖南皮影戏班在长期的传承中形成了自己的十大班规：不准忘师卖道，不准欺师灭祖，不准藐视前人，不准乱骂公堂，不准乱穿花鞋，不准私自逃脱，不准夜不归班，不准跌足凉场，不准爬灰倒鲁，不准迟龙放水①。

皖南皮影在长期的师傅授徒中形成了两大传承谱系，即“亲缘传承谱系”和“师缘传承谱系”两种。皖南皮影明星荟萃，其中以世代祖传的宣城何家班皮影最为有名，流传至今已有400余年的历史。

1. 何家班谱系（亲缘传承）

老师祖何隆泰（艺名），皖南皮影戏何家班创始人。约生于明末清初的顺治年间，湖北随州西河镇何家湾人，随移民在安徽宣城杨林定居。相传小时候就善绘画，喜爱皮影戏，由于家境贫寒，十四五岁就拜师学艺，十六七岁登台演出，并善于雕刻制作各类型的皮影人物形象。

师祖何祥高生于清朝末年，宣州区水东人。年轻时教过私塾，并写得一手好字。中年时迷上皮影戏，他用心钻研皮影舞台艺术，编写皮影剧本，把皮影人物的尺寸增大增高，他还善于处理生牛皮，民国时期曾被人们誉为“皮影一把刀”，精雕细刻的影人形态各异、栩栩如生，件件堪称精品。

师傅何祖鸿生于民国初年，一生致力于皮影戏人物形象、腔调、乐鼓经互动研究，一人双手可以同时击打大铜锣、小铜锣、双镲、云板、大鼓、高音梆子六种乐器，系何家班第九代传人何泽华的授艺恩师。在动乱的“文革”年代，一次又一次地躲着红卫兵，冒着随时被红卫兵揪出来再批斗的危险，执着地向年幼的何泽

① 这里“十大班规”中，“乱穿花鞋”“爬灰倒鲁”意指乱搞不正当男女关系；“跌足凉场”意指使性子、耍脾气，使得演出不能进行；“迟龙放水”意指故意捣乱。

华传授着全套皮影制作技艺。可惜,何祖鸿师傅英年早逝。

何家班谱系简况如下:

一代	何隆泰	男	清朝初年	祖传	湖北随州
二代	何明谷	男	清朝中期	祖传	宣城杨林
三代	何光启	男	清朝中期	祖传	宣城杨林
四代	何宗文	男	清朝中期	祖传	宣城杨林
五代	何德进	男	清朝中期	祖传	宣城杨林
六代	何正发	男	清朝中期	祖传	宣城杨林
七代	何祥高	男	清朝晚期	祖传	宣城杨林
八代	何祖鸿	男	民国时期	祖传	宣城杨林
九代	何泽华	男	新中国成立后	祖传	宣城杨林

何家班派序:正大光明、文德发祥、祖泽绵长、人贤继起、国运同昌。

何家班班规:穷不盗窃,富不骄狂,三稳道德,谨记不忘。[①]

2.其他传承谱系(师缘传承)

一代至四代,因资料缺失,难以详考。

五代	黄大嘴	男	清朝中期	师传	宣城孙埠
五代	蔡老三	男	清朝中期	师传	宣城孙埠
五代	徐丑子	男	清朝中期	师传	宁国沙埠
五代	徐老三	男	清朝中期	师传	宁国沙埠
五代	周润朝	男	清朝中期	师传	宣城水东
六代	殷汉亭	男	清朝晚期	师传	宣城杨林
六代	殷明双	男	清朝晚期	师传	宣城杨林
六代	陆自发	男	清朝晚期	师传	宣城杨林
六代	陈正义	男	清朝晚期	师传	宁国河沥
六代	刘天喜	男	清朝晚期	师传	宣城孙埠
六代	肖元清	男	清朝晚期	师传	宣城水东

① 这里“三稳”指口稳、心稳和身稳。

七代	杜忠清	男	民国时期	师传	宣城孙埠
七代	姜道存	男	民国时期	师传	宣城孙埠
七代	崔国禄	男	民国时期	师传	宣城孙埠
七代	陆安堂	男	民国时期	师传	宣城杨林
七代	乐长松	男	民国时期	师传	宣城丁店
七代	黄万义	男	民国时期	师传	宣城丁店
七代	徐成亮	男	民国时期	师传	宁国沙埠
七代	张付有	男	民国时期	师传	宣城向阳
七代	刘车喜	男	民国时期	师传	宣城向阳
七代	杨正发	男	民国时期	师传	宣城向阳
七代	李英豪	男	民国时期	师传	宣城洪林
八代	吴金陵	男	民国时期	师传	宣城向阳
八代	王福明	男	民国时期	师传	宣城孙埠
八代	宋品金	男	民国时期	师传	宣城孙埠
八代	刘德忠	男	民国时期	师传	宣城孙埠
八代	姜礼强	男	民国时期	师传	宣城向阳
八代	熊寿柏	男	民国时期	师传	宣城向阳
八代	熊道清	男	民国时期	师传	宣城向阳
八代	张改喜	男	民国时期	师传	宣城向阳
八代	龙大云	男	民国时期	师传	宣城向阳
八代	谢正林	男	民国时期	师传	宣城杨林
八代	李章有	男	民国时期	师传	宣城杨林
八代	方宗堂	男	民国时期	师传	宣城洪林
八代	刘仁贵	男	民国时期	师传	宣城水东
八代	陈金华	男	民国时期	师传	宣城水东
八代	徐胜银	男	民国时期	师传	宣城丁店
八代	余本浩	男	民国时期	师传	宣城丁店
八代	科玉英	女	民国时期	师传	宣城丁店
八代	陈在树	男	民国时期	师传	宣城丁店
八代	贡延超	男	民国时期	师传	宣城棋盘

八代	乐培顺	男	新中国成立后	师传	宣城丁店
八代	乐平顺	男	新中国成立后	师传	宣城丁店
八代	郑远清	男	新中国成立后	师传	宣城向阳
八代	彭以军	男	新中国成立后	师传	宣城向阳
八代	徐永清	男	新中国成立后	师传	宁国沙埠
八代	殷炳远	男	新中国成立后	师传	宣城杨林
八代	倪平贵	男	新中国成立后	师传	宣城孙埠

皖南皮影戏在漫长的历史里孕育了难以数计的传人，其中不乏技艺超群者，可惜，由于历史的原因，在民国以前，几乎没有这些传人的记录，即使偶有见之于文献者，也顶多只有个姓名，而其生平事迹、艺术活动均不可考。这种情况，直到 20 世纪 80 年代以后才有所好转。

从几百年绵延相传的传承谱系中，可以想见昔日的皖南皮影是何等繁盛，也可以体会到皖南皮影戏口传心授的知识和技艺要保存起来是多么不容易。曾经，看皮影戏是皖南民间娱乐的主要内容。每逢岁时节令、婚丧嫁娶、五谷丰登的日子，勤劳善良的皖南人都会搭台唱上几本皮影戏，以驱除邪恶、祈福求安。热闹的唱戏场面成为皖南一大民俗景观，曾给一代代的皖南人带来了无尽的欢乐。如今，融会着浓厚徽文化的皖南皮影，仅剩下宣城和广德两个戏班。尤其是那些以口传心授为传承方式的传承剧目，随着老艺人的去世而失传。皖南皮影戏艺人老龄化严重，每年都有老艺人相继谢世，至今仍健在的皮影戏老艺人年龄都已过七十岁，且不足十人。在逝去的老艺人中，他们大多一辈子从事皮影戏演出，其中不乏剧种唱腔、表演的代表人物。遗憾的是，这些老艺人大多没有传承人，随着他们的逝去，剧种大面积萎缩。因而，皖南皮影的传承与保护，作为一项重大课题，值得人们进一步深思。

关中地区民间泥哨的工艺与造型研究

周利明[①]

（西安交通大学人文社会科学学院　陕西西安　710049）

内容摘要　关中地区泥哨又称“娃娃哨”“戏人”“泥叫叫”，是一种兼有音响和观赏双重属性的低温陶玩具。泥哨造型古朴、洗炼，以戏人形象为主，20 世纪中叶曾畅销全国，目前已濒临灭绝。本文比较了西安西郊鱼化寨与东郊狄寨两地泥哨风格的异同，并以鱼化寨泥哨为例，详细论述了泥料、哨胚、焙烧、上彩等全套制作工艺，并总结了其关中地区民间泥哨的造型艺术特色。

关键词　鱼化寨　狄寨　泥哨　制作工艺　造型风格

西安民间泥哨又称“娃娃哨”“戏人”“泥叫叫”，是一种兼有音响和观赏双重属性的彩色低温陶玩具。泥哨造型古朴、洗炼、写意，以戏人形象为主，20 世纪五六十年代曾畅销全国。主要产地为西安西郊的鱼化寨与东郊的狄寨（河北美术出版社 2003 年 12 月出版的《中国民艺采风录·泥咕咕》第 74 页中误将“狄寨”写成“狭寨”）。泥哨多是陕西地方戏剧秦腔中的人物，也有

---

① 周利明，男，河南濮阳人，西安交通大学人文社会科学学院艺术系副教授，博士，硕士生导师。

历史人物、神话人物等等。常见的题材有三国人物刘、关、张、诸葛、周瑜、黄盖等，水浒人物林冲、武松、李逵、鲁智深等，《封神榜》人物姜太公、雷震子、托塔李天王等，以及《铡美案》中的秦香莲、包拯、陈世美，《蝴蝶杯》中的田玉川、田云山、胡凤莲，《五典坡》中的王宝钏与薛平贵，《西游记》中的师徒四人、十二生肖及狮、龟、蝉等。

鱼化寨有新石器时期文化遗址和西周文化层，文明起源较早。由同属渭河流域的半坡遗址出土的陶埙来看，在仰韶文化时期，这里已经具备了产生泥哨的条件。几千年的沧桑变迁给这里积淀了丰厚的传统文化，这里的泥哨实际上就是儿童启蒙教育的活教材。民艺家称：鱼化寨娃娃哨是“寓教于叫”。

狄寨在西晋前后，曾有狄人居住，金初已成重镇，明清均为咸宁八大镇之一，新中国成立初为物资集散地之一。狄寨有两位艺人代表，一个是狄寨镇上的徐文岳，一个是五坊村的张振中，张振中是师法徐文岳的，徐文岳是师法鱼化寨的。因此，狄寨娃娃哨也是鱼化寨娃娃哨的一种流变。

鱼化寨泥哨与狄寨泥哨的区别见表1。

表1 鱼化寨泥哨与狄寨泥哨的区别

对比项目	鱼化寨泥哨 	狄寨泥哨 
造型	颈壮、脚小、动作小	亮出嘴、靴明显、动作大
色彩	留黑底、简笔点彩	全彩、刻画细(有时无彩)
材料	黑垆土	黄土
烧制	土坑中烧，烧出是黑色	炉膛中烧，烧出是黄色
功能	哨音响亮，用来哄娃娃	形象生动，供玩赏把玩

续　表

对比项目	鱼化寨泥哨	狄寨泥哨
生产	产量大，批发为主	产量小，零售为主
风格	比较写意，朴实粗犷	比较写实，戏剧味浓

狄寨的张振中现已去世。徐文岳是1933年生人，1950年赴鱼化寨学习泥哨技术后，积累了不少文字与图片数据，风格上逐渐有了自己的特色。他坚持收听收看《秦之声》《秦腔大戏台》，因此，泥哨中戏曲味很浓。鱼化寨泥哨在清末以前缺乏实证，暂不做分析。现将清末以来的泥哨分为五个时期说明。

表2　清末以来的泥哨

年限	分期	代表艺人	主要造型
清末至1949	起始期（维持生计）	泥人杨、泥人樊、户县张等	戏人、骑马人等
1949—1964	繁荣期（畅销全国）	鱼东村、鱼南村村民	戏人、狮子等
1964—1978	停产期（历史原因）	无	无
1978—1997	中兴期（三家制作）	杨广元、王仲义、杨云峰三家	戏人、狗娃等
1997至今	式微期（濒临灭绝）	杨云峰、杨帆、王英轩等	生肖、脸谱等

西安泥哨制作工艺非常复杂，概括而言，共有23步：(1)采土；(2)晒干；(3)碎土；(4)加棉；(5)和泥；(6)搓条；(7)入模；(8)定腔；(9)纵腔；(10)刮胎；(11)出模；(12)横腔；(13)磨壁；(14)透腔；(15)试哨；(16)阴干；(17)晒干；(18)焙烧；(19)刷胎；(20)擦胎；(21)吹哨；(22)上色；(23)罩油。

下面以鱼化寨娃娃哨为例详细说明。

图 1　艺人杨云峰在制作泥哨

一、泥料工艺

鱼化寨娃娃哨的泥料是比较考究的，一般只选用“黑垆土”。由于鱼化寨属于西安西三环以内，在快速的城市建设中，很多地面硬化了，黑垆土也不多见了，鱼化寨近邻的村庄还有不少黑垆土。比如，东晁村与之隔三环而望，也属于鱼化寨街道办事处管辖，这个村裸露土地比较多，村北是黄土，村南是黑垆土。

黑垆土属于钙层土，处在温带半湿润与半干旱地区，含有一定的腐殖质。腐殖质在土壤中主要以胶膜的形式包被在矿物质土粒的表面上，呈黑色，黏粘力较强。黑垆土因颜色较重，老百姓称之为“黑土”，这种土烧制的泥哨不裂不炸，是娃娃哨的首选泥料。

黑垆土有生、熟之分，表层土人们经常施肥、耕种，被称为熟土；深层土人们翻地时不易翻出，土质也较密，称为生土。据泥哨艺人讲，做娃娃哨要用生土，因为熟土中常含有粪便、草木灰等不洁之物，而泥哨是常用嘴巴吹的，“病从口入”，这样娃娃们很容易肚里生虫，感染肠道疾病。

采好黑垆土后，先将其晒干、压碎，放入适量棉絮，才能加水捶揉成泥料。棉絮是为了加强哨体的韧性，一般选用旧棉花套子多次撕剪而成。和泥要进行反复捶打和压揉，直至棉絮均匀，泥质细致光滑。艺人“和泥”的技艺是很高的，多少泥加多少水，配多少棉絮，饧上多长时间再和，和上多长时间才合适，以及怎么和泥，怎么捶泥，都谙熟于心，驾轻就熟。他们像庖丁解牛一样得心应手，但仔细询问也问不出个“子丑寅卯”来，这大概也是“技高近乎道”吧。

二、按子工艺

西安的民间艺人将做泥哨的模具称为按子。按子是制作泥哨的根本，技术难度大，非有高超技艺与艺术灵感的艺人而不可为。半个多世纪以来，只有早期的泥人杨，泥人樊，杨永全、杨广元父子与现在的杨云峰几位艺人可以创作按子。

按子是阴形，必须先做一个阳形的“楦”，才能翻制出按子。楦又称为母、范、阳模、公模等。从楦到按子再到哨胚，哨胚再晾干、烧制完成后，体量一般会缩小20%，其中按子内形会比楦小10%左右，泥哨成品会比按子内形小10%左右。因此，楦的制作一般要大一号。现将鱼化寨几个泥哨模具外形与内形的大小加以说明。

表3　鱼化寨几个泥哨模具外形与内形的大小

按子	外形宽(cm)	外形高(cm)	内形宽(cm)	内形高(cm)
蝉	3.4	7.0	1.8	5.4
龟	5.2	7.3	3.7	5.6
狮子头	6.5	6.1	4.2	4.5
狗	4.0	8.5	2.2	6.7
王宝钏	6.0	11.0	3.3	10.0
苏三	6.0	11.0	4.2	10.2

按子大致可以分为三类：一类是合模，一类是平模，一类是头模。合模是由两片或多片模具像河蚌一样严密地吻合，中间的空心便是泥哨的外形。平模是泥哨中最为常见的模具，呈平板型，戏人的按子大多是平模，这种按子“模印成型”最简便，易于批量生产。头模是指为泥哨的头部或哨体的一侧制作的模具，多呈楔子形。据说杨广元做的摇头狮子是一绝，他先用头模翻制出头部，再贴上棉花做的白胡子，然后用弹簧连在捏塑而成的身子上，极其生动传神。

图 2　泥哨模具

三、哨坯工艺

哨坯所需工具有三种：一是模具（即“按子”），二是泥料，三是篾篾儿。篾篾儿就是透哨、塑哨用的工具，又叫签签儿，常用竹筷、木棍、高粱秆等物削制而成。

哨坯制作有以下十二步：一是搓条，就是从做好的泥料中取出一小块，搓成条状。二是入模，就是把条状泥料放入按子中用力挤压，使之形象饱满。三是定腔，泥哨成哨的原理是有纵横两腔，使气流受阻回旋，才能发声，这步就是取个齐头的篾篾儿，放至泥胎中部，然后用力捏合泥胎中部的篾篾儿头，哨子的纵腔、横腔的交叉点就形成了。四是纵腔，纵腔是与胎体垂直的哨腔，做法是将篾篾儿顺手立起，用力捏合，短粗的纵腔就形成了。五是刮胎，篾篾儿抽出后顺势刮平胎壁。六是出模，从按子开口的一头，按压住泥胎，轻轻使之与按子分离。七是横腔，横腔与胎壁平行的哨腔，做法是用一尖头篾篾儿从设定的一头插入泥胎，并与纵腔相交，纵腔比横腔窄长。八是磨壁，在横腔里的篾篾儿抽出之前，用另一篾篾儿磨平腔壁。九是透腔，抽出篾篾儿后用其捅透纵腔、横腔，保证哨腔畅通。十是试哨，嘴放在纵腔出口处试吹，气流通畅即可。十一是阴干，将泥胎放入室内自然阴干，可防止哨体干裂。十二是晒干，将哨坯拿到室外阳光下晒干。

哨坯工艺是娃娃哨工艺流程中的重要一环，它是成哨的关键，泥哨艺人说，纵横两腔孔的长短、宽窄、深浅等极其讲究，有时错出几毫米，哨就不响了，鱼东村的杨生海与祖、父三代皆以制哨闻名，哨声洪亮，成哨率高。

图 3　封神榜人物哨坯

四、焙烧工艺

焙烧是指一种低温烧制的工艺。鱼化寨娃娃哨的焙烧工艺很有特色，主要分为炕洞焙烧和专门焙烧两种方式。20 世纪 60 年代以前，大多采用炕洞烧制，当时娃娃哨大都在冬季农闲季节制作，家家户户都睡土炕，人们就自然发明了经济实惠的炕洞烧制工艺，一可取暖，二可烧制娃娃哨。80 年代，随着土炕拆除，泥哨市场下滑，制作量减少，炕洞烧制也被专门烧制所取代。

炕洞烧制，主要用麦糠、米糠、谷糠及秸秆儿等材料。在土炕的煨洞中，先铺一层糠，接着摆一层哨坯，再铺一层糠，再摆一层哨坯，可以反复放好几层，最后盖一层秸秆，将秸秆点燃，让火慢慢向下形成暗火，煨烤焙烧娃娃哨。一天一夜之后，娃娃哨方可取出，这也是鱼化寨制作娃娃哨的秘诀之一，称为“时对时”。比如，头一天18点放入煨洞到第二天18点才能从煨洞取出，这样既包括了十二时辰，又包括了白昼与黑夜，焙烧出的泥哨才能保证不炸不裂。

专门焙烧就是专门安排一个现场焙烧娃娃哨，有时还垒上一圈砖块儿挡风，像个简易砖窑。一次焙烧的娃娃哨数量一般为一两百个。前些天，艺人杨云峰制作了一套之前已经绝版的十二生肖，就是专门焙烧的，一次总共烧了20多个娃娃哨。由于糠已很少见了，他用锯末儿代替了糠，用刨花儿、木屑儿代替了秸秆，就是在自家院子里焙烧的，由于天晴无风，也没有做简易砖窑。泥坯烧好后，通体黑色，首先要用刷子刷掉胎体上粘连的草棒儿、灰渣儿，再用抹布擦掉浮灰，然后试哨，哨响了才算烧制成功，可以着色；哨不响就当成废品扔掉。

五、上　彩

民间流传着“三分塑七分彩”之说，可见上彩之重要。鱼化寨泥哨的黑色底色是焙烧后自然形成的，不是画的墨底。人民美术出版社2005年6月出版的《中国传统泥塑》第117页“墨底上彩”与河北美术出版社2003年12月出版的《中国民艺采风录·泥咕咕》第74页“将底色做黑”的表述似为不妥。上彩一般只是纯度较高的点染，很少有叠压或晕染等复杂技法。娃娃哨大批量生产时，都是流水线作业。正如艺人的描述：“一色一色地过，齐齐地画脸，齐齐地画衣服……”

早期上彩都是用颜色粉，要加胶熬制才能用，因为多在冬季制作，上色的时间一长，颜色就凝固了，所以老乡们还自己创作了保温装置。保温装置很简易，将熬好的颜色放入酒杯中，将酒杯放入装着热水的瓷碗中，将瓷碗放在一个铁丝架上，底下点一盏煤油灯即可。因为现在上色多用广告色与浓缩水粉颜料，所以就不存在这些问题了。

上完色后，还要上两遍清漆才算最后完成。早期常用熟桐

图 4　色彩保温装置

油或蛋清代替清漆。上过清漆后，色彩不但得到加固，还能与哨身融为一体，不会有浮土在表面的感觉。

鱼化寨"娃娃哨"在西安方言中说成"娃娃伞"。它在色彩上有四个特点：(1)黑。鱼化寨娃娃哨经过低温焙烧，自然熏成黑色，因选用的是黑垆土，连哨心也呈深灰色，就像穿了一身黑棉衣的陕西老农，极具乡土气息。鱼化寨艺人在着色时有意保留了很多黑底，"留黑"如同中国画的"留白"，有尚质重道的哲学意义。(2)简。娃娃哨的设色极为精简，一是便于批量生产，二是几代艺人反复推敲的结果。例如，在戏人泥哨中，一点朱砂就代表樱桃小口，两点白粉就代表两只高靴，留三道黑就代表三捋长髯……可谓"惜色如金"。(3)亮。娃娃哨用色纯度高、明度高，放置在黑底上，显得极为响亮，既统一协调，又鲜明强烈。观娃娃哨之色正如听秦腔："古典声情，雄壮悲激，宽音大嗓，直起直落"，有种淳朴粗犷之美。(4)写。泥哨的色彩均为写上去的，没有描眉画眼的雕琢感与脂粉气，虽然是流水在线彩，但色彩图式却是在统一中有变化，甚至能感受到艺人每一笔的呼吸与提按，丝毫没有机器流水线那种生硬冰冷和整齐划一。

鱼化寨娃娃哨在造型上也有四个特点：(1)小。娃娃哨的体量都不大，一般都在一两寸或两三寸以内。最大的一个娃娃哨是杨云峰研制的“埙哨”，约有十六七厘米大小，以关羽为外形，仿照原始乐器“埙”的发音原理制作。(2)简。自古“秦人尚简”，鱼化寨娃娃哨以戏人形象为主，而戏人多为柱形站立，简约率直，其直起直落，不单像秦腔，更像华山天险，人物形象一泻而下，其高亢激越，就像攀登千尺幢、百尺峡一样惊心动魄。(3)整。鱼化寨戏人泥哨与全国各地的泥玩具相比，没有天津泥人张的逼真，没有北京兔儿爷的华丽，更没有无锡惠山泥人的精致，但它形体像刀削斧砍过一般，没有枝枝杈杈，有朴拙雄浑之美。(4)意。鱼化寨娃娃哨是写意的，可谓“得意忘形，不似之似”。常常点画出要害之笔，其他便极尽简约，比如一拿鹅毛扇便是诸葛亮，一拿耙子就是猪八戒，一画红脸捋须便是关羽。有时人物还能通用，比如早期的娃娃哨中有一个挎篮女子，既可做秦香莲，又可做王宝钏。正如鱼化寨艺人所说：“是那个意思就罢啦。”

随着商品经济的冲击，郊区农村生活的城市化，西安民间泥哨由于“吃力不挣钱”而逐渐销声匿迹。曾经闻名遐迩的娃娃哨今日基本丧失了同娃娃的直接关系，变成了民间尘封的记忆。泥哨那精湛的工艺、率意的造型，已经沦落为记忆、文物、传媒意义上的存在。

传统潮州木雕民俗风物类题材分析

郭肖蕾[①]

（广东文艺职业学院艺术设计学院　广东广州　511400）

内容摘要　在富有潮州特色的民俗艺术中，潮州木雕是最能反映潮州文化地域特征和社会观念的文化载体，它被深深打上了"潮州人"的印记。潮州木雕题材包罗万象，大致可以将其分为伦理教化、祈福纳祥、程式化纹样以及民俗风物等四类。它们不仅仅是静态的"历史的遗留物"，也是潮州人鲜活民俗生活的反映，是潮州人为了生活的有序与精神的完满而主动进行的一种文化创造。

关键词　潮州木雕　民俗风物　题材　地域性

潮州木雕是明清时盛行于粤东的一种民俗艺术，因主要流行于旧潮州府属各县，故名。它广泛应用在建筑装饰、礼祭游神、家居以及案头摆设上，曾经在潮州人的生活中占据了非常重要的位置。

在所有享有盛名的潮州特色的民俗艺术中，潮州木雕是最能反映潮州文化的地域特征、包含丰富潮州社会观念的文化载

① 郭肖蕾（1976—　），安徽界首人，文学博士，广东文艺职业学院艺术设计学院讲师。

体，也是被深深打上“潮州人”印记的民俗事象。它不仅仅是静态的“历史的遗留物”，也是潮州人鲜活的民俗生活的反映，也是潮州人为了生活的有序与精神的完满而主动进行的一种文化创造。

潮州木雕题材包罗万象，大致可以将其分为伦理教化、祈福纳祥、程式化纹样以及民俗风物等四类。伦理教化是潮州木雕中最具精神教化意义的题材，这类题材主要通过历史故事、戏曲故事、神话传说等内容，弘扬人伦之轨、儒家之礼；祈福纳祥则表达了人们对美好生活的期许，内容包括功名利禄、多子多孙、招财进宝、福寿延绵等；程式化纹样包括各种博古图案以及常见的纹饰，如万字纹、夔龙纹、云雷纹、方曲、卷草、回纹、拐子纹、冰裂纹、步步高、菱花、柿纹等。其中在伦理教化、祈福纳祥及程式化纹样三类题材中出现了数量可观的中国传统题材，如“年年有余”“喜上眉梢”“二十四孝”“马上封侯”“松鼠葡萄”“瓜瓞绵绵”等。这种趋同性题材在其他地区的木雕中也是常见的，而民俗风物类是潮州人对现实生活的表现以及对自己生活环境中所见事物的描绘，这一类是最能体现潮州文化特色的地方性题材。民俗风物类题材主要包括江海水族、生活器具、生产场景、西洋人、湘子桥等五种，它们在潮州木雕中皆扮演着重要角色。

一、江海水族

江海水族是潮州木雕中常常出现的题材。潮州东南濒临南海，海岸线长，而且区内水网密布，有韩江、榕江、练江三条主要河流。韩愈的《南食诗》中写道：

鲎实如惠文，骨眼相负行。
蚝相黏为山，百十各自生。
蒲鱼尾如蛇，口眼不相营。
蛤即是虾蟆，同实浪异名。
章举马甲柱，斗以怪自呈。

其余数十种，莫不可叹惊。

……

聊歌以记之，又以告同行。

一席之间，鲎、蚝、蒲鱼等各种腥膻纷呈。宋元丰年间，彭延年隐居揭阳浦口村，写《浦口村居》五首，其中一首写道：

浦口村居好，盘飧动辄成。
苏肥真水宝，鲦滑是泥精。
午困虾堪脍，朝酲蚬可羹。
终年无一费，贫活足安生。

潮州地区的饮食习惯暂且不议，从这些记载中可以看出，本区水产资源丰富，江海水族在百姓生活中是处处可见的生物种类。再加上“粤东滨海地区，耕三渔七”，生活在潮州地区的人们期望水族丰收而过上年年有余（鱼）的殷实生活，潮州艺人也就自然而然地把江海水族作为木雕题材。在这类作品中，最让人称道的是位于潮州城南堤外的清代古庙横栽装饰“半畔蟹”，运用多层次镂通的技巧，表现出螃蟹正在蟹篓中挣扎爬行的生动姿态。广东省博物馆收藏的清代制作的蟹篓梁托，其雕刻水平已经非常之高。木雕艺人将梁托镂雕成一个稍稍倾斜的蟹篓，在蟹篓的口沿、篓身及底部雕有 5 只生动逼真的螃蟹，外围饰以树枝、树叶。雕工异常精细，蟹篓上的透孔、篓绳等细节都模仿得惟妙惟肖。

潮州人一直都很喜爱蟹篓这个题材。也正是在其启发下，新中国成立后潮州木雕艺人张鉴轩、陈舜羌在一块木材上创作出面面可观、玲珑剔透的圆雕蟹篓，后来又有技艺更精湛的虾篓出现，成为目前潮州木雕中最常见的雕刻形式。

正是因为潮州丰富的水产资源和渔业生活体验使艺人们有机会接触、观察、揣摩创作对象的姿态、动态，才在潮州木雕中出现大量的江海水族题材，若是没有对生活的真切体验，是断然雕刻不出如此传神的作品来的。

二、生活器具

潮州木雕所涉及的题材中还有一些潮州地区特有的民俗事象，如工夫茶具：茶杯、茶壶、茶罐、冲罐、茶炉及烧开水的锅、羽飞扇等。

潮州工夫茶是潮州人最喜好的饮品，几乎家家户户都备有一套工夫茶具。潮州人待客就是主人未及言语，就先开始冲泡工夫茶，将第一杯敬给客人，主客之间才开始慢慢叙谈。潮谚有："客来待茶茶要新，人要热情茶要烫。"走在潮州老街上，常能看见三五个老人坐在树荫下，面前是酽酽的工夫茶。在潮州，即使是个十几岁的孩子，都能熟练地掌握冲泡工夫茶的一整套步骤。

潮州人饮用工夫茶的习惯，也是慢慢形成的。最先把工夫茶作为一种品茶程式的名称载诸文献的，是俞蛟的《梦厂杂著·潮嘉风月》。俞蛟是浙江山阴人，乾隆年间任广东兴宁典史，他在《潮嘉风月》中记录了当时韩江六篷船的饮茶习俗：

> 工夫茶烹治之法，本诸陆羽《茶经》而器具更为精致。炉形如截筒，高约一尺二三寸，以细白泥为之。壶出宜兴窑者最佳，炉及壶、盘各一，惟杯之数，则视客之多寡。杯小而盘如满月。此外尚有瓦铛、棕垫、纸扇、竹夹。制皆朴雅。壶、盘与杯，旧而佳者，贵如拱璧。寻常舟中，不易得也。先将泉水贮铛，用细炭煮至初沸，投闽茶于壶内冲之，盖定复遍浇其上，然后斟而细呷之。

从以上引文中已经可以看出，当时所用的烹茶器具有泥炉、瓦铛、宜兴紫砂陶罐、花瓷小茶杯和茶盘，还有垫茶壶用的棕垫、扇火用的纸扇等，茶具已相当齐备。茶叶用福建茶，以及投茶、冲泡、淋罐、筛茶、品呷等程式，也和今天潮州人饮茶习惯相似。这足以说明，作为品饮程式的工夫茶至迟到这个时候已经存在了。

品饮工夫茶是潮州人生活中一个重要的民俗事象，有关工夫茶的题材也成为潮州木雕中比较特殊的部分。揭阳关帝庙前藻井处就雕了一套工夫茶具，木雕艺人将生活中使用的茶壶、茶瓯、锡罐等茶具作为题材，信手拈来，巧手雕琢，浓厚的生活气息便扑面而来。

三、生产场景

潮州木雕中还经常表现潮州人民生产的场景。截取耕田、插秧、收割、打粮四个典型生产场景，表现出人们种植水稻、辛勤耕耘、喜获丰收的过程，反映了潮邑发达的稻作文化。还有纺纱、卷线、织布、裁衣等场景，反映了潮州地区的妇女们纺织劳动的过程。

潮州地区的男子擅长精耕细作，女子擅长织绣，这在潮州地区各府志是频见记载的。嘉靖二十年，潮州知府郑宗古升任广西副使，翁万达写了一篇序文为他送行，序文里用自豪的语气写到了自己的家乡：

> 方志南海十郡并列，潮独称古瀛洲云，其地多隰泽良田，宜稻谷。秔稌之美，溢于四方。山海所藏，百物流衍。贾人宾客，重茧而来。

韩江三角洲和榕、练两江流域，“平原沃野，高下别壤，宜稻宜黍”，“素号产米之区”。但长期地少人多，生存空间狭小，促成潮州人精明务实、工趋淫巧的特点，体现在农业上就是精耕细作、轮耕套种，明清时期即有“种田如绣花”的说法。清乾隆年间，潮阳人郑之侨《农桑易知录》中对粤东特别是潮州地区的农田耕作技术进行详细的总结。他认为只要能够发挥人的主观能动性,因地制宜,就能充分地利用地力。潮州地区农作物种植向来有高产的记录,究其原因,是耕作者在潮州农业生产所体现的一种精益求精的精神。潮州人能把耕地拾掇得有条不紊,四季能耕作,时时皆有收成。精明的潮州人甚至还把屋角、田畔的边边角角都开垦出来种植农作物。潮州人就是凭着勤劳的巧手、细腻的心思,在人均极少的耕地上绣花式耕耘,把人类向土地索取食物的手段之巧发挥到极致。再加上潮州地区四季温暖,季季均可耕种,潮州百姓一年几乎没有闲时。潮州地区的《四季生产歌》描绘了潮州百姓繁忙的一年劳作:

> 正月落早种,二月荫南瓜,三月种地豆,四月茄开花,五月桃李熟,六月摘西瓜,七月采龙眼,八月剥麻皮,九月鱼菜齐,十月新为饮,十一月柑红皮,十二月梅开花,人力落,地不惰,老伯公,好说话。
>
> 风调雨顺年冬好,五谷老爷到我家!

潮州木雕中还有表现女子刺绣的场景。潮绣是粤绣的支系之一,粤绣和苏绣、蜀绣、湘绣齐名。潮绣起初为民间迎神赛会之用,《广东省志·二轻工业志》引述旧志称"正月灯,二月戏,清明墓祭。神台帐幔,描龙绣凤,仕女穿戴,咸饰彩缯"。城南安济圣王宫,每逢神诞日,乡民还愿祭神,神袍年年更新,"各以重金聘绣庄名师,一袍百数十金,其隆重虔诚,世不多见"。根据以上资料,可以推断明时潮地刺绣就已经很发达了,潮州女子更是在十一二岁就开始学习刺绣,"以针线互夸"。

到了清代,刺绣在潮州民间更为流行。康熙《澄海县志》记载"妇女之俗":

> 百金之家,妇女不昼出;千金之家,妇女不步行。勤于女工,帛虽盈箱,不弃其治麻。

清乾隆年间，潮地的绣品甚至输出到东南亚等地，成为潮州地区一大副业收入，故有“潮州珠娘免落田，银针绣出半年粮”之谚。

藏于广东省博物馆的一对通雕“耕织图”花板，制作于清代。花板选取了男子耕田、插秧、收割、打禾四个场景，女子则是纺纱、卷线、织布、裁衣四个场景。艺人在布局上没有采用传统“之”字形路径，而是使用四个格状空间来分配场景。场景与场景之间的分隔处理得颇有巧思，下个场景中的屋宇或者树枝伸上去做了上个场景的底部。从花板中表现的各个劳动场景来看，艺人是充分观察生活之后截取了最典型的劳动动作，形象生动，具有浓郁的乡土气息。

四、西洋人

从表现潮州地方题材的木雕作品来看，木雕艺人对于周围生活环境的变化也是非常敏锐的。他们继承但并不局限于传统雕刻题材，很乐意表现生活中出现的新事物。有关外国人的题材是潮州木雕中比较有趣的部分，在中国其他的木雕作品中很难见到。

潮州自古因为地理条件，很早就与海外有贸易往来。《宋史三佛齐传》中有“太平兴国五年，三佛齐番商李甫海，乘船舶载香药、犀角、象牙至海口……漂船六十日至潮州”的记载，表明宋代潮州就有作为海港的条件和出口的事实。此后，历代统治者对潮州与海外的贸易实行不同的政策，但无论是合法的还是违法的对外贸易活动一直不曾中断，与外国人的交流也一直在进行。与中原人相比，潮州人是较早与“番仔”（外国人）有联系的，揭阳城隍庙的“番仔”托梁就是例证。两个“番仔”深目凸鼻，和潮州木雕中其他人物的面目有明显区别。

1858 年第二次鸦片战争失败后，潮州是清政府被迫对外国人开放的通商口岸之一，1860 年在汕头开埠，设立海关。自此，潮州人面对越来越多的和洋人打交道的机会，“外人传教贸易，接踵而至”,并“散处州境各地”。洋人在潮州各地开办工厂、银行、邮局、船运公司,设置洋行,设立医院学校等。西洋货品及外来文化以其特有的优势渗透到潮州地区的民间生活中,潮州木雕中也出现了西洋人的形象,身着礼服,戴着礼帽,手持文明棒,开着汽车,或者中国人拉着洋车等题材。从这些木雕作品中可以反映出西方文化在潮州地区的传播以及潮州文化对外来文化所具有的兼容、消化、吸收并融会贯通的能力。

这一类作品中如圆雕洋人烛台,高 18 厘米,宽 10 厘米,厚 7.5 厘米,两个为一对,广州美术学院藏,制作于清末。鸦片战争以后,西方列强入侵中国,沿海地区的潮州人民比内地人民更早接触到侵略者,艺人们就把洋人的形象表现在自己的作品中。烛台底部为单膝跪立的圆雕洋人形象,头戴盔帽,凸鼻深目,蓄须,手捧花瓶状烛台。艺人将洋人的形象做单膝跪地捧烛台状,不乏戏谑嘲弄的意味。通雕“汽车洋人”花板,长 34 厘米,宽 16 厘米,厚 2 厘米,制作于民国时期。花板中分别雕有开着汽车和拉着洋车的两组人物,两组人物还互有呼应,在木雕这一中国传统民间艺术形式里出现了汽车和洋车,可见现实生活是潮州木雕艺人取之不尽的创作源泉。

潮州木雕艺人们耳濡目染的是潮州地区的民情民俗,乡土文化和民间生活就成了艺人们取之不尽的创作源泉,而且他们还善于将生活中出现的新事物通过木雕表现出来,反映出鲜明的地域文化特色。

五、湘子桥

湘子桥也是潮州民间艺术中特有的地方题材。广济桥,俗称湘子桥,可算是潮州地区最有名的桥了。它在潮州古城东门外,横跨韩江,全长 500 多米,在 1958 年改建前,是以梁桥和浮桥相结合的,在中国桥梁史上独树一帜。广济桥创建于宋乾道七年,最早称为“康济桥”。潮州城东的韩江是一条径流量变化极大的大江。《三阳志》说:“沙平水落,一苇可航。雨积江涨,则波急岸远。”韩江的汛期一般从 4 月开始，到 9 月才结束。在汛期里，韩江中流风急浪猛，渡船一天只能开回四五次，常有船翻人亡的祸患。潮州知府曾汪决心解决这一问题，建成的桥梁，由 86 艘木船连缀而成，又在江心水势较缓处筑起一个石洲，把浮桥分成东、西两部分，这样的设计能更好地承受水流的冲击。曾汪也自豪地说：“昔日风波险阻之地，今化为康庄矣。”所以命名为“康济桥”。此后，在 60 年的时间里，由近 10 位州官主持，又在韩江河道上分东、西两段建起 22 个桥墩。明宣德十年，知府王源主持了规模空前的重修，23 个桥墩全面加固，墩上加梁，梁上铺厚板，板上再铺砖。又在桥上建起 126 间亭屋，亭屋间建起 12 座楼台。江心急流处仍用 24 艘船连成浮桥，浮桥用 3 根铁索固定着，每根铁索达 4000 斤，这时才正式更名为“广济桥”。嘉靖九年又把浮船改成 18 艘。雍正三年，又在浮桥两边的石墩上铸造了两头铁牛以镇水，谁知其中的一头因为洪水坠河，只剩下一头，也成为广济桥上一景。潮州民谣说：“潮州湘桥好风流，十八梭船廿四洲，廿四楼台廿四样，两只铁牛一只溜。”就像民谣所唱的，广济桥的风流在于独特的“十八梭船廿四洲”的形式。广济桥会这样设计，虽是不得已而为之，但造就了独特的建筑形式，在外观上避免了石梁桥过于平直的缺陷，显示出变化的生动，反而为观者提供了审美的愉悦。

道光廿二年，广济桥又开始大修，每座石墩南、北两侧都建了庙宇、茶亭，一共建起 24 对庙亭。因为桥墩的修复是由官绅、商人各自捐资的，工程分别开工，所以建成的庙亭风格也各不相同，于是民谣里就有了“廿四楼台廿四样”的说法。这些庙亭与 400 年前桥上的楼阁差别甚大，不过，它们同样给了广济桥一个与众不同的外部形式。

后来，桥墩上的庙亭被改成了店铺。同治七年，英国人约翰·汤姆森为广济桥拍摄了第一张照片。他在照片说明里写道：“潮州韩江桥也许是中国的一座最值得一提的桥梁。它和伦敦老桥一样，它们都为城市提供了一个可供居民做生意的地方。"到清末民初，桥市仍是广济桥的一大特色。至今潮州仍有"到广不到潮，枉向广东走一遭；到潮不到桥，枉向潮州走一遭"的说法。

潮州市博物馆收藏一对"湘子桥图"木雕，由两幅组成，各高54厘米，宽32厘米。构图独具匠心，其内容取材于潮州湘子桥的实景。潮州民谣："潮州湘桥好风流，十八梭船廿四洲，廿四楼台廿四样，两只铁牛一只溜"的景观，十分完善地组织在图画里。这幅浮雕，有不同形态的人物25人，其中有乘轿出行的显贵，有提篮小卖的小贩，有挑担访亲的串门客，有打着螃头鬓、缓步行走的妇女，有人撑伞遮阳赶路，还有人凭窗闲眺风景。个个形态生动，栩栩如生。此外，奔腾韩江，清幽古寺，桥墩亭阁，十八梭船，镇水铁牛，以及东门城楼等，都井然逼真地再现在画面中。

广东省博物馆也收藏有一对浮雕"潮州风俗图"花板，高58厘米，宽34厘米，厚3厘米，制作于清代。这对花板表现的就是潮州城外韩江两岸的景色，城墙高耸，韩江上波浪起伏，舟楫交错。雕工和表现传统题材的作品相比，显得粗犷有力。这对花板本来是髹以金箔的，但后来金箔被人刮去，露出深红色的"金地漆"。湘子桥作为潮州地方性风物，在民众之间具有认可度和识别性，容易转化为木雕的艺术题材。

晚清后，随着潮州木雕技艺的进一步成熟完善，许多艺人在题材处理方面的随意性提高了，以日常生活场景为题材的木雕作品逐渐增多。他们不再拘泥于按师徒相授的粉本创作，而是根据自己对生活的观察和理解进行自己的创作。除了传统趋同性的题材外，潮州艺人对于表现现实生活题材的兴趣非常浓厚，他们将身边所见的新事件、新事物作为木雕的新题材。题材的内涵，则由宗教的、伦理的，向世俗的、审美的方面转化。正是因为这些描绘百姓身边生活图景的题材，使潮州木雕具备更浓郁的乡土气息，显示出更加鲜明的地方色彩，同时也是保持其旺盛生命力的根源所在。

初探嵊泗海洋剪纸

彭　纲　吕佳燕[①]

（浙江师范大学文化创意与传播学院　浙江金华　321004；
浙江师范大学美术学院　浙江金华　321004）

内容摘要　嵊泗海洋剪纸主要流行于舟山嵊泗地区，因其题材特定、造型独特，又被叫作渔家剪纸或海洋剪纸。其在题材上主要分为民俗活动、海洋生物、宗教文化、日常生活、民间文学、当下时事六大类；在造型上以海鸥纹样、鱼纹样、贻贝纹样、桅网船纹样、海螺纹样为主要特色；构图上运用了现代和传统结合的方式，追求阴阳平衡，讲究元素数量的含义。这种具有浓郁地方特征的剪纸也被运用到了各种生活用品当中，并逐渐向旅游商品发展。

关键词　嵊泗　海洋剪纸　非物质文化遗产　风格

嵊泗海洋剪纸最初叫渔家剪纸或海洋剪纸，萌芽于20世纪50年代末，发展于80年代初。早期的海洋剪纸主要是渔嫂或渔民为祭祀而创作的一种剪纸。每逢过年，人们都会剪年年有余、“福”字等拥有美好寓意的窗花贴于窗户上，也会剪一些小梅花用于装饰祭祀的供品。在“文化大革命”期间，剪

---

① 彭纲，浙江师范大学文化创意与传播学院副院长，副教授；吕佳燕，浙江师范大学美术学院研究生。

纸因被列为“四旧”而消失了一段时间。改革开放后，渔嫂们又重新拿起了剪刀进行创作，在这次“重生”中，嵊泗海洋剪纸受到了当时各方文化和技术的影响，在作品上也有了新的突破，人们开始在原本单调的“福”“喜”“寿”等字样周围添加漂亮的特色纹样，使得剪纸作品的样式更加灵活多变，内容更加丰富立体。

2006 年，嵊泗发展出一支较大的民间剪纸队伍，由陈士定带领，成员的职业多为渔民、渔嫂。队伍组成后，他们开始互相分享自己实践中发现的或是从老一辈处继承而来的剪纸技巧和造型，并将这些要点进行了一次系统的整理，同时对海洋剪纸在众多剪纸中的特色性和文化性进行了更加明确的定位。

陈士定作为队伍的领头人，已与剪纸结缘 67 年。他出生在一个有着十多户家庭的大家族中，每逢过年，院里的奶奶们就会开始剪窗花或祭祀用的小梅花，他也像模像样地在旁学习着。1976 年，他出任了村里生产大队的团支部书记，每当青年人结婚时，他便会剪双喜送给新人们当礼物，渐渐地，他开始对剪纸进行了更深一步的研究。退休后，他便全身心地投入剪纸创作中。

2007 年 7 月，嵊泗承办了“江河湖海”剪纸艺术展，通过这次展览，这支队伍的作品正式与大众见面并得到了人们的认可。随着越来越多的人开始对海洋剪纸感兴趣，更多的展览也陆续开展起来。2012 年，在上级文化部门的帮助下，陈士定海洋剪纸工作室落成，开展了各项剪纸活动，少年宫培训班、舟山海洋大学学分制班等陆续开办了起来，剪纸团队也从 1 个发展到了现今的 22 个，越来越多的优秀作品也陆续获得了国内外各大比赛的认可，更有一些作品被中国农业博物馆、中国妇女儿童博物馆及海外私人收藏家所收藏。2013 年 6 月，海洋剪纸被舟山市人民政府列入第五批舟山市非物质遗产保护名录，正式改名为嵊泗海洋剪纸。

一、嵊泗海洋剪纸的题材

嵊泗海洋剪纸多以海洋或与海洋有关的人、事、物为题材进行创作，这也是它区别于其他剪纸的重要特征。从题材上基本可以分为以下六类：民俗活动类、海洋生物类、宗教文化类、日常生活类、民间文学类、当下时事类。

1. 民俗活动类

嵊泗海洋剪纸的最初起源就是在婚丧寿庆的民俗活动中，早期的剪纸作品都以简单的汉字为主，主要注重其实用性。改革开放后，人们开始在字周围加上复杂的纹样来表达更多的含义。如“喜”字周围会添加龙凤、对鱼、牡丹等纹样来增添如意吉祥、成双成对的美好寓意；“喜”字纹样也有了更多的变化，如两只螃蟹、两条鱼、两只海鸥、两艘船中间一个“喜”字，“合蟹”谐音“和谐”，两条鱼寓意多子多福，两只海鸥寓意比翼双飞，两艘船寓意夫妻同心等。每逢节庆，人们还是保持着送剪纸这一美好的习俗，很多的优秀作品也在此期间产生。

2. 海洋生物类

渔嫂和渔民日常生活中最熟悉的莫过于海洋生物，于是海洋生物理所当然地成为最初期海洋剪纸创作的题材。作品中最常见的有螃蟹、虾、海螺和各种海鱼。海鱼中以四季鱼讯最为有名，每一个季节都会有一种主要类型的主要鱼群，春季为大、小黄鱼，夏天为墨鱼，秋天为鲳鱼，冬天为带鱼。作品《海中芭蕾》便是典型的以海洋生物为主题的作品。

3. 宗教文化类

龙王、妈祖、观音是嵊泗渔民笃信的三大神。在祭祀中，剪纸主要用于装饰和寄予美好愿望。嵊泗的东部一直被认为是东海龙王的居所，对“海龙王”供奉是渔民一直以来的习俗，人们每到固定的日子就会进行祭祀来祈求家人出海平安，一帆风顺，也有部分家庭会在过年时将剪纸作品“太平尊神”贴于家中的灶头上进行供奉。

4. 日常生活类

记录日常生活类的作品是在2006年成立剪纸队伍后才出现的创作题材，这种题材的出现丰富了海洋剪纸的题材内容，首次出现了以人为主体的剪纸作品，为海洋剪纸开辟了一条新的道路，是一次重要的创新和改变。这类主题主要以记录渔民的日常生活场景或生活情感为主，如渔嫂们围坐在一起织网，渔哥、渔姐在舢板上讲情话，渔家院子中晒鱼干，渔民打鱼劳作等情景。

5. 民间文学类

在海岛这一独特的生存环境下，嵊泗有着很多关于海洋的传说，如美丽善良的海螺姑娘、勇敢勤劳的开拓者、沉入海底的巨大宝藏、惊险刺激的航海故事等。民间文学类的作品就是对这些作品进行形象再塑造或场景再现。如《海螺姑娘》就是以海螺姑娘的美丽传说为基础而创造的。

6. 当下时事类

这一题材的作品是后期才开始出现的一种作品形式，代表作品有陈士定创作的《圣火传递到渔家》，曾获得过北京“迎奥运”剪纸艺术展铜奖，之后这幅作品便被中国农业博物馆收藏。这种以当下时事为主题进行创作的作品多以参加比赛、展览，传播海洋剪纸文化为目的，创作中首先对主题时事进行关键形象提取，之后运用夸张、变形等手法，融入海洋特色，最后加入特色纹样进行装饰。

二、嵊泗海洋剪纸的特色纹样

嵊泗海洋剪纸在造型元素上结合了传统纹样和自己的特色纹样。海洋剪纸特别讲究寓意，追求让每一幅剪纸都会“说话”。每一种特色的图案都会通过谐音或者意象寄寓一个吉祥的含义，有些纹样背后也蕴藏着美丽的传说。

海洋剪纸中运用到的传统纹样主要有云纹、锯齿纹、月牙纹、鱼鳞纹、圆纹、水纹，其中水纹在海洋剪纸中被叫作波浪纹。对这些最基本元素的重组与变形，形成了海洋剪纸具有自身特色的纹样，最多变的就是鱼鳞纹和水纹，同一幅作品中就有可能会出现三种以上的海波纹和四种以上的鱼鳞纹。这些纹样也是海洋剪纸区别于其他剪纸的重要标志。

1. 海鸥纹样

所谓“江版（海鸥）飞进港，天气要打暴”，大致意思是说每当海鸥飞进港湾的时候，海上就要起暴风了。因此，海鸥又有“平安鸟”的美称。海鸥纹样是陈士定老师创造的，灵感源自100多年前的一个故事：陈士定老师的二爷爷有次出海打鱼，一只海鸥撞到了船桅杆，掉到了甲板上，渔民们正准备把它吃掉时被二爷爷阻止了，后来他们将受伤的海鸥在船上养了一周，等它痊愈便放走了。之后有一天，渔民们正在打鱼，突然在船只上方聚集了一大群海鸥，好像在传达某种讯息，这时，二爷爷突然领会到要起风了，便召集周围10多条船只迅速地逃回港湾，接着海上就刮起了飓风。于是，在渔民间就有了“海鸥报恩”的说法，二爷爷也从此被戏称为“江版（海鸥）老大”。

嵊泗海洋剪纸有着很深的海鸥情结，几乎每一幅作品都会有海鸥纹样出现，同时海鸥造型在其他地域的剪纸作品上几乎是不会出现的。在海洋剪纸中，海鸥的造型主要可以分为阴形和阳形两种，阳形的海鸥纹样会比较具象，如图1，在画面中主要用于表现海鸥本身、装饰天空或连接主体造型；阴形的海鸥纹样通常比较抽象，如图2，主要用于装饰，既表示海鸥本身，同时也可以被看作浪花和大海。在数量上，海鸥一般以一对或者成群的形式出现。

在现今的剪纸创作中，海鸥更是被赋予了拼搏、勇敢、开拓、自强不息和自由等精神，每一幅反映渔民劳作的剪纸作品里必定会有海鸥。

图 1　阳形海鸥纹样

图 2　阴形海鸥纹样

2. 鱼纹样

嵊泗是一个有着“鱼崇拜”的地方。嵊泗的人们认为，鱼就是他们的守护神，是他们生活的依托和保障，也是他们文化中最重要的象征。剪纸中，鱼的出现通常寓意了年年有余；由于鱼每次会产成千上万个卵，所以也有多子多福的寓意。嵊泗海洋剪纸在鱼的造型上很自由，一幅剪纸作品中几乎所有的部分拆分开了看都是一条条的小鱼，在鱼头、鱼身的造型上非常灵活与多变。

(1)鱼头的造型。

海洋剪纸非常注重鱼头的表达，尤其是鱼的眼睛，在民间，有着“鱼眼就是龙眼，小鱼就是小龙”的说法，因此，一条鱼是否生动也全都集中在这鱼眼中。鱼头通常用圆形、月牙形、锯齿形、海鸥形这四种基本图形排列组合进行阴刻来表现，在一幅作品当中会出现多种鱼头的表达形式，通常按照主次和鱼的大小进行分配，用一个数学公式表达的话，就是“圆眼月牙腮”＜“月牙眼月牙腮”＜“圆眼锯齿腮”＝“月牙眼锯齿腮”＜“月牙眼海鸥腮”＝“圆眼海鸥腮”，从图 3 中我们就可以明显地看到“月牙眼锯齿腮”的鱼比“月牙眼月牙腮”的鱼在画面中的比例更重。

(2)鱼身的造型。

海洋剪纸中的鱼通常为海鱼，海鱼有成千上万种，造型各不相同，有些甚至超出了我们的想象。因此，海洋剪纸在鱼身的造型上也显得非常自由，通常有月牙纹、梅花纹、波浪纹、鱼鳞纹、几何纹等，有时也会出现只有鱼头没有鱼身的造型方式。在众多鱼的造型中，最有代表性的为“梅花鱼”，梅花鱼的特点为鱼身没有复杂的鱼鳞，鱼身的中间有一朵梅花图案，如图 3。梅花鱼主要用于表现小型或中型鱼，一般大鱼的鱼身会采用套刻的手法，即将大鱼的鱼身当作一个区域，在里面再绘制一个场景或事物，如图 4 所示。

图 3　梅花鱼　　　　**图 4　大鱼鱼身套刻**

(3)鱼纹样地域对比。

嵊泗海洋剪纸中的鱼纹样造型不仅与其他较远地域的鱼的造型有着很大不同，而且与邻近区域也存在着巨大的区别，如图 5。通过同样主题与类似构图方式的两幅剪纸的对比，不难看出，左边为嵊泗海洋剪纸，右边的是宁波余姚剪纸，余姚剪纸中的鱼更加写实，滚圆的鱼身，加上整齐的鱼鳞纹，而嵊泗海洋剪纸则更注重其生命力的表现，展现其动态美的一面。

3. 贻贝纹样

贻贝是嵊泗特产的一种贝类。众所周知，贝壳在古代曾作为货币存在过，因此，贻贝常常被用来表示财源滚滚的寓意。在贻贝的造型上，通常用月牙形、锯齿形、花形和铜钱形进行装饰，贻贝一般应用在对称剪纸中较多，通常以一对的形式出现，由于贻贝造型非常特别，也是嵊泗海洋剪纸标志性的纹样之一。如图 5 中的左图所示。

嵊泗海洋剪纸

宁波余姚剪纸

图 5　嵊泗海洋剪纸与宁波余姚剪纸鱼纹样对比

4. 桅网船纹样

桅网船又被称作“夫妻船”，是渔民出海捕鱼的一种作业形式。开始时两条船并行，网在中间，两头的绳子分别系在两条船上，收网时，桅船将绳子交给网船，再拿另一根粗绳将两船链接，网船横着，桅船竖着，形成一个“丁”字形，然后开始起网。桅网船体现了劳动人民同心协力的美好精神，后常被用于形容夫妻同心同德。造型上一般只表现船头，遵循左右对称原则，船头部分会阴刻一只月牙形的眼睛，显得更加生动，也会被想象成鱼，是船也是鱼。见图 6。

5. 海螺纹样

海螺又称“平安螺”，在出海时，渔民都会吹响海螺来鼓舞士气，回来时也会吹海螺来告知家人平安归来。一声螺号为出海，两声为回港。因此，每当海上螺号响起，就意味着出海的渔民们满载而归，是吉祥的象征。海螺的形象一般以八角螺为雏形进行创作，用波浪纹或锯齿纹来表现螺表壳的凹凸感。见图 7。

图6　桅网船纹样

图7　海螺纹样

6. 其他纹样

另外，还有许多其他常用的纹样，如寓意海枯石烂的礁石纹样，表示考试顺利的海葵或墨鱼纹样，象征“福禄寿喜财”的梅花纹样，以及船锚纹样、船舵纹样、海马纹样等。

三、嵊泗海洋剪纸的构图与技巧

1. 阴阳平衡

在嵊泗海洋剪纸中，特别注重阴阳平衡。如图8《港欣鱼跃》从上到下看分别是阳、阴、阳、阴，左边的一条鱼以阳刻为主，右边则以阴刻为主。相近的两条鱼，鱼眼和鱼鳃的造型也必定不同，在变化中追求一种平衡。人的脸部一般用阴刻进行留白，让整个作品看起来更加舒服。

图8　《港欣鱼跃》

2.传统与现代结合的绘画式构图

构图上，与其他地方多为平面构图不同，嵊泗海洋剪纸结合了很多现代绘画技巧，更加注重层次关系，明暗处理，远景、近景的区分，透视关系的处理。嵊泗海洋剪纸比较偏爱在一张纸上进行绘画式的剪纸创作，每一个形象都形态各异，活泼生动。同时，大量的鱼纹装饰，在构图上，有种方法叫“三角鱼头”构图法，只要是三角区域都可以剪成一条鱼，只要加上鱼眼、鱼鳃，这条鱼就基本成形了。

3.元素的数量含义

在嵊泗海洋剪纸中，元素的数量在某种程度上也表达了一种含义，而且是特别讲究的，比如，送给生意人的剪纸中，可以出现八条鱼、八个浮子等数量为八的元素，但是送给公务人员就不行，因为“七上八下”，八是不吉利的。有句口诀是这样说的：“一个铜钱一本万利，两个铜钱两人同心，三个铜钱三元接地，四个铜钱四平八稳，五个铜钱五福临门，六个铜钱六六大顺，七个铜钱七窍玲珑，八个铜钱八八大发，九个铜钱九五至尊，十个铜钱十全十美。”将铜钱换成鱼、海鸥或者浮子也同样可以表达这些意思。

4.色　彩

嵊泗海洋剪纸多以单色为主，最常用的颜色为红、蓝、黑三色。与其他地方的剪纸色彩不同，嵊泗海洋剪纸在颜色上钟爱红、蓝两色，通常会将红、蓝两纸进行叠加刻剪。完成后进行比较，选择一幅更应和主题的作品。蓝色作为大海的颜色通常用于表现一些风景和具有地域特色的生活劳作场景；红色看上去更加喜庆，多用在寄寓美好愿望的民俗活动中。对于想象力极为丰富的海的儿女来说，颜色并不是束缚他们创作的因素，有时，黑色、黄色、绿色等其他颜色也会出现在各个作品中。

5.技　巧

嵊泗海洋剪纸前期的准备步骤与普通剪纸相同：起稿，描线，装订。嵊泗海洋剪纸大体上需要剪刻结合，以剪为主，以刻为辅。在剪的顺序上遵循“四先四后”原则：先里后外，先上后下，先左后右，先难后易。如剪贻贝，先剪贻贝身上的花纹，从左到右地剪，再剪贻贝的轮廓。但是在剪鱼时，有一条非常奇怪的规定——“剪鱼先剪眼”，然后再是鱼鳃，最后是鱼身，这样这条鱼才能活灵活现。如果先剪了鱼尾，那么这条鱼就失去了灵性，是个失败的作品。最后一步：装裱，目前最常见的三种装裱方式有卷轴式、相框式和书签式。

在嵊泗，舞龙、看花灯、开渔节、祭祖等民俗活动至今都还一直保留着。龙王、妈祖是人们的心灵寄托，希望出海渔民能平安归来，高产高收。在这样一个充满民间信仰的环境下，剪纸这一具有浓郁地方特色的活动被运用到了各处。在改革开放前，剪纸最主要的应用还是在祭祖上，或者用于女人穿的鞋面刺绣花样、小孩的肚兜花样。改革开放后，随着商品经济的快速发展，剪纸纹样因其特色样式被应用到很多生活用品当中，如挂历、拖鞋、明信片、杯垫、T恤、贺卡等，在一些特殊的节庆时，也会被应用到舞台美术中，具有很强的装饰性。近几年，海洋剪纸的纹样越来越受到艺术创作者的青睐，这些纹样被视作最能表现嵊泗特色文化的元素。因此，海洋剪纸的创作不单单局限于纸上，也出现在布料上、木材上、透明塑料片上、玻璃瓶上等。如在2015年(羊年)的灯会上，入场的布制拱门旁的两头羊就用了嵊泗海洋剪纸的造型风格：贻贝纹样的羊角、梅花纹样和鱼纹样的身体。由于嵊泗海洋剪纸具有较强的可塑性，今后它将以特色图案的形式被运用到更多其他的艺术创作中。另外，嵊泗旅游业的日益兴盛，游客们对海洋剪纸的青睐也注定了它将被运用到更多的旅游周边产品的生产中。

嵊泗海洋剪纸在嵊泗地域内家喻户晓，如今学习的人数在不断地增加，传承人的队伍也在日益扩大，可以说嵊泗海洋剪纸前期在剪纸爱好者们自发的组织下得以传承与保护，之后在相关部门与群众的共同帮助下正在努力发展与传播着，相信它会以它独特的纹样、巧妙的构图，吸引更多的爱好者加入这个队伍，将这一文化继续传承与发展。

山西寿阳剪纸的生存与发展现状探析

霍文花[①]

（浙江师范大学文化创意与传播学院　浙江金华　321004）

内容摘要　山西地处黄河流域中游，是中华民族的发祥地之一，也是我国农耕文明的发源地之一，有着悠久的历史和深厚的文化底蕴。山西的剪纸艺术已流传了千百年，是山西人的精神寄托。其中，山西省寿阳县的寿星剪纸被列入山西省第三批非遗扩展项目。而近几年，寿阳剪纸的生存和发展现状并没有呈现出欣欣向荣的景象。本文通过对寿阳剪纸艺人的访谈，简述寿阳剪纸的生存和发展现状并提出相应的传承保护措施。

关键词　寿阳县　寿星剪纸　非遗　现状

一、寿阳剪纸概况

寿阳县，隶属于山西省晋中市，位于山西省东部。寿阳因居寿水之阳而得名，又因北有神蝠山，西有寿水，南有长寿山而名“福寿之乡”。至 2013 年，寿阳县辖 7 镇 7 乡，共计 206 个行政

---

① 霍文花，女，浙江师范大学文化创意与传播学院民俗学研究生。

村。《寿阳县志》记载:“南极仙翁老寿星出生在寿阳‘黄岭豁’。”在寿阳的圣佛山、神蝠山、鹿泉山,长岭的长寿山等地发现了“寿星洞”“寿星桥”“寿星泉”“寿星飞仙石”等文化遗存。2007年5月,中国民间文艺家协会正式授予寿阳县“中国寿星文化之乡”称号。

据史料记载,我国民间剪纸艺术已有千年历史。民间剪纸是我国传统的民间美术形式之一,它是劳动人民自我创作、装点生活、延续传统、表达情感的一种艺术手段。由于剪纸材料和工具简便、易获取,且其工艺简洁,色彩明快,情感朴实,易掌握,因而成为广大民众业余生活的重要文化表现形式。

中国剪纸起源一直众说纷纭,寿阳剪纸亦是如此,其起源于何时也无法准确判定。今天的寿阳剪纸作品原材料以红纸、五色彩纸为主。工具有剪刀、针锥、蜡版、雕刀、白毛头纸、染色颜料、铁丝、木墩、绘制的草图、纸捻等。在数百年的继承衍变中,寿阳剪纸吸收了多种文化因素,除具有北方剪纸的夸张、简练、质朴、粗犷等风格外,也逐步形成了蕴含寿阳本土山川人文的独特地域风格和艺术特色。在寿阳县民间多流传福寿剪纸,以简洁明快、造型洗练、故事性强等特点闻名全国。寿阳县的众多剪纸艺人中以石秀山、米兰英、李俊娟、胡秀珍、赵玉娥、张翠花、袁彩秀、王森玉等人为代表,他们精心创作,学习交流,其创作的剪纸主题明确,立意高雅,率性天然,造型独特,寓意深远,对各种民间传说进行创意性加工,代表作达1000余件,反映了寿阳悠久的历史、灿烂的文化,被人们称为寿阳的“万花剪”。

目前,在寿阳县有一批较为成熟的民间剪纸艺术家,这些创作者中年龄高者七十开外,年龄小的三十出头。寿阳剪纸是深深根植于乡土的民间艺术,形成了以县城为中心,辐射宗艾、南燕竹、景尚、平头、平舒等城乡村寨,且各自具有独立的流派和风格。以地域可分为朴拙自然的南乡剪纸和原始厚重的北乡剪纸,以职业、题材可分为旅游类、民俗类、传说类、寓意类等。

寿阳县城的米兰英、石秀山、李俊娟、胡秀珍等人,既接受了现代教育的熏陶，又潜入民间历史汲取营养，其剪纸作品将山川景点、民俗历史、传说典故等元素融会贯通，为其所用。如《寿星与八仙》《寿阳六景》《绚丽人生》等。在造型理念上，有的采取卡通漫画式的变形夸张手法，使作品具有一定的幽默诙谐意味；有的采取《清明上河图》式的散点透视全景式结构，给人以饱满丰厚的艺术享受。

南燕竹小北河村的袁彩秀、张翠花等，她们身居寿星故里，对民间传说中的老寿星情有独钟，故而创作的剪纸大都以寿星传说故事为题材，涉及人物的有南极仙翁老寿星、中华始祖轩辕黄帝，涉及山川的有神奇秀丽的鹿泉山、北神山，作品中充满了华夏上古时期的原始气息和厚重之感。[①]

宗艾村有王森玉、赵风仙、张秀兰等组成的兰花苑文化大院剪纸社，她们共同创意、分工协作，把民俗中的吉祥寓意和历史故事有机结合，作品既富于历史文化的底蕴，又体现民间祥瑞的祈愿。

景尚乡北下洲的赵玉娥与松塔镇的袁果梅，家居浮化山、七岭山麓，受佛教文化浸染，其作品表现的则是女娲造人、嫘祖教织、生命图腾、动物崇拜等内容，其构图造型奇异神秘，想象丰富大胆；同时，还将现代生活元素杂糅其中，如计划生育、奥运福娃等，达到了儒道与佛禅、古典与现代的有机融合。[②]

二、寿阳剪纸的发展现状和传承困境

近年来，在现代化、科技化的影响下，社会变革速度加快，许多传统民间工艺的发展与传承越来越不适应现代社会发展的要求；同时，现代民众对传统文化缺乏主动传承精神，青年一代更多地关注流行文化，而很少有人愿意静下心来关注传统文化。加之剪纸这门技艺需要浓厚的兴趣和多年甚至终身的学习，不

---

① 2014 年 8 月田野调查，由寿阳县文化馆提供的内部资料。

② 同①。

能迎合大多数人的利益诉求，自然不那么受青睐。[①] 随着城市化发展导致的农村空心化，愿意传承非遗的农村年轻人缺少资助，而许多城市又缺少传承和展示非遗的场所。因此，传统文化的传承与发展面临诸多的困难和挑战，寿阳剪纸亦是如此。

（一）社会关注度有待提升

2011 年，寿阳福寿剪纸被列入山西省第三批非物质文化遗产名录。寿阳县文化馆为了扩大其影响力，多次举办“福寿之春民间剪纸作品展”“福寿剪纸流动展”，在每年一度的寿阳爱社傩舞艺术节上，寿阳福寿剪纸都要与当地各个非遗项目进行展示交流，组织艺人们进行创作研讨，先后多次举办福寿剪纸研讨会和培训班，从而让寿阳福寿剪纸受到更多关注。但是在 2014 年 8 月 8 日实地考察第五届寿阳爱社傩舞艺术节上，笔者并没有看到文化馆的人在组织艺人们进行创作研讨，且“福寿剪纸流动展”也被放在一个不起眼的地方展览，并没有吸引很多人去关注，且大多作品都是往年的。

近年来，寿阳当地政府和文化馆正努力改善项目和剪纸传承人的传播力和影响力。2010 年，王森玉、张翠花、袁彩秀等人的剪纸作品参加了北京农博会。2010 年 10 月 28 日至 11 月 1 日，杭州和平国际会展中心举办第十一届中国工艺美术大师作品暨国际艺术精品博览会，寿阳县民间艺人石秀山、米兰英夫妇的剪纸作品《寿阳六景》（一组六幅）入选“百花杯”评奖作品序列参展，这是寿阳县工艺美术工作者首次参加此类大赛并展出作品。2013 年山西省文博会中，寿阳剪纸传承人赵玉娥、李俊娟、胡秀珍等人的剪纸系列作品《寿星与八戒》参加晋中市首届民间手工技艺大赛并获奖。2014 年 9 月 26 日，寿阳县首届“寿阳福寿剪纸艺术节”在五峰山龙泉寺景区隆重举行，共展出全县 49 名剪纸艺人的作品，有民间社火、福寿文化、农耕文化、民俗文化

---

① 贾吉泳：《非物质文化遗产保护现状及其传承问题——以乌市七坊街剪纸工艺为例》，《剑南文学（经典教苑）》2013 年第 6 期，第 270 页。

等八大类200余幅作品，并为福寿剪纸艺术节组织者和福寿剪纸传承人颁发了证书。通过参展和参会，希望寿阳剪纸的知名度和影响力能够得到逐步提升。

(二)剪纸技艺传承人的断代与缺失

通过走访宗艾村的王森玉、景尚乡北下洲的赵玉娥、南燕竹小北河村的袁彩秀、县城旅游局的石秀山，笔者感触颇多。剪纸艺人除了在县城的石秀山、米兰英、李俊娟、胡秀珍等之外，其他人都在农村。在寿阳县城的石秀山夫妇由于本身是知识分子，所以他们的视野很开阔，他们的作品融合新事物较多，且利用工作之便参展和外出的机会较多。石秀山对剪纸的进一步传承和发展也更为关注，他觉得应梳理一些剪纸方面的理论及教材，多办一些培训班来扩大影响力。但寿星剪纸并不是光靠他们几个人的力量就可以扩大其整体影响力的，在农村生活的王森玉、赵玉娥、袁彩秀，她们的作品也是有极高价值的，但她们的思想比较封闭，且外出的机会少，都在忙于农活，年龄又都偏大，大概都在50—70岁之间，经济大都比较拮据，来往县城的路费对这些艺人来说也很奢侈，且文化馆并不能帮助她们解决经济上的问题。文化馆会把他们的作品拿去参展但并没有给予她们一些报酬，有的会发一些荣誉证书，所以她们随着年龄的增长，积极性逐渐消磨，兴趣也越来越淡，加上家人的反对，她们继续从事剪纸的精力也越来越少。最重要的是，由于剪纸并不能带来更多的经济收入，只是作为爱好而创作了几幅作品，所以她们的子女几乎没有继承这份手艺。所以现在寿阳剪纸面临的最大问题就是后继乏人。

(三)剪纸作品无法走入市场

2012年2月2日，文化部非物质文化遗产司发布了《文化部关于加强非物质文化遗产生产性保护的指导意见》，提出了非物质文化遗产"生产性保护"的概念、方针、原则，以及如何科学地进行生产性保护的指导意见。此文件明确指出："非物质文化遗产生产性保护是指在具有生产性质的实践过程中,以保持非物质文化遗产的真实性、整体性和传承性为核心,以有效传承非物质文化遗产技艺为前提,借助生产、流通、销售等手段,将非物质文化遗产及其资源转化为文化产品的保护方式。目前,这一保护方式主要是在传统技艺、传统美术和传统医药药物炮制类非物质文化遗产领域实施。"并强调"生产性保护"旨在"以保护带动发展,以发展促进保护"。此文件的颁布和实施,不仅阐释了非物质文化遗产"生产性保护"的一些理论问题,而且明确了实施"生产性保护"的项目应该做什么和怎么做。

剪纸属于传统美术,可以借助生产性保护的手段继续传承发扬,可是寿阳的地域、经济发展不占优势,剪纸技艺面临传承人的断代与缺失,剪纸艺人靠短时期培训,只能从表面上了解其他地区剪纸的工艺技术,没能很深入地去挖掘其他地区对剪纸的生产性保护实践措施。如他们对广灵剪纸的考察,只限于浅层次的了解技艺,并没有深入了解广灵剪纸的科技化操作、产业化运作。如果寿阳剪纸仅仅限于手工艺人个人的爱好,不能产生更大的利益来吸引后续力量的加入从而使剪纸艺术开拓创新,那么就无法进行培养学徒、批量生产、技艺传承,只能被当作遗产来保护。怎样开拓市场,如何靠自身发展打响寿星剪纸品牌,这是当前寿阳剪纸面临的最大问题。

剪纸与产业化生产的低成本、规模化、标准化的诉求不同,它要求有个性、有差异,能体现"手"的价值,所以它现在面临两难境地,剪纸艺人既需要坚持在生产发展中保护传统剪纸技艺,又要用传统手工技艺保护推动生产提升,求得生存发展,达到当前"生产性保护"理论所倡导的生产与保护的兼顾。

三、促进寿阳剪纸传承与发展的建议

(一)政府应加大扶持力度,鼓励更多人参与项目传承与传播

创作和构思是剪纸的关键环节。寿阳县的绝大部分剪纸艺人都生活在农村,平均年龄在50岁以上,女性较多,平时大部分

时间都是在家务农，但她们重视观察生活的细节、注重汲取生活中所听到的一些故事、传说，并充分展开想象来构思、创造出一幅幅生动形象的剪纸作品。其中，部分民间剪纸艺人的作品多次获奖，他们已从“民间艺人”变为国家认可的美术协会会员或工艺美术大师，他们集创作、设计、美术与剪技于一身，把寿阳剪纸推向了大众。

但是仅仅利用身边的一些素材是远远不够的，他们需要更多的政府支持，请一些外省的专家、国家级剪纸传承人、美术院校教授来做讲座，并同时开办美术培训班，强化寿阳剪纸艺人的美术基础；当然也应带领他们走出去，到其他省的剪纸实践基地参观、学习，开拓他们的视野。这样就会把美术专业造型手法和民间画工的程式处理巧妙结合在一起。通过走访可以看出，他们是很善于学习的一群艺人，可是迫于生活，不能全身心投入剪纸创作中，甚至部分艺人连购买基本的剪纸材料都有困难，所以如果政府对他们的支持力度大些，创造更多的机会来培养他们、赞助他们，肯定会有更多的人加入剪纸行业。此外，可以在小学、中学开设剪纸课程，让感兴趣的同学参与进来，并且对县里一批老师进行重点培训，使地方特色文化融入校园。

（二）积极探索产业化经营模式

文化部鼓励手工技艺类非物质文化遗产项目采取多种经营方式，如“公司＋农户”模式，这种模式主要是由公司出面订货，然后找当地拥有手工技艺的农户进行手工生产、加工产品，再由公司负责收购和销售。这种保护模式目前已不乏实例。山西，作为率先提出这一保护模式的非遗大省，已经形成了一批依靠传统手工技艺生产的劳动密集型企业，这在刺绣项目上表现突出。对于长期生活在寿阳农村地区，与外界接触较少的这些剪纸艺人来说，这是一种可行的谋生手段，而且也能激发他们的创作热情。①

① 曹洋、王丽坤：《非物质文化遗产生产性保护模式初探》，《文化学刊》2014年第6期，第138页。

另外，剪纸生产多元化，使传统手工生产与流水线生产并举。在调查寿阳剪纸时，笔者发现当地艺人剪纸的工具和材料及技艺仍比较原始，没有大规模的工厂能使剪纸进行流水线作业。要想取得寿阳剪纸的发展和传承保护，必须依靠自身的力量。佛山剪纸的流水线生产也许对寿阳剪纸能起到借鉴作用。佛山剪纸的制作工艺流程大体经过起稿、过稿、钉纸、操刀（或敲凿）、衬色、裱贴、装框等阶段，主要是创意设计、手工刻制，其中创意设计是核心技艺。作为纯手工创制的剪纸，不可能纳入机械化生产，只能借助先进的技术缩短工艺流程。因此，革新剪纸工艺是民艺社的思考着力点。首要之一是以“刻”为主，以“剪”为辅，由此，这项手工技艺具有了“剪”纸不可能具备的小量产能力。在具体生产过程中，多种技艺还变通融合，或以刻代剪，或以写代刻，或以印代写，或刻凿并用，或染印并用，或写衬并用，大大提高了剪纸生产的美感与效率。再加上车间将工艺流程分解细化，创意、设计、剪刻、凿镂、衬色、写色、染色、木刻、套印、装裱、采购、销售、核算等各流程人员专司其职或合作完成，由此通过流水线批量刻出剪纸，既保持了传统技艺的流变性，又不至于丧失其核心技术和人文蕴涵，关键是在保障剪纸手工特色的同时合理地提升了生产速度和效率。①

（三）转变剪纸的功能

剪纸是流传了几千年的非常传统的一门技艺，而现在，人们接受着多元文化的冲击，如果不能适时给传统剪纸注入现代元素，输入新鲜血液，那么剪纸将难逃没落的命运。所以我们需要给剪纸重新定位，赋予剪纸更多的功能，使其能跟上时代的步伐，适应市场的需求。目前，寿阳剪纸要想走入市场，必须实现从民俗实用功能向艺术欣赏功能的转变，在精神需求越来越受重视的今天，人民大众需要更多的是剪纸的艺术欣赏功能。

---

① 谢中元：《“生产性保护”视野下佛山剪纸的现代传承研究》，《原生态民族文化学刊》2012 年第 4 期，第 137 页。

经走访,发现寿阳大多数剪纸艺人的剪纸材料单一,一般均为红纸或绿纸。剪纸材料的单一迫切需要改进。山西剪纸的色彩要求在简中求繁,少做同类色、类似色、邻近色的配置,要求在对比色中求协调,同时还要注意用色的比例。如用一种颜色形成主调时,其他颜色在对比度上可以不同程度地减弱。有时各种颜色并置起来稍有生硬的感觉时,则把它们分别套入黑色、金色剪成的主稿里,即可获得协调、明快的感觉。[①] 笔者认为寿阳剪纸可以借鉴这种套衬剪纸法。

佛山剪纸的第一代传承人梁朗生首开创新之风,将传统铜衬剪纸与黑色纸结合,创作出黑金套衬剪纸,他首次获奖的作品就是 1964 年创作的以越南抗美救国战争为题材的新型剪纸《出击》,以空间华丽、色彩圆润呈现出新的审美特征。在此基础上,他又用纸衬剪纸,由于纸衬剪纸可自如变化颜色,最易于反映现代生活题材和表达诗情画意,遂成为被广泛采用的现代表现手法。[②]

在走访时,艺人也会展示一些他们的作品,有些作品明显已从小巧窗花变身为大型壁画了,说明寿阳的剪纸艺人是在迎合时代的旋律、契合市场的需求,在用心创造他们的作品。艺人们也提到,现在的传统小型剪纸已经不占市场主流,机械化作业使大量的普通剪纸作品在市场流通,他们的传统手工剪纸已无人问津,所以现在他们的剪纸作品都是应文化馆的要求做几幅大型作品参展,或是赠送亲朋好友之类的。

在现代,审美要求越来越高,技术复杂的手工剪纸完全可以应市场需求实现从小型窗花到巨型剪纸形式的演变。应多注重对剪纸的包装,政府在广告方面也应投入,引导年轻一代多多关注中国传统手工艺。寿阳剪纸完全可以作为特色附加到日常生

---

① 赵鑫:《论山西民间剪纸艺术》,《文教资料》2011 年第 16 期,第 80 页。

② 谢中元:《“生产性保护”视野下佛山剪纸的现代传承研究》,《原生态民族文化学刊》2012 年第 4 期,第 137—138 页。

活用品、节日礼品、祭祀、大型建筑、刺绣雕刻图样、产品商标、大酒店等装饰上，使剪纸的应用领域越来越广。这需要多种经济模式的产业化开发来实现寿阳剪纸功能的转化。

综上所述，虽然近几年寿阳剪纸的生存和发展现状并不乐观，但只要能够有政府的继续扶持和重视，能开拓出“公司＋农户”模式，能实现剪纸技艺多元化及一定规模的流水线生产和转变剪纸的功能等，那么，寿阳的寿星剪纸是可以最终实现很好的传承和发展的。

浙西南菇民宗教信仰研究

杨震山[①]

(浙江师范大学文学分院　浙江金华　321004)

内容摘要　菇民的宗教信仰是南方民间宗教信仰的一种类型,兴盛至今。因菇业生产环境随季节变化,存在多种形态。笔者以菇神庙的多样性为切入点,选取菇山和菇民生活区为考察地点,描述宗教信仰在不同区域的表现形式,探讨菇民宗教崇拜的起源与发展,分析菇民宗教信仰对地方社会的影响和作用。

关键词　菇民　菇民宗教　菇神庙　菇帮

菇民是中国浙江南部龙泉、庆元、景宁三县自古以来半种田半种菇的特殊农民群体。他们生于山区,每年清明至中秋经营单季稻生产,整个家庭从事土地上的耕作,所以他们属于农民;秋分至来年清明的这段时间,家庭中的成年男子则背井离乡,远赴中国南方11个省的山区从事香菇种植,所形成的庞大种菇群体称为菇民。

① 杨震山,浙江师范大学文学分院汉语言文学专业本科生。指导老师:毛竹生(1961—　),浙江师范大学行知学院讲师。

一、菇民宗教概况

(一)香菇栽培与菇民宗教

1. 香菇栽培史

我国的野生菌食用历史悠久,郭沫若先生的《中国史稿》记述:“至少在7000年前的仰韶文化时期就开始采食蘑菇。”[①]人们在采集过程中,认识并学会某些食用菌的种植方法,逐渐掌握了人工栽培技术。据西晋张华《博物志》记载:“江南诸山郡中,大树断倒者,经春夏生菌,谓之蕈。”[②]“蕈”与“蕈”同音,后者出自王祯农书《菌子篇》,用于称呼香菇,也是后世文献对香菇的统称。“断”在这里是动词,指人工截断树木。生于人工断截的大树,正是种香菇的基本方式。按照张寿橙教授论证,我国人工栽培香菇的历史由晋代开始至少已有1800年。宋代《咸淳临安志》载:“永嘉人,以霉月断树,轩深林中,密斫之,蒸成菌。”“霉月断树”[③]指菇民砍木季节,“密斫之”指菇民在伐倒的菇木上进行砍花栽培。古代的“永嘉郡”曾包括今温州丽水及福建江西的一部分。当年龙泉、庆元、景宁均属于永嘉郡管辖,此为最早记载菇民外出从事香菇种植的文字。宋嘉定二年(1209),龙泉人何澹所著《龙泉县志》对香菇的砍花栽培,留下了185字的叙述:“香蕈,唯深山至阴处有之。其法,用干木心,橄榄木,名蕈樀,先从深山下砍倒仆地,用斧斑驳锉木皮上,候淹湿,经二年始间出。至第三年,蕈乃遍出。每经立春,地气发泄,雷雨震动,则交出木上,始采取,以打篾穿挂,焙干。至秋冬之交,再用偏木敲击,其蕈间出,名曰惊蕈。惟经雨则出多,所制亦如春法,但不如春蕈之厚耳。大率厚而少者,香味具胜。又有一种适当清明向日处

---

① 郭沫若:《中国史稿》第一册,人民出版社1976年版,第47页。

② 张华:《博物志》卷三“异草木篇”,中华书局2003年版,第2页。

③ 张寿橙:《浙、闽、赣、粤等省的香菇发展史(三)》,《食药用菌》2011年第5期,第53页。

出小蕈，就木上自干，名曰日蕈，此蕈尤佳，但不可多得，今春蕈用日晒干，同谓之日蕈，香味尤佳。”[①]因当地山高水冷，土地贫瘠，严重缺粮，所以在农闲季节外出伐木种菇、食粮于外，成为既解决粮荒又能赚钱的好办法，遂逐渐形成菇民区。据 1948 年庆元县长陈国钧《菇民研究》中的统计，“清乾隆年间三县菇民达 15 万人”[②]。

2. 菇民宗教信仰发展史

三县现存最早的五显庙遗址为建于唐代的查田值壁殿，由此可推断菇民宗教信仰形成于唐之前。菇民对神的虔诚心理之形成，在于对香菇作为一种真菌的特殊生产规律理解模糊。与普通农作物的生产方式不同，香菇无须播种，也不会开花，突兀地自树皮内长出；它承受着自然界的风霜雨雪，又那么敏感。风调雨顺时，不仅他们亲手完成砍花作业的菇树密如鱼鳞地重叠长出香菇，竟连无心栽培的死树也出了菇。而当天气干燥、气候恶劣时，则只能祈求神祇。况且，香菇种植在深山中，菇民在远离人烟的野外生存和劳作，疾病突然来临、没有医生可找、猛兽随时可能出没、气候无法预知、产量和价格不可预测……总之，生命和利润都处于一种比平常生活更不可预知的状态。这种不可知就是对未来的不确定性，菇民期待以某种方式将愿望发展为现实，只好寄希望于苍茫中的神祇保佑。

菇民宗教信仰作为菇民群体的特有现象，一直以来保持高度神秘性。古代菇民普遍认为香菇栽培为神授之技，对于种菇技艺向来讳莫如深，为防止信息泄露，甚至创造了专门的菇山用语“山寮白”，以及专司审判的菇民机构“菇帮共厅”。史料中关于菇民生产生活的记载已是吉光片羽，更不必提埋藏在这“神秘部落”背后的宗教信仰了。笔者通过对各地菇神庙的实地考察，结合对菇民的采访，分析了菇民代代相传的传说故事，并借鉴了

① 张寿橙：《惊蕈录考》(连载)，《中国食用菌》1988 年第 3 期，第 23 页。

② 陈国钧：《菇民研究》，庆元博物馆藏本。

张寿橙教授“约束菇民”与李天民教授“火神崇拜”的观点，认为菇民宗教信仰是一种集自然崇拜、发展生产、信息保密为一体，宣扬实用主义的宗教信仰。

（二）神祇的多元性

菇民宗教信仰正是源于古代菇民对神秘力量的尊崇与敬畏，其中最为重要的一点便是火神崇拜，火作为一种自然力，在原始社会被当作一种神秘力量，为人类所不解和恐惧。原始人在万物有灵的认知下，以各种形式对其崇拜，以祈求自然的恩赐与宽恕，当人类学会支配火时，对火的崇拜便不再局限于崇拜自然火，而是将火人格化。[①] 香菇生产需要火焰焙干，菇山作业离不开火，同所有用到火的行业一样，火神是菇民宗教信仰中最重要的神明。菇民信奉的火神名为“五显灵官”，即“五显大帝”，这是我国南方农村供奉最为广泛的神道，而非菇民之独有。据称，其有兄弟五人，唐末即有香火，宋徽宗年间赐庙曰“灵顺”，宋代由庚加封至王，因其封号第一字为显，故称五显公。菇民敬奉之原因是其统领诸路神道，传扬香菇生产技术，保佑菇民四季吉利、丰衣足食。[②] 佛教称其为“华光天王佛”，道教尊为“五显灵观大帝”，是佛、道共同承认的守护神，又因其手捧三角金砖，在民间也被奉为财神。

菇民信奉的另一位神明“吴三公”，是南宋庆元县百山祖乡龙岩村人，因其在家族中排行老三，后人敬称“吴三公”。明万历三年，皇帝又敕封其为“判府相公”，从祀于龙泉凤阳山五显庙。有人认为他是香菇人工栽培技术“砍花法”的创始人，但据菇民传说和相关资料考证，他仅仅是一位道士，教授了菇民捕捉野兽和镇邪的本领，又发明了“惊蕈”的手段（一种通过拍打菇木促进菌类生长的方法），对菇民的生活生产有功，值得菇民敬奉。

菇民信奉的第三位神祇刘伯温即明代的开国大臣刘基。据

---

① 胡宁：《中原火神信仰与地方社会》，河南大学文学院硕士论文，2013年。

② 张寿臣：《中国香菇栽培史》，西泠印社出版社2013年版，第50页。

1924年叶耀庭的《菇业备要》记载："朱元璋求雨茹素，苦无下箸之物，刘伯温以菇进献，太祖嗜之喜甚，论理令每岁制备若干菇。"刘伯温系处州青田人，顾念龙泉、庆元、景宁田少山多，乘间奏请"以种菇为三县之专利"[①]。此事三县县志均有记载，比较可信。三县菇民因刘伯温而得到皇权庇佑，外地人都因敬畏皇权不敢从事或破坏香菇栽培。大概也就是在这一时期，菇业因在政治上获得皇权和官方人士支持，走向鼎盛期。三县种菇的专利得到皇权的保护，自明初到民国政权结束，为期600余年，成为中国最早有皇权保护的农业专利，菇民为了感恩将刘国师尊为神供奉。

菇民信仰的神明中既有从属佛道，集火神、财神、守护神为一体的五显大帝；又有修习道术，改良种菇方法，教人狩猎的吴三公；更有体恤百姓，将菇业发扬光大的宰相刘伯温，可见菇民宗教信仰并非独门传承，其发展经历了佛道与俗世权力的熏染，是一种宣扬实用主义的衍生宗教信仰。

(三)分布的广泛性

从地理与气象学上可知，海拔显著影响着降水、气温、湿度和光照，关系到植物的分布与植被的类型。1000米以上，许多农作物难以生长；1500米以上，即便是常绿阔叶林也难以生长。龙泉、庆元、景宁三县交会之地位于浙西南大山深处，在以凤阳山和百山祖为核心的区域内，山峦起伏，沟谷纵横，站在江浙第一高峰黄毛尖(1929米)放眼望去，但见奇峰突兀，云遮雾绕着几亩山垅梯田，极少一片平地。历史上这里分龙南、屏南两个区，海拔分别达到1087米和1114米，无霜期仅187天，农耕条件非常艰苦。山垅田人均不过半亩，亩产不过百斤，粮食匮乏。加之这里山高水冷，雾寒风烈，土地贫瘠，一年一季的水稻也只能靠天气好收些许粮食，冬、春两季也只有少许马铃薯生产。几

① 叶耀庭：《菇业备要》，庆元博物馆藏本。

百年来，流传着这样一首歌谣："辣椒当油炒，火篾当灯草，火笼当棉袄，糠菜半年粮，讨饭去菇山！"龙泉、庆元、景宁三县地域达到5000多平方公里，森林蓄积大，但适合香菇种植的阔叶树面积并不大，而低海拔、适宜香菇生产的林地更少。低海拔的林地租赁为菇场的价格并不便宜，再加上本县菇场难以隐藏香菇，易被偷盗。而香菇种植所需菇山面积又比较大，远远不能满足众多菇民的实际需求。人多地少，田间的年成无以为继，山民不得不求生存他法，远走他乡种菇成为为数不多的选择。又因南方其他省的粮食比较充裕，能就地度过饥荒的冬、春两季，于是做这门营生的人越来越多，逐渐形成了龙泉、庆元、景宁三县菇民区。

菇民远走异乡，与当地山主签订租用协议，菇民称为"判山"（一种不能用度量衡估值的有条件买卖、租用形式）。"判山"合同注明了菇民租赁山地所需缴纳的报酬，明确禁止菇民滥砍滥伐。香菇收益事关菇民生存，森林的存在也就是菇民自身的存在，因此怜惜资源、培植资源、爱护资源，早已是菇民的自觉行为。几千年来，菇民总结出一套可持续的采伐理论，即利用休眠期伐木，采取先剔桠后砍伐的手段对南方山区菇场林木资源进行轮换利用，既保护了当地林业，又保证了香菇的品质。特别是朱皇封赐种菇专利以后，菇业生产得到皇权庇护，三县从事菇业的人口不断增多。同时扩大的是对菇场的需求，为保证林业资源有序发展，菇民不断奔赴更远的省份开辟新菇场。西至云南丽江大理、四川南江、贵州凯里、广西融水，中到湖北荆门、湖南会同、安徽祁门，东到江西瑶里、浙江丽水、广东韶关、福建福州甚至台湾全省历史上都是香菇产区。

菇民部落的迁徙，间接带动了菇民宗教信仰的传播。有菇民的地方，菇神庙遍地开花，它不仅是菇民祈神求福、寄寓乡愁的场所，也赢得了当地百姓的爱戴和尊崇。以江西瑶里五显庙为例，该庙的存在昭示了菇民宗教信仰的独特魅力和影响力，是菇民与当地百姓共同信仰的结晶。当地百姓敬佩菇民高超的种菇技巧，认定他们受到神明眷顾，将菇民说的菇山话“山寮白”称作“天上的语言”，并与菇民一道尊奉五显大帝。每有嫁娶，乡民甚至远涉深山邀菇民下山喝酒吃肉，并让菇民身配红花、持锯斧于迎亲队伍前开道，以期获得菇神保佑。

在闽粤地区还存在大量由菇民兴建的菇神庙，同治十一年(1872)，《景宁县志》记载：“旧志云（指明嘉靖始修，完成于万历年间的第一本县志）：乡民货香菇者，曩时皆于江右、粤、闽，今更远在川、陕、楚、襄间。”[①]足见菇民贸易范围扩大，更可依此推知江西、福建、广东三省在清代之前菇业贸易就非常发达。乾隆年间（1736—1795），龙泉、庆元、景宁三县菇民人数达到10余万人，其在福建开设菇行240余家。[②] 一部分菇民借助经营菇行，在沿海地区参与各大口岸经销，成为资本雄厚的商人。一方面，他们是虔诚的宗教信仰信徒，在发家致富后无不感恩神灵的保佑，在香菇集散地兴建神庙符合宗教信仰发展的规律；另一方面，五显大帝本就是客家信奉的神灵，在闽粤等客家地区建设五显庙，当地百姓不会有抵触情绪，反而皆去帮助规划，贡献香火。同宗同源的宗教观，直接推动了菇民文化与闽粤文化的融合，丰富了菇民宗教信仰内涵，提升了两地文化的包容性。时至今日，五显文化作为游子精神联系的纽带，依然发挥着重要作用。而在当时，五显文化既发挥着团结菇民的作用，又间接调和异地矛盾，方便菇民在外省立足。

（四）神庙的多样性

秋去春归的候鸟式生活，彻底改变了菇民部落的年节习俗，也深刻影响了菇神庙的形式。它们中的一部分随着菇乡游子的迁徙落地生根，成为深山菇寮的一处神坛——菇山神坛为菇民上山时在菇寮里供奉菇神的场所。此类神坛大多建于菇寮中，神像以木头雕刻或泥塑成，长20—30厘米，由一寮之主从家乡

① 《景宁县志》，龙泉图书馆藏本。

② 张寿臣：《中国香菇栽培史》，西泠印社出版社2013年版，第118页。

带出。[①]

村落神殿是明清以来广泛建造在菇民聚居区大大小小的吴三公殿，每个殿 40—50 平方米，也有的仅有 2—3 平方米，其中供奉的神像，大多为五显灵官，木雕、泥塑均有。这类神殿供菇民下山返村或离家外出时祭祀用，香火兴旺。“文革”期间，此类神殿基本上被扫光，有的改为工房或灰铺，有的因不许祭祀、缺乏维修而损毁。但在“文革”暗自保存殿内神像的菇民也大有人在。[②]

此外，还存在由三县菇民合资兴建的大型神庙，他们多位于三县交会的风水宝地，是举行庙会庆典、菇帮商议菇业大计的重要场所。如龙泉凤阳山神庙，建于乾隆年间，由三县菇民集资建成，坐落于江浙两省最高峰黄茅尖山凹处，与吴三公诞生地龙岩村毗邻，为三县菇民区之正中心。神庙雕龙画凤，碧瓦飞甍，不单规模宏大，更匠心独具地将戏台搭于庙堂，这在中国的宗教信仰史上是一次创举，菇民朴素的宗教信仰观念认为神格与人格存在共性，不光人喜欢看戏，神也喜欢看戏，菇民如此大张旗鼓地举办庙会乃是希冀平日高高在上的神灵，也能放下身段与民同乐。

（五）传说故事的类型性

关于菇业主神五显大帝的传说故事在中华大地广泛流传，五显大帝作为神祇的历史已不可具体考评。传说他诞生于周灵王十五年（公元前 557 年），第一世是释迦牟尼如来佛祖的法堂前的一盏莲花油灯，每日煌煌听经问法，灯花堆积日久，经释迦牟尼如来佛祖为其做法，化成人身，名妙吉祥诞生。第二世：以五通火光，自半空中，飘飘而下，投胎到马耳山马氏金母身上，生下一子，脸有三眼，取名三眼华光天王，马子贞。第三世：再投胎出生于斗梓宫赤鬚炎玄天王之家，脸上有三眼，左手掌上有一个

① 张寿臣：《中国香菇栽培史》，西泠印社出版社 2013 年版，第 55 页。

② 同①，第 45 页。

“灵”字，右手掌上有一字“耀”，取名为三眼华光天王，灵耀。第四世：“五通”共化为一胞胎，一粒肉球，在中界南京徽州府婺源县萧家庄，九月二十八日子时投胎转世，剖开肉球现五兄弟，其排行第五大帝萧显德，就是世所崇敬之五显大帝。① 明代福建人余象斗写有一部小说《南游记》，又名《华光传》，即《五显灵官大帝华光天王传》，写的就是五显大帝的故事。基于此，笔者共收集到三个与菇业相关的传说。

一是祈求大帝保佑，免除火灾，造福于民。在古代汉族传说中，华光大帝是火神，有三只眼，故又称三眼华光。菇民在菇业生产中需要用火来焙干，菇民在菇山作业时所居住的“菇寮”，结构简陋，极容易诱发火灾，况且菇民的生产生活处处用到火，理应对火神极度敬畏，为其盖庙塑像，香火朝拜，符合宗教信仰发展规律。

二是根据浙江菇帮所在地龙泉、庆元、景宁菇民的传说，香菇的人工种植技术创始人为春秋周灵王时期的商人五显。据说他做生意事业亨通，财运“像火把一样旺”，想做一桩亏本的买卖也不成！他即使是反季节地冬天卖凉扇、夏天卖火笼也因天气骤变而赚钱。于是，无可奈何之下，他买来树木伐倒，砍上花纹，扔在山里腐烂，心想这次总能亏本，没料到漫山长满香菇！加之其身怀三角金砖，为菇民求子求财无所不灵。所以，不仅是菇民尊他为菇业始祖，我国许多地方也把五显大帝奉为财神。

三是五显大帝作为汉族客家信奉的守护神，拥有广大的群众基础，“五显”又称“五通”，“五通”常以“蛇”的姿态显形。家蛇能捕鼠，具有猫的作用，但不需饲养，也不像猫那样“偷食”而产生邻里纠纷。菇民到福建、广东、广西、云南、贵州等 11 省种植香菇，从而“入乡随俗”信奉五显大帝，朝拜“师傅柜”祈求守护，顺理成章。传说菇民回浙江时其山寮无人留守，但本地的乡人不会靠近，是因为菇民离开时做过法，留有蛇镇守。菇民身回家

---

① [明]余象斗：《南游记》，云南出版社 2003 年版，第 3 页。

乡，心仍牵挂菇山寮房，所以除把蛇留在菇寮镇守外，还把那个菇民山寮中共同的五显神祇迎回家乡供奉，成为菇民的精神纽带和支柱。在汉族客家民俗中，他是由神到人、又由人到神的神灵。传说玉皇大帝封其为“玉封佛中上善王显头官大帝”，并永镇中界，从此万民景仰，求男生男，求女得女，经商者外出获利，读书者金榜题名，农耕者五谷丰登，有求必应。

二、菇民宗教信仰的差异化表现

走访龙泉、庆元、景宁、瑶里等地，综合对各地菇神信仰、菇神庙研究，笔者发现，从神庙的形式划分，菇民宗教信仰分为三类：一类是契约化的，即菇民利用合同确定生产协作关系，通过菇山神坛的形式建立合作纽带；一类是组织化的，即由全体菇民的共同组织“菇帮”修建的大型神庙；还有一类是非组织化的，即信仰活动存在的个体化状态，菇民自发建设的村落神殿。三者都是通过神灵信仰，祈求神灵保佑平安。不同点在于：一是前两者注重成员之间的沟通，后者注重与神灵沟通；二是前两种组织善于挖掘宗教信仰的实用价值，将神权与人权结合，后者表现为纯粹的神灵崇拜；三是前两者注重宗教信仰仪式，成员间有组织、有目的地进行，后者表现为自发的个人信仰，通过祭祀来保佑事业顺利、家人安康，祭祀形式也更为简单。笔者选取江西瑶里、浙江龙泉两地为考察对象，分别描述契约化、组织化、非组织化三类信仰模式对菇业产生的深远影响。

（一）契约化信仰——以瑶里菇山神坛为例

瑶里镇位于江西省景德镇市浮梁县，地处皖、赣两省和安徽祁门、休宁，江西婺源、浮梁四县交界处，瑶里地形多为海拔600—900米的山地，全镇森林覆盖率高达94%，气候温润，雨量充沛，自古便是栽培香菇的优良菇场。

菇民上山前，由同村或亲朋好友5—7人结成一伙，彼此以伙计称，在山上搭建一两个菇寮。每一伙实为一个核算单位，入伙人各自参股。[1] 每个菇场会专设 0.5 股,名曰“大帝爷股”,包挣不包亏,其他的股份由集体协调分配。“大帝爷股”乃是维持菇庙日常开支的经费,菇民朴素的宗教信仰观认为,神来参股必然保佑风调雨顺、财运亨通。此外,采取股份制能让账目清楚,出于对神的敬畏,菇民不敢在账面上动歪脑筋。无本钱而有技艺之菇民则以雇工身份参加,取得工钱而不参与分红。

菇民上山后,会使用柴刀、锯斧等工具搭建一座安全结实的菇寮。菇寮建好后,便由众人推举的祭祀师傅于寮外不远处磊一方山魈位,于寮内设神坛安放随身携带的神像。在菇山劳动时每逢农历初一、十五都要虔诚祭拜。神位设在菇寮中央,面朝东方门口处,神坛左右及上方要张贴对联长条,长条内容大致为:赐封五显灵官大帝之神位。菇山香火榜之神佛排列,龙泉、庆元、景宁三县菇民大体一致,但亦有所差别。正中长条亦有写:南天大慈大悲观世音菩萨玄天真武大帝之神位,但均写有吴三公与刘伯温。此类菇寮门口一般尚有对联及横幅。对联大多用:“闹天京英雄第一,震地府孝义无双。”横幅为“威震南天”,或对联为“菇乃良材生百宝,菇神坐镇授神术”“蓬在青山重重进,广放香菇叠叠生”等。[2]

明人田汝成《西湖游览志余》中说:“乃今三百六十行,各有市语,不相通用。”[3]菇民作为外乡人到中国南方十一省从事香菇种植和销售,往往有“强龙”与“地头蛇”之虞。菇民为了生产经营中的顺利和安全,除了习武强身、加强防范,还创造了信息传递过程中自己的独特暗语“山寮白”——“山寮”即种菇人居住的草房,“白”即语言。

按照宗教信仰规定,菇民一旦进入菇山便不能再说方言,必须统一使用菇山用语“山寮白”,这不是一种完整的语言,因

① 张寿臣:《中国香菇栽培史》,西泠印社出版社 2013 年版,第 40 页。

② 同①,第 55 页。

③ [宋]潜说友:《咸淳临安志》,上海古籍出版社 2000 年版,第 2 页。

为它并没有文字，读音也与三县方言迥异。据语言学家分析，这类语言脱胎于特定时期的方言用语，该语言很可能是前秦时期的南方方言遗存，为早期菇山作业统一用语。与此相呼应的菇民传说似乎也能印证这种说法，传说五显为周灵王时期人，香菇栽培技术是他的家族专利，秦征百越后，当地贵族式微，有帮工将香菇技术透露出来。为避免技术泄露，菇民约定使用特殊语言传播，这是目前所知我国农业领域唯一的专类用语。

菇民的香菇生产是一种经济活动，在大山的自然环境中种植香菇也有很强的技术性和偶然性。香菇种植作为经济活动，如租场地建立种植基地、产品转移运输活动、香菇价格变化、生产和生活物资采购等等，生产活动如不同时段的劳作内容和技术术语，其经济和技术信息需要保密，所以有一套内部交流的信息系统是十分必要的。

宗教信仰还同时禁止菇民起床至上工的这段时间说话，据说是怕惊扰山林的神鬼。按现代观点看，清晨起床为一天中最慵懒的时段，这种做法旨在避免菇民闲聊影响效率，能够帮助菇民快速投入生产。此外，宗教信仰还规定宅眷不能上菇山，不能单独走夜路，甚至对服饰的穿戴、吹奏的乐器都有硬性要求。农历每月初一、十四于菇寮举行祭祀活动，称为“过旦”。“过旦”由菇民推举的祭司主持，被选为祭司的菇民这一天不必上工，安心筹备夜晚的“过旦”仪式。到了晚饭时间，众菇民虔诚端坐于餐桌四周，只见桌上摆满了可口的山蔬野味，吉时一到便由祭司念祷告文，举行酬神仪式，内容多为感激神灵庇佑，祝福风调雨顺的话语。这一天，所有菇山禁忌全消，允许菇民喝酒吃肉，吹拉弹唱。菇山神坛的设置，体现了菇民坚定的宗教信仰，菇民信奉的教条确能保证菇山作业的有序化、高效化，同时兼顾了集体利益。

（二）组织化信仰——以浙江龙泉凤阳庙为例

龙泉市，位于浙江省西南部的浙、闽、赣边界，是浙江省入江西、福建的主要通道，素有“瓯婺八闽通衢”“译马要道，商旅咽喉”之称，历来为浙、闽、赣毗邻地区商贸重镇。

龙泉、庆元、景宁三县菇民宗教信仰的组织化形态，主要通过菇帮体现。菇帮的成员是龙泉、庆元、景宁三县所有从事香菇生产的菇民，人数最多时达数十万众。从事一种职业的人要结成一个有组织体系的帮派，首先是成员间对外有共同的利益关系，菇民在南方诸省山区种菇行走，免不了遭遇山贼劫匪，为抵抗外界力量侵犯，小到一个乡，大到几个县，小到几十人，大到几千人的菇民结成一帮互相照应，形成了菇帮早期雏形。

中国菇民千百年来一直分散在偏远的深山密林中作业，没有一个朝代的官府能将他们妥善地组织起来，给他们以物质和精神的援助；同时，以孢子繁殖为核心的砍花法栽培香菇是一种极度分散的、带有很大风险和人身危险的项目，而更多贫苦菇民缺少文化知识，离开了群体，他们将更加艰难，依靠至高无上的神权殿堂以协调和维护自身利益，成了他们为数不多的选择。当外出人数增加、各种矛盾显现后，迫切需要一个统一的机构来总体协调，同时又要极力避免他人染指利益，利用宗教信仰组织菇帮成了菇民最好的选择。于是，龙泉、庆元、景宁三县交界的凤阳山周边十八方村镇菇民，筹建了凤阳山五显庙，一方面供奉菇民信仰，一方面团结菇民，协调帮派秩序。

凤阳山神庙坐落于三县交界处。菇民信奉的五显大帝为五显大帝四世化身萧家兄弟五人，凤阳庙大殿正中五位天神依次列坐，敬受菇民的朝拜香火，与其正对的是一座戏台。庙堂左侧供奉的是土地公，右侧供奉的则是两位深受菇民爱戴的历史人物——吴三公、刘伯温。顺着右侧大门而出，则是一处偏殿——观音堂。大殿左侧设十八间厢房，供十八方村民歇息。每年农历七月初一到初七，十八方村镇菇民尽数聚于凤阳山庙庆贺，由于山高路远，沿途人烟稀少，进山男女便搭棚吃住于山上，为进山菇民服务的小食店绵延数里，不下百余处。祭拜高潮时，庙内庙外人群如潮，鼓乐喧天，夜晚烛光点点，构成一幅密林深处特有的画卷。[①]

1. 庙戏

菇民世代在深山作业，不少菇民自七八岁开始随长辈远涉异乡，在菇场生活，年年如此，竟不知世间春节与元宵。[②] 因此，每年的菇神庙会便成了菇民演习作乐的大好时机。所以，大凡菇神庙都有一个十分精致的戏台。而在庙会期间，戏曲表演更是彻夜不停，连唱七天七夜大戏是凤阳山庙会的特色与传统。

2. 检查镇庙之宝

各大型菇庙都备有镇庙之宝，他们或被藏于庙内，或匿于指定菇民家中，在凤阳山庙会期间，这些珍宝需交付菇帮领袖检查。镇庙之宝或为金银玉器，或为稀世古玩。笔者研究分析认为，镇庙之宝的产生有三方面原因：一是为灾年做准备，菇民区恶劣的生存环境培养了菇民的危机意识，若遇到灾年，菇帮可将宝物变卖，帮菇民渡过难关；二是菇民久居深山，与俗世社会交集有限，加上技术保密需要，菇帮更愿意将部分财富寄存于菇庙而不是银商票号；三是菇帮领袖长期外出带领菇民种菇，财富寄存于菇帮大本营中既能防备遗失，亦能通过神权来约束人心贪念。

3. 菇帮会议

庙会最重要的作用在于联络三县菇帮首领，菇帮凤阳庙议事是在庙堂神权下建立的菇民权力机构，用以处理日常纠纷事务。各县另设分支机构，比如景宁英川庙设有“三合堂”和“菇帮共厅”，用以处理本县菇民事务。涉及龙泉、庆元、景宁三县菇业发展重大事宜，则在一年一度的凤阳山庙会时由三县菇帮领袖共同商议，以维护菇民利益和菇业生产秩序。此外，还负责对菇

---

① 张寿臣：《中国香菇栽培史》，西泠印社出版社 2013 年版，第 57 页。

② 同①，第 63 页。

民纠纷做出调解，对严重违禁行为给予制裁，等等。如 1924 年龙泉菇民叶耀庭《菇业备要》出版，有人认为属于严重泄密，反映到菇帮。后经菇帮领袖审议，认为此书泄露部分种菇知识，但未泄露菇山暗语及砍花法口诀等核心技术。于是，庙会决定罚叶氏在菇神面前跪三日，罚金五十大洋，外加收回已刊印书籍，全部烧毁；处罚承印者龙泉印刷厂做庙戏三天。当时回收书本的力度很大，因此《菇业备要》存世极少。而类似菇民权益受损的案例常发生于全国各地的菇场，衙门是无法干预审判的。因此，菇民在“三合堂”内做出的审判，自然亦获得官方认可。所以，菇民领袖一般与地方官吏均有密切联系，无形中亦成为社会统治的一种辅助手段，相对地保持了菇业的稳定。至于其对菇业的负面影响亦不可低估，因为这些菇民领袖人物大都为菇民中的富裕阶层，对占菇民人数 80% 以上的贫穷阶层，不可能做过多考虑。最为明显的，是所有菇业史料都未见规定占菇民人数最多的雇工的基本权益，也未对雇主侵犯雇工利益的行为做出有力裁决，但其终不失为中国菇业发展史上一种利于行业规范的有效方式。

新中国成立后，作为菇帮上层的领袖人物的士绅，大都受到冲击，“泥菩萨过河自身难保”。虽然菇民生产经营活动尚在，但当时菇帮组织机构瓦解消亡，凤阳山庙也被毁坏。改革开放以后，菇民们重操旧业外出种菇，凤阳山庙在菇民们的努力之下重修，但菇帮没有重新组织，庙会活动靠香客捐助得以延续。

（三）非组织化信仰——以龙南乡安和庙为例

龙南乡，位于浙江省龙泉市东南部，面积 212 平方公里，辖 33 个行政村、98 个自然村，由建龙、建兴、义和、龙南 4 个管理区组成，2014 年人口 21742 人，工农业总产值 5505 万元，人均收入 1551 元。辖蛟垟、麻竹坑、上田、安和等 33 个行政村。西南有凤阳山国家级自然保护区。

龙南乡安和庙祭祀作为民间信仰活动，主要集中在农历六七月举行。以 2014 年 7 月 20 日（农历六月廿四）在安河村举行的祭祀为例，此时菇民均从菇山归来，人力、物力较为充足，具备举行祭祀的条件。菇神庙内供奉的神祇除了传统的五显大帝外，还供奉着大禹等传统农业领域神祇。这是由菇民半耕种、半种菇的生产习惯所决定的，菇民一方面希望菇神庇佑平安、香菇丰产，另一方面也渴望禹神保佑年年都能风调雨顺、庄稼长势喜人。

村社祭祀是一种非组织化的信仰，民众以个体的名义自发到菇神庙进行祭拜，祈福献礼。为避免菇民在“上头香”（民间习俗认为第一个上香的人能拔得头筹）上产生矛盾，一种约定俗成的“迎神礼”应运而生。这类迎神仪式在菇民区大小村落普遍存在，凡是举行“迎神礼”的家庭即获得第一个祭拜菇神的权力，这种权力每年以家庭为单位轮换以求公平。“迎神礼”的家庭当年必须准备一头猪，择吉日宰杀放血，是夜由家庭成员或帮工将整猪抬入神殿，其他人坐于庙堂听专司祭祀的长者诵读祈福祭文，吟唱神灵史诗，整个过程至天明方歇。其他村民在仪式后方可入神庙祈福，举行“迎神礼”的家庭还需烹饪祭祀猪肉，设宴款待全体村民，宴席通常持续三天以上。

三、菇民宗教信仰的社会功用

（一）支撑菇民精神的重要方式

直到 20 世纪 50 年代前，一到“枫树落叶，夫妻分别”时，菇民就已成群结队地背井离乡。他们忍饥受饿，眠霜拥雪，匍匐于深山神坛，期盼神灵庇佑，靠信仰来维系与故土的一丝关联。而当菇民上山后，“菇区内家家户户人去屋空”“在原地被他们留下的一群老幼，境遇可怜，也有于此时散布各处，行乞于寒冽朔风，唯盼来年枫树抽芽，传来佳讯”[①]。

面对残酷的生活环境，菇民唯有将命运希冀于神灵救赎。

① 张寿臣：《中国香菇栽培史》，西泠印社出版社 2013 年版，第 30 页。

菇民祭祀菇神，传诵菇神恩典，其本质是传达自己的心愿，希望菇神能帮助他们免除灾祸、平安顺利、财源滚滚。他们在贫苦环境下，于大大小小的山区村落间兴建庙宇，足见菇神信仰在菇民心中的地位。此外，菇民宗教信仰所延伸的庙会作为菇民年节文化的特殊表现形式和载体，传递了菇民丰富的内心情感，每年一次的凤阳山庙会，成为菇民满足精神需求的平台。在庙会中，菇民可以祭祀菇神、品尝小吃、娱乐玩耍、观看表演等，这些活动为菇民的情感释放创造了条件。

（二）增强菇民认同感的重要手段

宗教信仰对菇民有增强认同感的作用。对菇民而言，宗教信仰是生活中不可或缺的部分，大家积极参与祭祀活动，菇神就成为团结菇民的媒介。在深山菇场，菇民依靠一纸“大帝爷股”同菇神关联，于深山荒寮兴建神坛并严格遵循教条，以“过旦”的方式祭祀菇神。这种宗教信仰认同感帮助他们加强协作、减少矛盾、发展生产，集中力量防范山野强盗，打击偷菇贼。在下山之后，宗教信仰又促使他们结成一个关系紧密的利益团体“菇帮”，以神的名义团结这些文化程度不高的菇民，合理分配资源利益，有效处理生产生活中出现的各类矛盾，行使世俗权力。也正是这种宗教信仰认同感，减少了人性贪婪的杂念。同时，庙会的举办、村落神殿的建设使妇孺也参与宗教信仰仪式，增强了家庭认同感，确保菇民上山后家庭的和睦稳定。

（三）对整合地方资源、保障菇民利益的重要作用

首先，菇民宗教信仰以及延伸的菇神庙是地方社会整合文化资源的重要媒介，庙会将信仰、贸易、美食与民间艺术相融合，将菇神信仰与香菇文化传播到各省份。其次，菇帮作为与菇民宗教信仰捆绑的权力机构，披着神灵的外衣，以神的名义行使裁判权，维护菇业稳定——菇帮掌控着香菇的定价权，严禁香菇贩售以次充好，菇民外出生产需向当地山林主“判山”，订立契约，菇帮提供基本合同范本。若合同交涉出现矛盾，往往需要菇帮出面协调，遇上特大事件，菇帮甚至能聚集上万菇民的力量。据龙泉文联主编的《龙泉》2009 年第 2 期记载，清朝时期因菇业捐税过高，菇民无法生存，在菇民密集的江西发生了菇帮组织九千菇民大闹九江府的大事件，足见菇神信仰在维护菇民利益、协调菇业发展中所起的作用。

四、结　语

“信仰、思想和意见也始终表现于被改造的环境中。”[①]换而言之，人类信仰的产生依赖于周围环境和生态，环境决定了生产方式，生产方式又影响人类的信仰、思想和意见。浙西南菇民的宗教信仰萌芽于菇民同恶劣环境的抗争中，伴生于菇民对香菇栽培技术的探索，又在菇民艰苦卓绝的候鸟式迁徙中逐步发展壮大，最终深远影响了菇民区乃至南方诸省香菇主产区人民的生产、生活、沟通模式，衍生出多样的信仰形式。菇山神坛与大型神庙的产生源于一种文化迫力，即“一切社会团结、文化绵续和社区生存所必须满足的条件”[②]。而村落神殿的形成可以说是个人动机的驱使，即“社区分子所自觉的直接而有意识行为上的冲动”[③]。虽然形式有所差异，其本质均无法背离菇民朴素的宗教信仰思想。

任何习俗和信仰的形成发展，均受制于多重因素影响。其中居住、生产的自然环境深刻影响着菇民宗教信仰，独特的半农耕、半种菇模式决定了宗教信仰内涵的多样性。在南方 11 省菇场，菇神庙以合伙集体为单位建造，以缔结契约的形式分配利益，成员将菇神庙作为彼此互相信任、互帮互助的纽带，构成了一个相互团结、有共同诉求的生产团体。而菇民区既存在以个

---

① [英]马林诺夫斯基著，费孝通等译：《文化论》，中国民间文艺出版社 1987 年版，第 95—96 页。

② 同①，第 96—97 页。

③ 同①，第 97 页。

体为单位、信众自发修建用来上香酬神的村落神庙;又存在以菇帮为单位、组织化修建的大型神庙。菇帮依靠神权媒介得到菇民拥护,宣示权力的正统性,最终作用于地方社会,对整合民众诉求、传播地方文化、促进菇业经济繁荣起到了巨大作用。

宁强草川子村羌绣艺术田野考察报告

侯小春[①]

（西安美术学院 陕西西安 710065）

内容摘要 羌人对于自然图腾的崇拜来源于他们所处的相对闭塞的山区环境，直到现在，很多习俗依然反映着他们崇尚自然、热爱自然的纯美情感和独有的审美观念。宁强是羌族故地，据史料记载，夏商时期羌族就在宁强生息，有着悠久的历史和文化，所以羌绣在宁强一直盛行不衰。但随着后来大量汉人与羌族人杂居，羌人渐被汉化，导致这里羌汉民间民俗艺术相互交融的局面，羌绣艺术的汉化现象已非常明显。

关键词 宁强 草川子村 羌绣 张菊英

宁强为陕西南部的一个县，地处秦巴山区，山峦环抱，风景秀丽，世世代代的宁强人民保留着淳朴的民风，传统民俗民间艺术式样保留得较为完整。宁强是羌族故地，据史料记载，夏商时期羌族就在宁强生息，有着悠久的历史和文化，所以羌绣在宁强一直盛行不衰。羌族服饰上的各种绣片花纹图案设色艳丽，绣制精美，让观者赏心悦目，反映出身处大山深处的羌人积淀下来

---

① 侯小春，文学博士，西安美术学院副教授。

的审美理念和创造力。纹样的形式美感非常强烈，有的是挺拔的线条表现，有的是厚重的块面表现。各种点、线、面组成丰富的形态图案样式。宁强羌人后裔沿袭传统，又有自我创新意识，呈现给我们的作品凝聚着他们的智慧和匠心。羌绣作品既有程式化规范，同时又充满自由想象，是一种带有相对自主性和自娱性的美术创作。

羌绣工艺的针法主要有平针绣、挑绣、纳花绣、纤花绣、链子扣、扎花、勾花等。其中，挑绣是羌族妇女最喜爱的表现手法。羌族信奉万物有灵，因此，羌绣在选材上多选取自然界中的万事万物及本民族的图腾纹样，尤以动、植物居多，由此形成了羌绣极其丰富的内容和形式。羌绣主要用来装饰衣裙、鞋子、头帕、腰带、飘带、背带、袖套、裤子、香包等，从中折射出羌民族服饰文化的历史。

古代羌人对于自然图腾崇拜的观念来源于他们所处的生活环境，直到现在，很多习俗依然反映出羌人崇尚自然、热爱自然的天人合一的纯美情感。此外，羌族先民还认为“大地成后，地皮上的水又生长出草，生长出树，生长出五谷，生长出飞禽走兽，于是就有了地上的万物”。

但是随着汉人迁入陕南，和羌族人杂居在一起，共同生活，渐渐地，许多羌人就被汉化了，导致了如今羌汉难分的局面。笔者选取最靠近四川省的宁强南部的多个乡镇进行田野考察，考察了青木川镇、广坪镇、燕子砭镇、阳平关镇、汉源镇、巴山镇和毛坝河镇。在城镇上基本是以汉人为主，在下辖的乡里面羌人较多，一般生活在大山深处，交通不便。

笔者多方查询资料得知，宁强县草川子村有原生态羌绣工艺，于是决定去草川子村进行田野考察。

草川子村位于陕西省宁强县毛坝河镇，距离宁强县城约 70 公里，海拔 1200—1900 米，是秦岭以南大巴山脉上绵绵群峰之中的一小块平川，与四川光雾山、古城山、陕西黎坪风景区相邻。草川子村是一个深处于巴山腹地、四面环山、名不见经传的小村落。这个村落独立、古朴、深邃,羌族人和汉族人和谐地生活在这里,世代耕种着脚下的土地,春种秋收。从毛坝河到草川子的车非常少,大约10公里的距离,但是路很不好走,路两旁都是峭壁,路面很窄,有的路段只能容一辆面包车通过。由于太过偏远,平时很少有毛坝河镇的人去那里。笔者雇了当地人的一辆摩托赶往草川子村。一路上往来的车很少,经过三个小时颠簸的摩托车行程,终于到达目的地,一个大峡谷扑面而来,这就是草川子的入口——龙头咀。站在村口,顿时就觉得豁然开朗,仿佛来到陶渊明笔下的世外桃源。站在这个方圆约1平方公里的大坝里,四面的群山如巨大的手臂,把这个小平川揽在怀抱里。

到了村中,沿途询问路人村里可有会刺绣的老人,村民说那边的山上有一个会绣花的老人叫张菊英。但是老人的家不是很好找,在山下看不到老人的家。恰好遇到张菊英的孙女们放学回家,村民们让笔者赶紧跟着她们去找张菊英老人。笔者和张菊英的孙女们顺着一条盘旋上山的小道,走了十几分钟才到达老人的家。

张菊英老人的家是建造在半山腰的一个土坯房,一共有三间房(如图1、图2)。家里面虽然通了水和电,但是房屋中十分昏暗,也很干燥。家里已经不分什么客厅、厨房了,只是摆设了几件简单的家具,生活用品也很简单,只能保证最基本的生活需要,并且看样子已经有几十年的历史了。目前家里就只有张菊英老人的儿子和两个孙女陪着老人住。

当笔者见到张菊英老人时,老人正在生火烧水,给孙女做晚饭吃。老人平时去附近砍柴,是用干柴来生火,所以屋里都是烟味,墙壁都被熏成了黑色。老人的晚饭就是简单的泡面,在方便面里放上几片菜叶子。老人让孙女给笔者搬来一个小凳,于是我们就聊了起来。

图 1　张菊英老人家的房屋侧室

图 2　张菊英老人家的土坯房

访谈记录：

问：您是羌族人还是汉族人？

答：我是汉族人，家里人都是，没有羌族人。

问：那村子里的羌族人多吗？

答：不多，基本上都是汉族人，我也不太知道，好像山那边有几户吧。

问：您以前是干什么的，家里的经济来源是什么呢？

答：我以前就跟着大家种地，栽洋芋。家里的钱是卖洋芋换来的，我现在做不了了。

问：我刚才上来的时候看到大家都在栽洋芋。您是多大开始学习绣花的，您是怎么学的呢？

答：我 8 岁的时候就离开了父母，没有见过爷爷奶奶，我是由外婆带大的。我那时候没有饭吃，就给别人家去放牛。我外婆会裁衣裳，我一年就穿一件衣裳，是外婆做的，很薄。当时我在坡上放牛，也没什么其他事情干，我就用草莓的藤蔓做线，叠成两股，再用竹子做成缝线针，在树叶上练习绣花。那时候我们有花书，那上面什么都有，我就照着绣。

问：后来这本花书您还留着吗？

答：没有了，“文革”的时候都被烧了。那时候村子里贴满了标语，我们什么东西也没留下，那时候全村都在扔旧的东西，“文革”把我的簪子、耳环都撸了去，弄不见了，也不让我们绣花。东西都买不到。

问：您不是不识字吗？怎么去看那些书呢？

答：我的老祖母识字，是她教给我们的。我们当时几个人一起绣花。

问：您村里还有其他人绣花吗？您会和她们交流绣花的技法吗？

答：原来村里有个叫张桂芳的会绣花，绣的鞋鞋可好看了，后来她去世了，就没人会绣了，现在很少有年轻人会绣花。现在会绣花的人都不知道这些花叫什么名字。我的花书上每一张图案都有名字的。

问：那您还记得花书上的名字吗，您能想想都有什么吗？

答：都记不得了，有佛手花、事事如意、毛丹花、石斛花、菊花、转转菊花、荷花、苇花、美人花、大烟花、罂粟花、孔雀、马、熊、豹子，书上还有房子，就是木头的，也有人，基本上所有地上跑的、天上飞的书上都有，还有钟鼓楼。

问：那您会根据自然物去进行刺绣吗？比如说这里的油菜花啊！

答：油菜花也绣的，什么都绣，看见什么绣什么。

问：那您在绣帽子啊，围裙啊，这些图案是您自己想绣什么就绣什么吗？

答：不是，花书上都有样子的，都有故事的，不是随便绣的。

问：那这个帽子有什么故事吗？

答：这个帽帽书上说金州（根据老人音译地点）的宰相的孩子一直哭个不停，突然间天上落下一个水葫芦，落在了这个孩子的帽子上，孩子就不哭了，所以丞相下令让全天下的人都要戴这种帽子，就是这个样子。

张菊英老人绣的帽子是近似葫芦造型的针织帽子（如图3、图4）。张菊英在帽子上所绣的纹样题材广泛，有缠枝牡丹花、蝴蝶戏菊花、菩萨、鱼、鸟等等。张菊英说之所以绣这些图案，都是按照以前留下来的“画书”上记载所绣的。把蝴蝶绣在帽子上，是因为书上说蝴蝶可以保护人身体健康。帽子的针法有平

图 3　张菊英老人绣的帽子的正面

图 4　孙女拿着奶奶绣的帽子

针和参针绣，也有锁线绣的针法，变化丰富。

问：那这个围裙有什么传说吗？

答：这个围裙(图 5)是因为仁宗皇帝招驸马的时候用的，围在腰上去嫁人。现在都没人知道了。

图 5　张菊英所绣围裙

后来笔者查询史料得知，历史上确有仁宗皇帝招驸马一事，但是记载很少。2005 年 3 月 4 日，重庆市北部新区鸳鸯镇长岭村曾发现明代驸马坟被盗一事。重庆日报记者寻得一套顺治年间的《蹇氏祖谱》。该家谱中写道："五世祖讳荃明仁宗皇帝招驸马与公主俱少卒合葬蹇家观后山墓。"重庆市考古所刘春鸿表示，家谱中提及的墓，方位和鸳鸯镇长岭村墓基本一致。家谱记载蹇义的四个儿子依次是蹇英、蹇芳、蹇芸、蹇荃，也就是说，与公主阴亲的"荃"乃蹇义的"幺儿"。基本可推断，长岭村墓是一座真正的驸马坟。市考古人员根据清道光版《江北厅志》“蹇芳未婚即亡，恰逢公主未婚夭折，明成祖朱棣赐蹇芳为驸马，将两人结为阴亲……”的记载，确定这座明代墓葬为蹇义之子蹇芳的“阴亲驸马坟”。但是张菊英老人竟然能知道这么小的历史事件，着实令人惊讶。

问：这个图案有名字吗？

答：有，叫金钩（也有可能是金勾，由于张菊英老人不会写字，只能根据读音和意思暂写出一个名词）。

问：金钩是两个弯吗，是和羊角一样的吗？我给您画一下您看看（笔者在笔记本上画了一个羊角形的图案）。

答：不是这样的。

问：那您能给我画一下吗？

据张菊英亲手所描画，是近似于羌族羊角纹的一种纹样（如图6），绣在一个圆形的布上，戴在脖子上可保平安。这个物件起源于姜太公钓鱼，张菊英解释道：“有一次别的国家要侵犯我们国家，姜太公在水边一金钩就救了中国的百万兵。金钩两旁要绣上汉字，平安，吉祥如意。”在四川羌族自治州的羌人服饰上也有发现相似图形（如图7），但是只是属于简单的云纹装饰。但是宁强地区的“金钩”所承载的文化内涵却是汉族的故事，这不得不说是一种巧合。

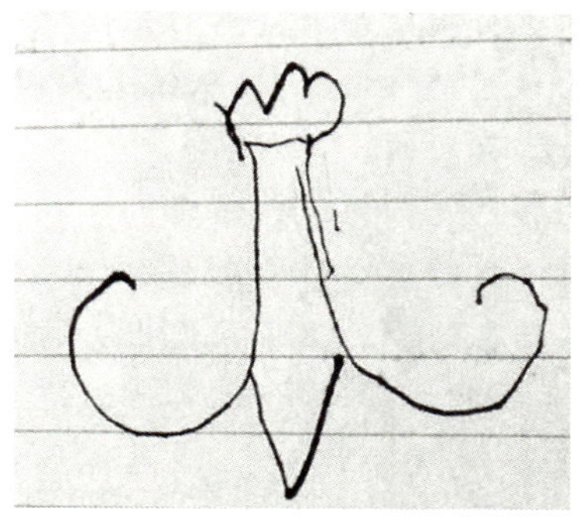

图6　张菊英亲手所绘金钩图案

图 7　四川阿坝地区服饰

问:那这个金钩的图案是绣在哪里的呢?

答:就是绣在鞋上,也代表财神。也绣在腰带上,姑娘要缠在腰上才能嫁得出去。

问:您会绷布吗?

答:不用绷布,就是直接在布上绣。

问:您绣花的时候会打样子吗?用铅笔画画?

答:我不会画画,笔也没有,我们就是用纸,叠了之后用剪子直接剪,然后贴在布上,按着剪出来的纸用针绣。

问:您绣花的材料是从哪里得到的呢?

答:以前线的颜色都特别少,要从镇上买,现在卖的就多了,颜色也多,合作社都有卖的。

问:您绣花的颜色是如何选择的呢?

答:配色?自己觉得怎么好看怎么配,这个很随便的。

问:您一直生活在这个村里吗?您出去过吗?

答:我 2014 年的时候去过宁强,其他的地方我没去过,孩子们在宁强住,都有房子,过年都回来,我也不愿意到镇上住,上回我儿子开车带我去参加那个绣花比赛,人家还给了我一个证书,我让孙女拿给你看。

问:我在网上看到你的报道了,就是在电脑上,有您的名字,前几天我在青木川镇的时候,他们说请了人来教她们绣花,就是您吧?

答:对,就是我。

问:那您去了多久,都教些什么呢?

答:去了不到一个星期,就是教她们绣花。

问:那是教针法还是教图案呢?

答:就是用针绣,没教什么针法,就是绣一些花朵,简单的。

问:您绣的东西买的人多吗?

答:买的人多啊。

问:您记得您卖了多少您自己绣的东西吗?

答:我卖了 100 多个绣花的围裙,30 多顶帽子。大概卖了差不多 20 多对鞋鞋。有些老人快过世了,就想要一个绣花的鞋穿,有些年轻人找到我,让我给家里老人做鞋,好让老人去世的时候能穿上绣花鞋。

问:您做的这个绣花鞋是什么样子的,和普通的鞋有什么不同吗?

答:就是女人家穿的鞋,鞋帮和鞋底都要绣的,绣一些花啊,动物啊什么的。

问:您还打算继续绣吗?

答:我都半个身子埋到黄土里了,这批东西卖完了就不打算绣了。

问:您一共几个孩子,家里人还有跟您学习绣花的吗?

答:我一共有八个孩子,四个儿子,四个女儿。女儿和儿媳妇平时都忙,没有时间。现在这个小孙女还在学,没事会绣一些简单的图案。

张菊英老人有两个孙女,一个叫陈淑娴,今年 11 岁,是张菊英老人的直系孙女,另一个叫陈向丽,今年 13 岁,是陈淑娴同父异母的姐姐,她们两个住在一起,一起上学,每周周末放学回家,其余时间住在学校。两个孩子非常乖巧,陈淑娴和笔者说,自己四五岁时看见婆婆在绣花，觉得很有意思，自己大概 10 岁才开始学着绣花。

问：您会教孙女绣花吗？

答：她的父亲不让绣，说是要好好念书，绣花会影响学习。

问：您在村子里能看到傩戏吗？您喜欢傩戏吗？

答：我喜欢看傩戏，村里面原来经常请端公来表演，我们就去看那个，端公手里拿着一根长长的金鞭，是打鬼的。很好看。

问：那您会给端公绣东西吗？

答：我绣过那个鞋，还有端公戏头上戴的五佛冠我也做过。

问：那是谁教您做的呢？

答：是书上看的，书上说用牛皮剪出 5 块板板，再用布缝上。我还做过端公腰上绑的带带，腰上拴 12 根，肩上也有，一共有 42 根，都是书上说的。我还给端公缝过衣服，我让孙女去拿给你看（如图 8）。

图 8　张菊英老人绣的端公服装　　**图 9　张菊英老人和她的孙女**

不知不觉到了吃晚饭的时候，笔者见天色已晚，在与张菊英祖孙合影后，与张菊英老人一家道别，匆匆下山赶往县城。

结　语

宁强地区的羌绣虽然渗透着强烈的汉族审美观念和审美意

趣，但还保留有本民族的一些特色，其刺绣图案精美，寓意丰富。当地政府在保护羌风俗文化方面下了很大功夫，在宁强专门成立了羌族保护实验区，兴建了羌族博物馆。但是，在此次田野调查中还是感到因交通、经济收入等现实因素，羌绣在宁强地区的保护和发展较为缓慢。如何更好地保护宁强地区羌绣艺术并发掘其不同于其他地区刺绣的文化意涵，是需要我国学者进一步研究与亟待解决的问题。

景宁敕木山畲民生活现状调查

——基于史图博《浙江景宁敕木山畲民调查记》的比较

钟梦迪[①]

（浙江师范大学文化创意与传播学院
浙江金华　321004）

内容摘要　1929 年的夏天，同济大学教授史图博来到丽水景宁敕木山村进行了为期 6 天的调查，并写下了《浙江景宁敕木山畲民调查记》，其中详细描绘了当时畲民的生产生活面貌。如今，笔者回访敕木山村，通过自己的所闻所见记录下当代敕木山畲民的真实生活状态，截取其中的几个方面与《浙江景宁敕木山畲民调查记》进行了粗略对比。通过敕木山村 80 多年来的变化，可以窥见当代少数民族自我发展的大致动态，从而引出笔者的一些思考。

关键词　景宁敕木山村　畲民　史图博　调查

1929 年夏天，同济大学的德国教授史图博和他的学生李化民，从福建过处州、云和一直深入景宁敕木山村，与畲民同吃同

---

① 钟梦迪（1991—　），女，浙江丽水人，浙江师范大学文化创意与传播学院硕士研究生。

住 6 天，调查了敕木山村畲民的生活习俗、手工技艺、民歌、建筑、服饰、信仰等，完成了论文《浙江景宁敕木山畲民调查记》，1932 年正式出版。直到 1984 年，中南民族大学民族研究所将其译为中文，才被大家所得知。时隔 85 年，在 2014 年的夏天，笔者重新来到史图博笔下的敕木山村，进行了为期 10 天（2014 年 6 月 10 日—19 日）的调查，发现敕木山村已完全由贫困山村发展为现在的致富新村，畲民的生活水平有了很大的提高，随着社会经济的发展，一些古老的生活习俗也在慢慢地改变，整个敕木山村旧貌换新颜，呈现着一派欣欣向荣的景象。以下便是笔者自己所看到的敕木山村与史图博笔下的敕木山村的粗略对比。

一、人民生活水平的提高

生活一直在朝着更优越的方向前进着，永不停歇，敕木山村村民的生活水平与其在 85 年前的相比较，不论在饮食、居住还是文娱活动方面与史图博笔下相比，都有着突飞猛进的进步，这是社会发展的必然。下文主要将敕木山村与同阶段发展的汉族人进行比较。

史图博在其书中写道："一个家庭成员放入平均人数在中国的大多地区是 5.5 人，这个数目对敕木山村来说，可能偏高些，因为这里非常贫困，婴儿死亡率也相应地高。""畲民既然这样穷苦，他们物质上的需求自然很少，吃的非常简单。只有富裕的人才吃得起大米，所以主食是甘薯。""每天吃两餐，很少吃三餐。这完全和汉族农民不一样。""学童们赖以学习汉文的书本是魔术书的破旧断片，这种书是风水先生和赶鬼先生用的。""畲民似乎很少活到高龄。在人口总数为 270—280 的敕木山村内，只有一个 80 多岁的老大娘和三个 70 多岁的老人。"当时的畲民确实与同时代的汉人在生活水平上有着较大的差距，这也在一定程度上导致汉人对畲族人的偏见，而畲民有着被排斥的自我意识。

但是，由于敕木山村人勤劳朴实的精神、永不放弃的信念，特别是在近年来大力开发惠明茶产业，使敕木山村由贫困村发展为致富新村。村里人的生活水平有了质的提高，永久地告别了“番薯时代”。在敕木山村的10天时间，笔者有幸被邀参加了村支书孙女的满月酒宴，在宴桌上大可一览村民对于吃食的讲究。就在满月酒的前一天，村里的好多妇女就已经聚集在书记家准备宴请的菜品了。当天，书记家一共宴请了13桌，几乎全敕木山村人只要在的都来了，还有很多外村的亲戚朋友。每人来了都会给份子钱，份子钱不用红包，因为他们都是很公开地把钱给收钱的人而不是用红纸隐蔽性地包住，这与汉人的随礼习惯很不一样。账本是一本全新的软皮笔记本，书记让自家写字最好看的亲戚帮忙记录，按宾客所在村标注为本村、东弄、叶支坟、塔堪、景宁、惠明寺、坑头等部分，记在账本上的宾客一共有81个，但如果是一户人家里来了有好几个人也只需要给一个红包，所以账本上的名字远少于实际来的人数。账本上按地域划分打竖写有“×××，赠送币××元”，来客给的份子钱从100元到500元不等，绝大多数集中于100—200元，平均每人148.5元。已到的客人自己找位置入座，等客人差不多到齐了，开始上菜。菜色跟汉族人的差不多，肉类、蔬菜类、海鲜类、啤酒饮料都有，一共有将近30道菜。在菜上完之后，会给每一位客人分两个用红色塑料袋包好的生鸡蛋，到此，满月酒结束。

后来几天，笔者也有幸被邀到村民家做客，可以看到的是，蔬菜和肉类已经成了他们餐桌上必不可少的美食。蔬菜是自家菜地里新鲜采摘的，而肉类则是从小贩那里买的。小贩每天都会开着电动三轮车，从县城沿路叫卖，每天都会在差不多的时间点来到敕木山村贩卖。

在教育方面，全村孩子都获得了受教育的权利，并形成了“母亲县里陪读，父亲一人挣钱”的模式。村民们在“闲话广场”也爱吹捧别人家的小孩，村里一个考上浙江大学的孩子就经常被大人们夸赞并作为榜样人物在村里流传。可见，现在的敕木山村人对于教育非常重视，让自己的孩子上好学，凭学习能力为整个家族争光已经成了村里的风气。

由于生活质量的提高，现在在敕木山村的高龄老人也很多，其中，70—80 岁的就有 10 多个，而且村里从来没有听闻过有癌症或是绝症患者。村里人都说这归功于敕木山所处的地理环境，好山好水造就了健康的体魄。

笔者在村落中穿行的 10 天中发现，现在的敕木山村民穿的大多是汉族服饰，唯有妇女系在腰间的腰带，可以看出其独有的民族特色。史图博笔下的麻质蓝衫也只有极少数人家里保留着，因为他们都认为老人老了就要把他们的衣服全部丢弃，所以留存下来的旧时衣物越来越少。

村民住的房子还是保留着依山而建的整体建筑风格，房子多为老房子，但是做了加固修缮，特别是为了响应“新农村”建设以及开发特色旅游村的号召，敕木山村的领导们对民居做了整体规划、统一粉刷并在房屋外侧增加了“腰带花纹”装饰，别有一番味道。

可以发现，如今敕木山村民的衣食住行已经远不是史图博笔下的情景了，畲民的生活已经越来越朝着现代化的方向发展，从现在敕木山畲民的生活现状可以看出，其与同时期的汉人已经完全没有差别，甚至比一些同等的汉族村落更加富裕。

二、民族性格的改变

史图博由跟畲民很熟的汉人陪同来到这个偏远的山村，在他看来，这里的畲民与汉族人在长相、穿戴上几乎没有什么区别，已经被汉化，唯一可以辨别出畲民与汉人的区别在于：“这里居住的住户在外人面前特别胆怯。陌生人一走进，这里的妇女和孩子便突然消失了，只是偶然会见到一两个好奇而胆怯的男人站在角落里或走道旁，假装在干什么活，以此作为一种借口，以便能在一旁不受阻挡地观察这位罕见的客人。”畲民的此种对于陌生人的态度与当时汉人的“看客”心理有着天壤之别。畲族人从广东一路拓荒垦地迁徙而来，汉人喜爱叫他们“畲客”，而他们自称为“山哈”，这支远道而来的客人散居在早已在景宁定居的汉人周边，从目前景宁畲族村分布的地点来看，畲族人喜爱定居在汉人居住地周边的山腰上，他们尊重这块土地原来的主人，而视自己为客人，充分体现了畲族人与世无争、怡然自得的生活态度。在史图博的书中曾写道，畲民靠租用汉人的田地种粮食，而汉人常常以昂贵的租金压榨畲民，基于此，畲民对于汉人势必会有敬畏的心态。对于汉人如此，面对一个金发碧眼的外国人自然更甚。由于对于陌生人的不了解，采取敬而远之的姿态，但这并不表示畲民的冷漠，畲民对于来客从来都是好茶好酒相待，如蓝文成把自己能够弄到的所有食物都端上来给史图博享用。由于村里公路的开通，敕木山畲民与外界的沟通联系越来越频繁。现在的畲民走在景宁县城已经完全看不出是汉人还是畲民，唯一可以区分的是语言。但是为了能更好地与汉人交流，很多畲民都会景宁话和畲语。如今，因其独有的自然环境，很多游客慕名来到敕木山村，一是想感受一下大自然的美景，二是来体验一下畲寨的独特风情。每当这些游客到来，畲民都抱以极大的热情，即使是陌生人也会当成朋友一样相待。他们对于汉人已经没有了以前的敬畏与好奇，而是平等的心态。在笔者第一天来到敕木山村的时候，畲民会远远地微笑，主动迎上来问好，或是邀请到他家小坐，给人的感觉是热情大方。他们放下了对于外界的戒备，尽情展露着其热情好客的一面。

三、政府行为的促进

史图博在其书中曾一度批评当时政府对待畲民的政策，首先是对畲民的苛捐杂税迫使畲民衣不遮体、食不果腹，生活在水深火热之中；其次是政府对畲族传统文化的漠视以及粗暴对待，如“在景宁县，警察甚至把进城的畲族妇女的头饰扯下来，丢在地上，把它踩碎”。由于政府的主导，使很多民众误解了畲族这一群体，更使畲民产生畏惧心理，出门不敢穿戴民族服饰，怕遭来不善的眼光，这也正是畲族传统服饰日益消逝的原因。如今，景宁县被设为全国唯一一个畲族自治县，政府更是以各种政策优惠来照顾畲民，帮助美化改善畲族村寨。2010 年，县委就积极响应省里"美丽乡村"建设的号召,并把敕木山村作为改造典型,村委为改善村民的居住环境和村落的整体面貌,在村里"大兴土木"。如今经过改造的敕木山村,村道干净整洁,自然环境得到了与人文环境的和谐统一。由于村里留守的老人较多,小孩子不在身边,孤居的老人难免寂寞,村委又在村中心建立了老年活动室,方便老人集中在一起开展娱乐活动。为了村落的整体美观,在村落之中建起绿化带,对民居进行集中房顶改造及外墙立面改造,绿化带与传统畲族民居互相掩映,构成一幅美丽的山居村落图。此外,村委又在村中央用石板垒起游步道,大大方便了村民的串门和出行。2011 年,政府为打造"畲族村落"品牌,在村里增添了不少畲族元素,使人一进村就感受到浓浓的畲家风情。在进入敕木山村唯一的一条盘山公路上立起一座牌坊,上书"敕木山畲族村寨"七个苍劲有力的行书大字,整座牌坊雄伟大气,全由青白色的石料构成,石板上龙飞凤舞,代表着敕木山村吉祥如意,而设计这个牌坊的不是别人,正是敕木山村的书记蓝华亮。除了牌坊,村头还立有一块巨大的景观石,上也书有"敕木山畲族村"六个红色大字。最抓人眼球的是民居上的畲族符号,这年,为了统一规划,村委组织对房屋进行改造,实现了 47 户居民下屋檐改造、前廊装饰、平面畲元素装饰、栏杆改造。除此之外,村委还统一让畲元素上墙,一共安置画有凤凰图案的标志 22 个,在民居墙腰处绘制彩带 286 米。除了在民居上增添畲族味道,村里还为村民添置传统服饰 125 套,当村里欢庆节日或者来了重要外宾时,村民们便会穿上传统服饰,整个敕木山村在改造后尽显畲族风貌。2012 年,为了丰富畲民的文娱活动,村委又在老年活动室旁建起畲族文化广场,为畲民唱歌、跳舞、聚会提供了场地。说到政府最顺应民心的政策,蓝华亮书记表示,政府推出的"万户畲民万亩茶"活动给予了敕木山村极大的优惠,正是在政策引导下,敕木山村得以找到一条适合自己发展的道路,走上了致富的正轨。关于民族服饰,如今的景宁县政府下文件给各机关部门,每周一上班期间,工作人员统一着畲族传统民族服饰，穿戴传统服饰的人引来的是赞扬和认可。可以看出，政府的推动和督促在很大程度上促进了畲族文化的留存，也加快了敕木山村致富。

四、畲汉交往的强化

从史图博的调查报告中可以看出，当时的畲民与汉人处于一种微妙的状态，大家互相不往来。畲族人有传统习俗及族约，不得与汉人通婚。“住在附近的某些汉人则把畲民看作外来人，比自己低一等，有时以鄙视的态度对待他们，直到两年以前，畲民的子女还不准上景宁的小学。虽然共处了千百年之久，畲民和汉人之间还有一层隔膜，表现在畲民汉人之间在好多地方简直没有通过婚。”以前两个族群之间存在着隔阂与误解。但是现在的敕木山村，汉人与畲民友好相处，互帮互助，畲民与汉人通婚是很平常的事，也不会被本族人非议。上门来的女婿以及媳妇，畲族人都会像自己的孩子一样对待。在笔者入住的书记家，大女婿便是汉族人，小女婿是畲族人，他们都在家庭里帮助丈人干活，空闲时间也会自己揽活干，书记家里人对待他们都是如同自己儿子一般照顾，完全没有因为其中一位是汉人而有偏见。值得注意的是，大女婿和书记大女儿生的孩子都跟着畲族姓氏——蓝姓。当我和大女婿谈及这事时，他没有表现出抗拒，而是把这当成一件习以为常的事。在他看来，子女入畲族能享受到更多的福利。在汉人中，子女跟随母亲姓是一件很另类的事情，而在敕木山村乃至景宁，做上门女婿是一件很普遍的事情，上门女婿完全不会受到他人的非议，在子女姓氏问题上，畲族反而比汉族更有优势。畲人接受了与汉人的结合，而汉人也很乐意与畲人交往。正因为现在的畲族人在政策上享有与汉人同等的待遇，甚至是优于汉人的待遇，大家对汉人与畲人通婚已经习以为常，畲人为了更方便地与周边的汉人沟通交流，往往掌握着普通话、景宁话、畲语等三种语言，所以畲、汉之间的交流已经毫无障碍，这更有力地促进了两民族的融合与和谐相处。

五、总　结

通过对敕木山村整整 10 天的调查，笔者对敕木山村的大概情况有了一定的了解，敕木山村现在正在党的政策指引下，朝着越来越好的方向发展。这也许是现在中国大发展背景下少数民族村落生存现状的一个缩影，信息与技术的对等，特别是交通的便利，使得少数民族族人越来越接受外在世界的影响，这无疑冲击了其固有的传统壁垒。人民生活水平的提高、观念意识的改变使畲民们过上了优质的生活，但是“新农村建设”以及政府一系列旨在改善村民生活水平的政策，也在不知不觉中对畲寨的传统文化以及文化景观产生着影响。社会的发展走向总是朝着更优化的一面，但是一些传统的生活生产方式也不是只有弊端，所以在发展与保护中如何权衡成了一个急需考虑的问题。随着社会的发展，史图博跋涉一天才登上的敕木山村最原始的形态已经不再，畲民已经越来越向汉人靠拢。值得庆幸的是，旅游业的发展似乎为这个畲族村落的文化保护提供了一个契机。人们开始关注本民族特有的文化符号，比如把“彩带花纹”以及“凤凰图腾”装饰在外墙上；对传统民居进行修缮保护；村里自发组成民间舞蹈队，穿戴民族服饰进行表演；组成山歌队，收集遗落民间的歌本。他们开始逐渐认识到自己民族文化独有的价值，也已经开始有了保护本民族文化的主人翁意识，从而形成了对于特有文化的自我保护意识，学术上称其为“文化自觉”。费孝通先生对文化自觉做了如下定义：“文化自觉只是指生活在一定文化中的人对其文化有自知之明，明白它的来历，所具有的特色和它发展的趋向……自知之明是为了加强对文化转型的自主能力，取得决定适应新环境、新时代文化选择的自主地位。”在笔者看来，自我优越感和文化自觉意识比外界的推动更能有力地保护好本民族的丰富文化资源。景宁敕木山村已经经历了封闭—开放—保护的文化变迁，如今的敕木山村在外在政策因素的推动以及内在自我保护意识的驱使下，正在试图寻找到发展与保护的平衡点。

贵州安顺地戏面具视觉艺术语言的语汇研究①

朱晓君　刘思瑾　张　超②

（1. 贵州大学艺术学院　贵州贵阳　550003；
2. 韩国国立全北大学商科学院　全北全州　561-756）

内容摘要　语汇是一种语言或词、短语等的汇总。贵州安顺地戏面具视觉艺术语言语汇是研究贵州地戏面具的基础。本文以贵州非物质文化遗产安顺地戏面具的视觉艺术语言为研究切入点，探讨安顺地戏面具视觉语言与色彩的语汇分类等问题。可为以安顺地戏面具为代表的传统文化艺术元素在现代艺术设计中的扩展应用、文化延伸等提供更多理论依据，对傩面具等非遗文化的保护、传承具有重要意义；对经济的发展、区域旅游文化业的开发等有着现实意义。

关键词　地戏面具　艺术语言　语汇　研究

---

①　本文系2012年度国家教育部人文社会科学基金项目“贵州傩面具非物质文化遗产以传统功能为基础的多元化发展趋势研究”（编号：12YJC760130）、2010年贵州大学人文社科校级青年项目“贵州傩戏面具研究”（编号：GDWQ2010046）、2011年度国家社科基金艺术学项目（编号：11CG126）的阶段性成果。

②　朱晓君（1979—　），女，甘肃民勤人，汉族，贵州大学艺术学院副教授，硕士。主要研究方向：设计艺术学，少数民族民间工艺。刘思瑾，女，贵州贵阳人，韩国国立全北大学商科学院博士生。张超（1978—　），男，甘肃民勤人，贵州大学艺术学院副教授，设计系副主任，硕士。

语汇是一种语言或一个人所使用词或短语的总和。[①] 对贵州非物质文化遗产安顺地戏面具视觉艺术语言语汇的研究是深入了解安顺地戏面具视觉艺术语言的基础。虽有诸多人对贵州傩戏或傩戏面具做过研究并有较多学术成果,但更多的是从类型划分、对文化内涵进行剖析,却没有对贵州安顺地戏面具的视觉艺术语言语汇进行分类研究。为此,本文主要对安顺地戏面具视觉语言与色彩等的语汇进行专门探讨。

一、贵州安顺地戏面具视觉艺术语言中的造型语汇

贵州安顺地戏面具中图形视觉艺术语言的语汇,指可以传达本区域人民特定主客观信息的各种造型形态视觉艺术语言的总和。它是当地人民在傩文化沿袭过程中制作面具的基础符号元素。安顺地戏面具视觉语言语汇丰富,在面具造型中的视觉语言语汇中有很多体现,就题材来看,大多源于传说中的龙、凤等威猛、祥瑞的"神兽"类型,这是当地人民在傩文化传承中与特定历史时期的文化和历史故事等不断融合的基础上的概括和提炼,又将其简化,通过面具艺人大胆的想象、抽象、夸张,逐渐形成与地戏面具技艺特点相吻合的图形艺术语言。因此,贵州安顺地戏面具中的视觉艺术语言语汇既有实体造型性,又有文化内涵的意象性。就安顺地戏面具的造型语言语汇来看,大体上可分为自然、装饰与其他形态三种。

(一)自然形态类

自然形态类视觉艺术语言语汇,在安顺地戏面具中大多是用来做面具头饰装饰用的造型。通常有禽兽等动物类、花草等植物类和自然现象类。

1.动物类

动物纹样的图形造型在安顺地戏面具中运用最多的是龙、

---

① 郭茂来:《视觉艺术概论》,人民美术出版社2002年版,第7页。

凤造型，头冠与耳翅的主题装饰以龙、凤为主，男将以龙居多（如图 1 所示），女将以凤为主（如图 2 所示），每个头冠上龙、凤的数量有多有少，这要根据所雕面具代表的人物角色和面具雕刻艺人的喜好而定。其他动物，如虎、豹等，要根据史料记载或神话传说中人物的形象特征、性格特征或面具人物与神话传说的关系等，将其形态装饰在头冠显要的部位，图 3 中就是在头冠上饰有虎纹的地戏面具；表 1 所示为安顺地戏面具中常用动物进行

图 1 饰龙纹的地戏面具

图 2 饰凤纹的地戏面具

图 3 饰虎纹的地戏面具

表 1 地戏面具中人与动物纹样语汇表

	人形纹		龙纹
	虎头纹		凤纹
	豹纹		
	猪纹		龙凤纹
	羊纹		孔雀纹
	狗纹		鹿纹
	兔纹		猫纹
	鸟纹		蝙蝠纹
	其他动物纹		

装饰的视觉艺术纹样的语汇归纳表。

2. 植物类

在贵州安顺地戏面具中见得较多的植物形态有花卉和少量的藤蔓纹样等。其中花卉居多，常见的以牡丹花、莲花、荷花、梅花等做配饰，藤蔓纹样中常见的有花草中的一些卷草纹样形态。表 2 所示为地戏面具中饰有花草纹样与自然现象纹样的视觉艺术语言语汇归纳表。如图 4 所示就是典型的以花草纹样进行配饰的面具，在安顺地戏中多在女将或少将头冠中出现。

表 2 地戏面具中花草纹样与自然现象纹样语汇表

	牡丹花		发射线
	荷花		
	梅花		卷草纹样
	莲花		
	常见的花草纹样		
			分割纹
			格子纹
			花草与蝴蝶纹饰
	云纹		回纹
	涡卷纹		太阳纹
	寿纹		月亮纹

图 4 饰有花卉的地戏面具

图 5 饰太阳纹面具

图 6 饰月亮纹面具—曹操

3. 自然现象类

安顺地戏面具中以自然现象为造型的图案较常见的多为太阳、月亮、星宿、祥云等造型形态。如图 5 所示的人物面具中，就是典型的运用“太阳”形态造型；如图 6 所示的曹操人物面具，头冠上部两侧部位分别饰有“月亮”造型。

(二)装饰形态类

安顺地戏面具中的装饰图形造型主要是以各图形之间的衔接和整体造型的形式美观为目的所用的一些“辅助”形态，通常多用一些没有特殊含义的格、圆、线等造型形态。如图 7 所示的代表“孔明”的地戏面具就是较为典型的一个代表。

图 7　线形纹饰居多的面具—孔明

贵州安顺地戏面具中的视觉艺术语言语汇比较丰富。以上列举的是其较常见且有代表性的一部分，就此亦可感受到地戏面具雕刻艺人运用视觉艺术语言的多样性。富有智慧的地戏面具艺人将历史和神话传说中的人或神，通过他们大胆的想象和艺术加工，运用雕刻这种特殊的表现形式，将其栩栩如生地雕琢出来，逐渐形成形式多样且独具特点的安顺地戏面具的视觉艺术语汇。

(三)其他形态类

安顺地戏面具中其他造型形态图形主要有人相类图形、文字类图形。

1. 人相类图形

安顺地戏面具中人相图形一般不作为头饰的主体装饰，而是作为配饰或代表特定的意义时才特意雕刻的，在面具中也有不少。如表 1 中左上方的两个人相纹饰正是安顺地戏面具头饰中较常见的人相图形造型的艺术语言语汇。图 8 所示正是饰有“人相”的地戏面具。

图 8　饰有人相纹的面具

2. 文字类图形

安顺地戏面具中，文字类图形装饰相对比较少，归纳起来大致有“寿”“回”“王”等几种文字造型，图 9、图 10、图 11 所示正是在面具头冠中饰有这些文字的地戏面具。

图 9　“寿”字纹饰面具

图 10　“回”字纹饰面具

图 11　“王”字纹饰面具

二、贵州安顺地戏面具视觉语言中的色彩语汇

色彩是通过颜色之间的相互对比而产生出彩的效果。为此，对比形成色彩才是影响视觉效果的重要因素，而且是较高级的视觉效果。① 贵州安顺地戏面具中的色彩语汇是当地面具雕刻艺人在雕绘地戏面具中运用的色彩视觉艺术语言的总和。在安顺地戏面具装饰图形视觉艺术语言各元素中，色彩语汇就是一个很重要的方面。面具中各色彩之间的一些组合和搭配也是衡量一个地戏面具精美与否的标准之一。因此，色彩的搭配在安顺地戏面具制作中同样很重要。

从设计艺术学的角度看，色彩构成的最基本元素就是首先具有某一个颜色，而每一个颜色都有与其他颜色相区别的明度、艳度和色相上的属性，被称为色彩的三要素。倘若明度是色彩隐秘的骨骼，色相就如同色彩外表的华美肌肤。色相体现着色彩外部的性格，它是色彩的灵魂。但色彩的艳度也对人们的视觉与心理有直接的关系，高艳度的色彩使人感到灵敏，艳度较低的色彩让人感到钝重。② 色彩三要素之间如果某一个变了，其他两个也会同时发生变化，三者是紧密联系的。对于贵州安顺地戏面具中视觉艺术语言的色彩语汇研究，因其运用的颜色五彩斑斓，几乎无一种颜色不可用在安顺地戏面具中，直接明了，色彩艳丽。③ 整体上看，地戏中的将帅面具多以敷色、勾墨、贴金、挂银为主，辅以红、蓝、黄、绿、青、粉等色，取得艳丽多彩、金碧辉煌的视觉艺术效果。④ 因此，要想给安顺地戏面具视觉艺术语言的色彩进行准确的语汇类型划分是件不太容易的事，为

---

① 何凡：《色彩构成》，人民美术出版社 2006 年版，第 8 页。

② 丘斌：《色彩构成艺术》，江西美术出版社 2000 年版，第 10 页。

③ 王兴业：《从傩面具的艺术特色看民众的审美情趣》，《美术大观》2007 年第 6 期，第 61 页。

④ 熊爱琳：《贵州傩面具造型特征和色彩研究》，中国美术学院出版社 2013 年版，第 12 页。

了便于相对更清晰地了解和认知安顺地戏面具中的色彩语汇，现从安顺地戏面具中所代表的人物、动物及其他角色，即面具艺人在雕绘时所表现的色彩寓意来对安顺地戏面具视觉艺术语言中的色彩语汇进行简单的类型划分。

(一)代表人物面具的色彩语汇

安顺地戏面具在长期的发展过程中，民间雕绘艺人以历史人物与传奇故事为依据，通过大胆的想象和夸张，将中国传统色彩观念与安顺地戏面具巧妙融合在一起，将诸多吉祥寓意与精美雕绘技艺、绚丽色彩相结合，形成了具有典型地域特点的安顺地戏面具色彩语汇。在这一类面具中，不同的色彩往往代表不同的人物性格，有着不同的寓意。

红色：通常情况下，安顺地戏面具中多用红色脸代表刚直且勇猛的武将角色，如图 12 中的关羽面具，用红色很好地表现出面具所代表人物的忠勇和威武。

图 12　红色面具—关羽

黄色：在中国传统色彩观中，黄色被视为权力、权威、威严和高贵等象征。在安顺地戏面具中将其运用在面部常常用来表现中年或老年人物的老练与沉着、权威与威严等特征，如图 13 所示。

黑色：黑色往往可表现刚毅、力量和勇敢等精神，亦可表现男性的刚强、坚实和威力等。因此，在安顺地戏面具中也经常运用黑色面具表现一些勇猛、刚正的武将形象，如图 14 中用来代表张飞的面具的脸部色彩。

图 13　黄色面具—土地公

图 14　黑色面具—张飞

白色：有着明亮和纯洁、纯净、清洁之意象特征，多用在地戏面具上表现所代表人物的文才和武略，多用于英武将才。如图 15 中代表马超的面具色彩正是运用白色，但白色与其他色彩有所不同的是，在我国其他戏曲中常常又将白脸示意为“奸诈、阴险”的人物形象，傩戏被称为“中国戏剧的活化石”。因此，有时在地戏面具中也用白色表现反面人物角色的奸诈。

图 15　白色面具—马超

蓝色:具有深远、稳重、理性、博大和智慧等意象性特征。因此,在地戏面具雕绘中,地戏面具艺人运用蓝色表现一些聪慧、果敢的人物。如图 16 所示代表赤精子形象的地戏面具就是使用这种色彩。

图16 蓝色面具—赤精子

绿色:被视为富有生气、茂盛、生命、豁达、宽阔等意象象征特点。在安顺地戏面具中常用绿脸表现力大、勇猛、强悍的将军形象。如图 17 中的人物面具形象正是运用绿色的一个典型形象。

图 17 绿色面具

金属色:带有金、银光泽的色彩具有光彩、华丽、辉煌、权力、威严等意象性特征。在安顺地戏面具中,用金属色来隔离和点缀面具中的色彩，使各种艳丽的色彩既能达到相对调和的要求，又能起到画龙点睛的色彩表现效果，使表演者在演出时面具显得格外光彩照人、金碧辉煌。

除此之外，还有一些混色脸的面具，如表示忠诚良将时多用粉红色，如图 18 中代表岳飞的地戏面具；表示守关兵将时多用二花脸，如图 19 中的面具所示；表示偏将、副将时多用三种色彩搭配在一起的三花脸，如图 20 中的面具所示。但以粉色和其他色搭配在一起的粉花脸却常用来表示奸诈、阴毒的一些文将，如图 3 所示代表曹操的地戏面具。

图 18　岳飞

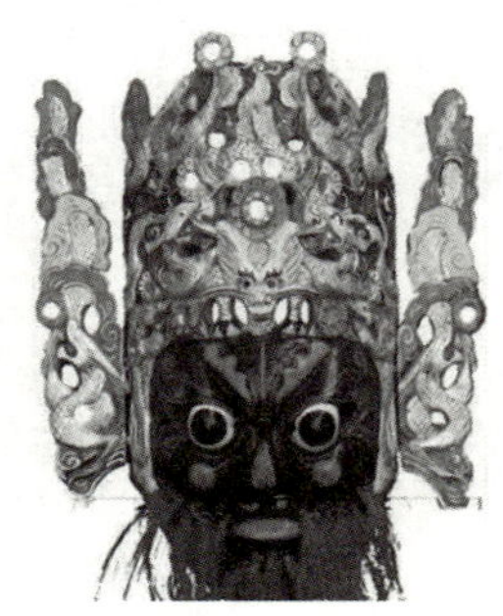

图 19　二花脸地戏面具

图20　三花脸地戏面具

（二）代表其他配角的面具的色彩语汇

安顺地戏面具中除了将帅面具外，还有代表其他配角的面具类型，如道人、丑角和动物以及世俗人物等，在这些配角的面具中亦逐步形成了自己的色彩语汇。

这些扮演配角的面具色彩，多半都借鉴生活或自然界中动植物的色彩将其夸张应用，如地戏面具中相对多见的鸡嘴道人（如图 21 所示）就是借用公鸡鸡冠处的红色，使整个面具都显得通红；鱼嘴道人面具（如图 22 所示）中的红色也是借用人们喜闻乐见的最为常见的红鲤鱼的颜色，从面具的造型到色彩都彰显出其特有的精灵之感。

图 21　鸡嘴道人面具

图 22　鱼嘴道人面具

三、小　结

本文以安顺地戏面具的视觉语言语汇类型为研究出发点展开论述并得到以下结论：第一，贵州安顺地戏面具的视觉艺术语言类型丰富，具有重要的研究价值和意义；第二，安顺地戏视觉语言中的造型形态多样，这种装饰造型是传统吉祥意识与民间艺人艺术加工的共同结果，可分为自然形态类（动物类、植物类、自然现象类）、装饰形态类、其他形态类（人相类图形、文字类图形）三大类；第三，从设计艺术学的角度看，安顺地戏面具中的色彩语汇繁杂但又有一定的象征性和特殊寓意，以地戏中人物、动物和其他角色以及面具艺人对面具所用色彩的特殊指向意义为标准，可以将安顺地戏面具中的色彩语汇分为代表人物的色彩语汇和代表其他配角的色彩语汇两大类。作为非物质文化遗产，从文化角度的研究和从艺术审美角度的研究都是重要的。对贵州安顺地戏面具的视觉艺术语言的语汇分析，可为传统视觉艺术元素在现代设计领域中的应用提供更多理论依据与文化内涵的延伸和扩展应用；相关语汇的解读有助于这一地域性文化遗产的国际化传播；同时，研究的深入对于地方经济的发展、旅游文化产业的开发以及社会文化的多样化都有极其重要的现实意义。

明代条幅书法的发展演变

刘　凯[①]

（南京信息工程大学传媒与艺术学院
江苏南京　210044）

内容摘要　明代条幅书法的发展可以分为三个阶段：前期，条幅创作书体以草书为主，书家在取法上开始向上追溯到唐代张旭、怀素二家，用笔连绵，上下字间多连笔，行气端庄平稳，缺少变化；中期，从前期用连笔以求贯气的做法中走出，开始以用笔的多变、字体势态的摇曳以及字体大小穿插来贯通气息，作品更能表现出书家的气质、禀性以及情感；后期，条幅书法在以徐渭、张瑞图、王铎为代表的狂怪书风上达到艺术成就的顶峰，行、草并重，艺术个性表露且尤重抒情。他们解决了条幅书法创作在技法与思想层面的核心问题，遂将明代条幅书法推向了艺术成就的高峰。

关键词　明代　条幅书法　祝允明　徐渭　王铎

毛笔与宣纸的结合使书法进入平面展示空间。在平面空间里，书法艺术以横向或纵向的延伸来展现自己对纸面空间的建构，以此来表现书家的审美情感。而条幅可看作书法样式纵向

① 刘凯（1985—　），男，南京信息工程大学传媒与艺术学院艺术理论研究中心副主任，讲师，艺术学博士。

空间延伸的最佳代表。条幅书法的创作大致始于宋代[①]，元代善此者甚少，直到明代方才普及开来，并在明末达到其成就的高峰，佳作迭出，善条幅者甚众，终于取得可与手卷类书法相比肩的艺术地位，闪耀出璀璨的艺术光辉。那么，条幅书法在明代是怎样逐渐发展至高峰的？这一转变与明代文化拥有怎样的联系？在接下来的行文中，笔者力图详尽阐明以上问题，以理清条幅书法在明代的发展脉络。

一、前　期

明前期（洪武时期至成化时期）书坛相对沉寂。历史的惯性使得元代书风仍有延续，同时，文化的变迁亦逐渐表露，“台阁体”书风拉开了明代书法的帷幕。明初，元代书风的延续主要表现为赵孟頫、康里巎巎书风的广泛影响，书体及书写样式亦多遵从元代传统。明初施行严厉的文化政策，使得书家不是显于朝野，就是隐于民间，受此影响，前期书坛呈现出“台阁体”书风一枝独秀的局面。“台阁体”书法以端庄秀丽的小楷与行、草书为代表，在书写样式上以横向展开的手卷和手札形式为主。台阁书风的盛行，同样带动了条幅书法的快速发展，这在明初书坛是一个值得注意的现象。

明前期书家，如宋克、宋广、沈度、沈粲、陈璧、解缙等都有条幅作品流传下来，相比元代条幅创作的稀缺，明前期书坛的条幅书法数量、创作书家都出现了大幅增长。这一时期条幅书法创作呈现出以下几个特点：

首先，前期条幅创作书体以草书为主。宋克《刘祯公讌诗轴》（纸本，111.7cm×32.4cm，台北“故宫博物院”藏），以章草笔意书写，用笔险峻瘦挺，章法茂密晴朗；大草中时时杂以章草；一

① 流传至今最早的条幅书法是南宋吴琚的一件作品，行书《桥畔垂杨七绝诗轴》，绢本，98.6cm×55.3cm，现藏台北“故宫博物院”。作品上面没有款署，只钤“云壑书印”一印，有学者认为可能是一组书屏之一，不一定是单体的条幅作品。

行之中偶出大字，强化视觉效果，颇有奇趣。[①] 此外，还有宋广《李太白酒歌轴》(纸本，86.8cm×33.5cm，故宫博物院藏)，沈粲《草书古诗轴》(纸本，83.4cm×33.8cm，台北“故宫博物院”藏)，陈璧《临张旭秋深帖轴》(纸本，107.7cm×33.9cm，上海博物馆藏)、《五言古诗轴》(纸本，93cm×35.6cm，台北“故宫博物院”藏)，解缙《草书文语立轴》(见日本《明清书道图说》)，张弼《七言绝句轴》(纸本，122cm×30.8cm，南京博物院藏)都是以草书书写。由此可见，以草书作为条幅书法创作书体，在前期书坛是一种普遍现象。

其次，进行条幅创作的书家在取法上摆脱元代书风影响，开始向上追溯到唐代，甚至魏晋诸家。如宋广“草书宗张旭、怀素”[②]；宋璲“书法端劲温厚，秀拔雄逸，规矩二王，出入旭素”[③]；陈璧“与三宋齐名，用笔俱从怀素《自叙帖》中流出”[④]；张弼“书学怀素，名动四夷”[⑤]。可见，张旭、怀素尤其受到明前期书家的重视。对旭、素草书的学习借鉴在当时的条幅书法创作中亦颇能显现。可见，前期书家对旭、素草书的学习是有目的性的。

再次，前期条幅书法用笔连绵，上下字间多连笔，行气端庄平稳，缺少变化。如宋广《李太白酒歌轴》，取法怀素，多用连笔以贯气，虽体势连绵但缺少用笔的提按变化，因用笔圆熟而少提按起伏、生涩之势，章法显得过于平稳。陶宗仪点评其书法说：“草师怀素，度越流辈，惜乎常作十数字相连不断，非古法耳。”[⑥] 明确指出宋广草书多连笔的现象。陈璧草书《临张旭秋深帖轴》，以临帖为创作，虽名曰“临张旭”，但笔意更接近怀素，受馆阁书风所限，用笔略显柔弱，字形收紧，横向开张不够，气度

---

① 刘正成：《中国书法鉴赏大辞典》，中国人民大学出版社 2006 年版，第 867 页。

② [明]朱谋垔：《续书史会要》，四库备要本。

③ [明]过庭训：《分省人物考》。

④ 同②。

⑤ [明]董其昌：《容台别集》卷二《书品》，西泠印社出版社 2007 年版。

⑥ [明]陶宗仪：《书史会要・补遗》，明洪武本。

稍弱，帖中同样圈眼引带过多，缭绕堆垛，“行行如萦春蚓，字字如绾秋蛇”[①]。解缙《草书立轴》中这种连笔引带的特征更为明显，形式上表现为无休止的线条缠绕和牵连，给人以单调、重复之感，并且缺乏用笔节奏的跌宕，成为重复性的技法表演。虽然对展示书家的创作心态有一定的帮助，但怎样以有效的艺术形式来恰当表现自己的情感，使作品达到抒情与美感并存，书家还没有找到有效的方法。前期条幅书法中存在的多字连笔现象，对于以纵向取势的条幅书法来说，显得异常重要。用笔的牵连，使得线条效果看起来一气呵成，加强了线条向下的流动感，给人以自上而下气势贯通的视觉感受，对于并无较多经验可资借鉴的前期条幅书家来说，要塑造条幅书法气息连贯的艺术效果，这无疑是一种较为可取的办法。

直至张弼的条幅创作，才逐渐表现出水平的提升。项穆曾这样评述张弼的草书：“妄作大小不齐之势，或以一字而包络数字，或以一傍而攒簇数行，强合钩连，相排相纽，点画混沌，突缩突伸。如张弼、马一龙之流，且自美其名曰梅花体。”[②]虽是讥讽口吻，却道出一个事实，那就是张弼在字体连绵的基础之上，已经开始注意点画节奏变化、字体的大小参差、行与行之间的呼应关系等条幅的创作技巧，这在他的《七言绝句诗轴》中有所体现。正是这种发展，为条幅在明代的成功打下良好基础。

总体看来，明前期的条幅书法创作，在元代的基础上有了新的发展，条幅作品在数量与质量上都有大幅提升。之所以在明初便出现条幅书法样式的快速发展，条幅迅速成为一种重要的创作样式，黄惇先生认为，很有可能是明初为适应当时宫廷悬挂布置的需要而风行起来的。[③] 明前期条幅书法多以草书书写，书家在取法上摆脱元代书风影响，开始向上追溯到唐代张旭、怀

---

① 《历代书法论文选》，上海书画出版社 1979 年版，第 122 页。

② 同①，第 523 页。

③ 黄惇：《中国书法史・元明卷》，江苏教育出版社 2002 年版，第 204 页。

素二家，这多是因为张旭、怀素的草书大气磅礴、自由奔放、气势连绵，利于书家将这种奔放、连绵的笔法运用到条幅创作中去，不但转换起来较为容易，而且对条幅书法行内气息连贯、磅礴气势的塑造都有很大的帮助。师法的改变，是明初书家有意识摆脱元代书风，开始寻求自我创新之路的开始。

但是，书法条幅在明初的发展还是不完善的。虽然已经师法张旭、怀素，但是由于条幅创作可资借鉴的经验不多，明初进行条幅创作的书家大多只是将自己已经习惯的手卷创作方法移入条幅创作，这种转换还显得很稚嫩。前期条幅书法上下字之间的呼应关系还不明显，行气平稳，甚至略显呆板，缺少明末清初条幅书法的那种自上而下的摇曳生姿。黑格尔在叙述艺术的发展时说："艺术形象的缺陷也就显出理念的缺陷，因为理念本来就是外在形象的内在意义，理念在这外在形象里才把自己实现出来。"[①]条幅书法在明代前期的不成熟，根本上在于内在"理念"的不完善。这种创作"理念"的完善还有待于创作思想上的进一步成熟。

二、中　期

明代中期(从弘治，历正德、嘉靖至隆庆时期)书坛，其发展主要表现为对"台阁体"书风的反叛以及吴门书派的兴起。对于条幅书法，中期仍是一个积累发展的阶段。相比前期的平淡，中期条幅书法在书体、形式及书家数量等方面都有较大的进步。更重要的是，在摆脱台阁书风的束缚之后，吴中地区兴起的文艺思想逐渐为条幅书法的创作探索出正确的思想导向，中期的书法家们试图在形而上层面寻找条幅书法创作在"理念"层面的完善。

中期文艺思想的反思首先从陈献章开始，他与弟子湛若水一起倡明心学，在程、朱理学遮天蔽日的时期开辟了一方新天

① ［德］黑格尔：《美学》第二卷，商务印书馆 1979 年版，第 4 页。

地，成为明代学术思想转变的一道分水岭[1]。于书法，他提出："每于动上求静，放而不放，留而不留，此吾所以妙乎动也……法而不囿，肆而不流，拙而愈巧，刚而能柔，形立而势奔焉，意足而奇溢焉。以正吾心，以陶吾情，以调吾性，此吾所以游于艺也。"[2]这种轻视固有成法、追求情性表现以及游戏艺术的心态，正是对程式化台阁书风的一种反叛。自此，明代书家开始在书法中重新找回个性，将书法与情感表现重新建立起联系，开始了新的艺术追求。将书法创作与自我性情表现联系起来，较为符合条幅书法创作的心态。正如邱振中先生所说："横卷可以是为自己而创作，而条幅无一例外是为了展示……条幅无疑更适合充分表现自己的心态。"[3]正是始于陈献章的这种提倡，自明代中期开始，书家在进行书法创作时，更倾向于将书法视为一种情感的展示，也就使得他们在进行创作时越来越乐于利用条幅的样式来展示自己的情感与个性。

与此同时，吴门书派的先导，即徐有贞、沈周与李应祯同样进行着与陈献章相同的艺术追求。徐、沈、李三位先生有着相似的经历。学书之初都受"台阁体"书风影响，但中年之后有意识摆脱台阁书风，远离元人而上溯宋代诸家，寻找书写的意趣，其实正是寻找书法与情感之间的联系。他们的做法集中反映了当时吴门文人对台阁书风缺少情感与意趣、强调程式、泥古不化的不满。之后，吴门书派的中坚力量——"吴门四家"应运而生，而四家之中，祝允明的书学思想最具代表性。祝的草书被誉为"明代草书之冠"，并且留下了大量草书条幅作品。祝允明认为，书法创作应当是"闲窗散笔"，抒情写心的状态，推崇前人"有功无性，神采不生；有性无功，神采不实"的主张，将追溯源头的入古

---

① 何永康、陈书录：《首届明代文学国际研讨会论文集》，南京师范大学出版社2004年版，第127页。

② ［明］陈献章：《白沙子全集》卷二《杂著·书说》，四库备要本。

③ 邱振中：《书法的形态与阐释》，中国人民大学出版社2005年版，第53页。

作功与个性表现的情性己意结合起来。[①] 重视传统与追求艺术个性的结合，使得祝允明悄然成为明代书法由前到后转变的关键一环。这既与祝允明的文人特质有关，更与当时王阳明心学所提倡的“标新立异”思想有一定关系。“如果说明中期以心学家为代表的儒士大多数喜好标新立异的话，那么，此时的文人则更多地侧重于标榜张扬。”[②]受王阳明心学思想影响，中期吴门诸家在艺术思想以及为人处世上都勇于创新和高标自我。这也是条幅书法在中期书坛能够得到继续发展的重要思想动力。

于是，以祝允明为代表的吴门书派，开始大踏步地塑造属于自己的时代艺术。与前期相比，此时的条幅创作不管是书家群体，还是作品的数量与质量都有明显提高。风格上，中期条幅书法的发展主要表现在以下几个方面。

首先，从前期用连笔以求贯气的做法中走出，开始以用笔的多变、字体势态的摇曳以及字体大小穿插来贯通气息，变化节奏。作品的艺术水准也越来越高。祝允明的代表作《杜甫秋兴诗轴》，以草书写就，笔墨纵横逸宕，不计工拙，结构收放自如，然在左揖右让，墨花满纸之中，点画依旧蕴藉，节奏依旧舒展；密不见其质塞，疾不见其浮滑。其功力、其境界、其心绪，在信笔直扫中直泻于纸面。文嘉评价曰：“点划狼藉，使转精神，得张颠之雄壮，藏真之飞动。”[③]陈献章的《高门七言绝句诗轴》，字体奇险怪谲，取欹侧奔放之势，通篇大小错落，行气之中已见左右摇摆之姿，但又在动势中取得整体的平稳效果，整体苍劲雄强，又不失圆转韵味。陈淳《岑参和贾至诗轴》，行笔潇洒奔放，多以中锋运笔，使转圆润，偶有偏锋钩拒，刚柔互济，书势飞动雄杰，结体疏放恢张，欹侧多姿，字体势态左右摇摆，呈现出明显的动感。

---

① 黄惇：《中国书法史·元明卷》，江苏教育出版社2002年版，第261页。

② 何永康、陈书录：《首届明代文学国际研讨会论文集》，南京师范大学出版社2004年版，第131页。

③ [明]文嘉：《跋祝允明草书〈前后赤壁赋卷〉后》。

其次，相比前期作品，中期的条幅作品更能表现出书家的气质、禀性以及情感。王宠的《五言律诗轴》，笔法遒劲朴拙，从容不迫，结构疏朗，气息自然洒脱，在古朴中显现空灵；整幅作品透露出一种疏宕雅拙的趣味与灵动超脱的气息。正如王世贞所评价的："晚节稍稍出己意，以拙取巧，婉丽遒逸，为时所趣。"[①]王宠的个人意趣在作品中已表现得很明显。吴中地区之外，金陵书家徐霖的《行书五言诗轴》，简直有了一种诗书交融的美感，作者巧妙地利用冲突中求统一的辩证法则，虽落笔狼藉但不失法度，加之笔致润燥相杂，完中有破，从而在整体气氛上做了破坏性的渲染，然而呈现给观者的审美感觉，却是在这狂风骤雨般破坏性的渲染中，表现出一种淋漓尽致、痛快怡人的感觉，耐人寻味。

再次，中期条幅书法的发展还表现在作品尺寸上，作品尺寸与前期相比亦增大很多。祝允明有草书《杜甫诗轴》，不仅写得出色，且 363.9cm×111.1cm 的尺寸，与之后傅山、王铎的巨幅条幅已基本没有差别。

以祝允明为代表的吴门书派书家群，在技法和思想层面做出的探索和努力，为条幅书法在明末清初的繁荣打下了坚实的基础。之后的徐渭、张瑞图、王铎等人，在祝允明的基础之上以个人"性灵"为先导，将条幅书法艺术引向一个高峰，使得条幅创作在建立艺术个性的基础上，更加入自我情感的任意抒发，把个性与情感表现糅合起来，将条幅书法挥写得淋漓尽致。这种浪漫主义的性情表现其实是在祝允明这里开端的，是他为接下来的艺术创作指明了大致的方向——对艺术个性的追求，只有对个性追求的开启，才会有性情的逐步渗入。

三、后　期

前期的积累为明代晚期（万历时期直到明末）条幅书法的繁荣打下了坚实基础。条幅创作技法的经验积累，帮助后期书家

---

① ［明］王世贞：《吴中往哲像赞》。

寻找到了更为有效的解决创作中诸多形式问题的方法；对艺术个性追求的强调，丰富了条幅创作形式，拓展了其发展的空间；并且，由于受到明末思想解放潮流的影响，书家将自我情感的抒发融入艺术个性，利用书法条幅这一样式，表露个性、抒发情感。在诸多因素推动之下，就将书法条幅创作推向了艺术高峰。

明代后期书法的发展，明显呈现出两种不同的审美趋向：淡雅平和与狂怪奇崛，代表性的书家分别是董其昌、陈继儒与徐渭、张瑞图、黄道周、王铎等人。董其昌是秀雅书风的代表，他的书法以淡、秀、润、韵为审美取向，注重意趣情境的表达，着重抒写书家自身之心灵，即"淡雅"之情，从而使书风法韵兼具。[①] 以徐渭、张瑞图、黄道周、王铎为代表的奇崛一派，反对一味崇古，深悟古法而不拘于古法，在继承传统的基础上更注重出新，重在表现自我精神和主观情感，笔墨随性情肆意挥洒，不拘法度；形式上打破"中和"之美，抛掉形式美的规范，不避狂怪，甚至力求丑怪、狂狷。[②] 对于条幅书法的发展，以董其昌为代表的一派固然也留传有很多精彩的作品，但条幅书法在明代取得的最高艺术成就是在以徐渭、张瑞图、黄道周、王铎等为代表的狂怪奇崛一派中实现的。条幅书法在明代后期的成熟主要表现为以下几个方面。

（一）笔法与章法的建构

相比于创作手法已经甚为完备的手卷，要想写出精彩的条幅作品，书法家还需要解决很多问题，其中最为关键的就是笔法问题。条幅的纵向延伸，同时极大地延长了每一竖行的书写长度，一方面需要新的笔法在纵向延伸的同时拓展出横向空间，去塑造视觉冲击力；另一方面需要新的笔法来连贯竖行内气息，并能调节变长后竖行的节奏，达到整体的协调。

---

① 李希凡：《中华艺术通史明代卷》下编，北京师范大学出版社 2006 年版，第 183 页。

② 同①。

面对这些问题，后期的众多书家在前人基础上，发挥创造力，提供了不同的解决方案，并通过笔墨结构的塑造表露出自己的艺术个性，较有代表性的是徐渭、张瑞图、王铎三家。对于条幅笔法及章法的塑造，徐渭的做法是在用笔上参入隶意，使字体呈横撑之态，横向拓展而压迫行距，尽量营造字内空间与字外空间的状态平衡，并时而加入破锋、出锋或涩笔的自如运用，丰富用笔，在节奏的调节上，不时用重笔拖长某些笔画以与横式产生对比，甚至有些拖笔故作虎尾节状。与徐渭类似，张瑞图以偏侧之锋大翻大折，同样意在突出横向动态，因为在纵向延伸的条幅空间里，横向的拓展极为重要，作品的气象与风度在很大程度上取决于横向拓展是否恰当。张瑞图采用直入平出的侧锋和锐利方硬的折笔来横向取势，尖刻的锋颖与锐利的方折尤为突出，表露其艺术个性，行内运用俯仰多变的横画排列，由上到下连贯气息，成就了其独特风格。

王铎为条幅创作发展奏响时代最强音，他成功地解决了书法条幅书写的一系列关键问题。首先，在用笔上“用张芝、柳、虞草法，拓而为大”，这种拓展是在保持字体势态的前提下完成的拓大，并且尽量做到用笔精到。其次，通过结字的俯仰有姿、欹侧反正、大小疏密等有机结合，造成每一行字左右摇摆的动态曲线，打破平面板滞、凝固的成分，形成作品上下呼应、对比强烈的视觉效果。再次，字与字之间以“势”贯通，多个字体之间势态的相同便组成了字群结构，甚至运用“一笔书”，一笔写就十数字，使得行气更加连贯。最后，引“涨墨法”入条幅作品，造成流动线条与凝固块面的对比，丰富了节奏，或者舔墨初浓挥笔书写，直书至笔中墨渴方休，如此往复，既出现墨色上的变化，表现出节奏感，又连贯了气息，强调了章法上的整体感。

（二）创作“理念”的完善

笔墨表现新方法的出现，为晚明条幅书法发展提供了可供操作的实践基础。条幅书法之所以能在晚明步入成熟，技法上的完备只是外在表象，内在“理念”的完善才是最根本的原因所在。晚明社会审美风尚以及艺术家创作心态的转变，为条幅书法的发展提供了新的指导思想，使得条幅书法创作“理念”最终得以完善。

邱振中先生认为“横卷可以是为自己而创作，而条幅无一例外是为了展示”[①]，点出手卷与条幅在创作目的上的不同。手卷的展示方式，使它只能是文人的案头品玩，适合个人或几个亲密的朋友观看；而大幅立轴，因为纵向延伸，更适合悬挂在厅堂这种公共场合以供众人观赏。白谦慎先生指出一个有代表性的现象：王铎存世的临书作品，手卷、册页形制的临作比较忠于范本，那种混杂性的拼凑大多发生在立轴上。[②] 他进一步解释说：“那些立轴……由于书风豪放和文本拼凑带来的戏剧性和荒诞性，其视觉冲击力当能吸引观者的注意。”[③]也就是说，条幅为了展示的特性与书法家意图表现的创作心理有了切合，并在条幅书法作品中得到了协调统一。那么，通过条幅书法，书法家想要展示的究竟是什么呢？书法家所展示的这种东西必然贯穿在字里行间，成为支撑他们创作的精神起点。

王铎的混杂性临帖，对法帖随意割取、拼凑，使这种创作成为一种难以识读的文字游戏。白谦慎先生认为，弥漫于这种游戏之中的是晚明社会尚“奇”的审美风尚。他在谈到这种风尚时说：“来自不同社会背景的人们怀着不同的目的，用不同的语言，从多种角度来谈论和使用‘奇’，‘奇’于是成为人们关注的重点和议论的中心，这就造成了一种社会语境，处于这种语境中的人们，好奇的猎奇，骇世惊俗的标新立异之举受到鼓励和激扬。”[④]尚“奇”审美观影响下的晚明书家，一方面在风格上不断进行创新，标新立异，不蹈他人窠臼；另一方面，意图表现的

---

① 邱振中：《书法的形态与阐释》，中国人民大学出版社 2005 年版，第 53 页。

② 白谦慎：《傅山的世界——十七世纪中国书法的嬗变》，生活·读书·新知三联书店 2006 年版，第 51 页。

③ 同②。

④ 同②，第 25 页。

世俗心理受到鼓舞，更喜欢利用条幅来进行创作。这样，条幅的创作不仅在数量上急剧增长，在艺术风格上也不断翻新，条幅创作才能实现艺术上的不断成长。

至此，由手卷到条幅，书法家的创作心理也彻底完成了一次主流形态的更换，即由晋唐时期书法创作心态与日常生活心态的水乳交融转变为两者的分离，创作中的情感永远在对创作有充分自觉的精神下展开，不再与生活中的情感掺杂，书法创作已经成为有意识的艺术创作活动。所以，在徐渭与王铎的条幅作品中，不会出现颜真卿《祭侄文稿》那般情感的复杂运动过程，而通篇只是一种情感状态的展示。晚明社会尚“奇”的审美风尚以及书法家创作心态的转换，成为完善条幅书法创作理念的最关键因素，并在作品中不断得到展示。正是由于这两方面的发展，才使得条幅书法的创作在晚明时期获得了更大的发展空间，在艺术水平上获得不断提升终至化境。

（三）代表性书家与经典作品的集中涌现

创作思想与技法的完善，为晚明条幅书法创作提供了可靠保障。在这一阶段，书法条幅创作在质与量上都得到了显著提高，代表性书家集中涌现，如徐渭、张瑞图、黄道周、倪元璐、王铎、傅山等人，一起将条幅创作推向了艺术最高峰。这些书家虽然都还有手卷类的创作，但他们对于新时代的开拓意义已不在于此，他们在书法上的成就主要体现在对条幅书法创作的开拓上。通过这批书家的不断努力，书法史的发展已经由以手卷为主流的时代发展为手卷、条幅并盛的时代，并且表明了中国书法史的一次转变，即书法家的创作心态由自为忘情过渡到自觉意识阶段，书法家进行创作时的心态已很难回到王羲之、颜真卿、苏轼那种忘情的状态，进而转变为有意识的艺术性创作，这种心态同样体现在徐渭、王铎等人的主要手卷创作之中。

自此，经典的、可以被后世临摹学习的条幅作品开始大量出现，徐渭的《夜雨兼春韭诗轴》《草书杜甫怀西郭茅舍诗轴》，张瑞图的《李白独坐敬亭山诗轴》，黄道周的《洗心诗轴》，王铎的《忆游中條山语轴》《自书芙蓉诗轴》《临豹奴帖轴》《再芝园诗轴》等都是后世学习条幅书法的优秀范本。这种经典作品在同一时期的大量涌现，说明在明代晚期，书法条幅的创作已经进入完全成熟阶段。

四、结　语

条幅书法在明代的发展，经历了早、中、晚期三个阶段，由低到高，逐渐从早期的平淡无奇过渡到后期的灿烂辉煌，成就了众多条幅书家，更成就了明代的书法，使得明代书法有了可与前代比肩的艺术成就。自明代开始，条幅书法的盛行，使对书法的欣赏从魏晋兴起的文人自娱式的“案头品玩”，变成了张挂于厅堂以娱人的“壁上观赏”。自此之后，条幅书法装裱之后的立轴作品，与卷轴书法一起成为书法展示的主流形态。徐渭、张瑞图、黄道周、倪元璐、王铎、傅山等人，更是通过书法条幅的创造，在书法史上留下了浓重的一笔，也正因为他们的不断创新，使得条幅书法在明代之后拥有了正统地位，获得了更大的发展空间，此举在书法史上具有重要的开拓意义。

石塘渔区宗教信仰流变与海洋传统文化保护

邵银燕[①]

（温岭市文广新局文化遗产保护中心　浙江温岭　317500）

内容摘要　位于浙东南沿海的石塘渔区历来宗教信仰繁盛，民间信仰和外来宗教信仰在该区域同存共荣。近年来，外来宗教信仰因传播方式等原因带来了信众快速增长，逐渐削弱了本地民间信仰在区域内的地位和影响。为此，必须加强对外来宗教信仰的认识、管理和引导，以强化海洋传统文化的保护，提升民族的软实力，努力实现海洋强国之梦。

关键词　宗教信仰　海洋传统文化　流变　影响　保护

宗教是一种具有完整理论体系的特殊社会意识形态，而民间信仰则是一种在特定社会经济文化背景下产生的以鬼神信仰和崇拜为核心的民间文化现象。宗教和民间信仰虽然在学术上是两个不同的概念，但从广义上看，宗教和民间信仰有着相同的信仰本质特征、相近的社会属性和相交的现实生活。民间信仰作为平民进行的宗教活动，它植根于传统文化，经过历史沉淀并

---

① 邵银燕(1967—　)，女，群文馆馆员。工作单位：温岭市文广新局文化遗产保护中心。

延续至今，虽不像宗教那样具有经典、组织和系统的教派，但在“偶像崇拜”上，民间信仰要比宗教更为彻底。温岭石塘为浙东南渔区，历来为宗教信仰繁盛之地，既存在与海洋相关的民间信仰，也包括外来的宗教信仰，两者在渔区共存、发展，并对该区域的经济、社会、文化发展产生了一定的影响。

一、石塘渔区宗教信仰概况

石塘镇地处浙江东南，区域面积 28.47 平方千米，海岸线长 5.5 千米，常住人口 7.2 万，辖 60 个行政村，其中纯渔业村 56 个。石塘依山临海，人多地少，生存条件差，加上靠近海洋，气候变化异常，台风经常袭击，自然灾害频繁，海洋资源较为丰富，依靠大海求生是主要的生存方式，恶劣环境和艰苦生产、生活方式，产生了石塘众多的宗教信仰，堪称浙东南最典型的代表。

石塘自古以来民间信仰场所众多。据 2008 年数据统计，56 个渔村共有民间信仰场所 118 处(33 处为无名小庙)，所祀主神达 98 个，其中以妈祖、禹王为主。从村镇密度来看，平均 2 个左右；从地域密度来看，0.23 平方千米就有 1 座；从人口密度来看，480 人左右就有 1 间庙宇。可见，石塘的民间信仰是宗教现象，也是文化现象，更是一种不可缺少的生产、生活方式。

例如，基督教从新中国成立前开始传入温岭，温岭最早的教堂为 1893 年建造，以后逐渐推广传播。从 20 世纪 80 年代开始，在石塘得到了较快的发展，据《温岭市志》(尚未正式出版) 2007 年 12 月统计数据表明，温岭全市基督教场所建造最多的是石塘，共有 18 家教堂(登记在册)，为全市之最，人数为 2.1869 万，占总人口的 33%。2014 年通过实地个案调查，走访东海村教堂，了解到该教堂为周边东海村、东山村、东湖村、新海村、小箬村共同使用，5 个村共有 4500 多人，信众达 1600 人(小孩三分之一，男人三分之一)，占人口总数的 35%以上，其中，东海村一半人口信教，小箬村 70%以上人口信教。走访鹿头嘴、花岙、水仙岙一带，信教占一半，即便像里箬村这样的闽南移民传统文化发祥地，信教也有四分之一。可见，近年来基督教发展之迅速。

二、石塘渔区宗教信仰流变原因

从上述数据我们可以看到，石塘渔区宗教信仰特别是外来宗教呈迅速增长趋势，而民间信仰则呈现出此消彼长态势。即使民间信仰在场所上有所扩张，但信众则面临较大的流失。分析原因，首先在于以下的不同。

1. 内核不同

石塘民间信仰按来源可分为佛教、道教等，当地泛指这种信仰为“信佛”的，其他神主具有很大的普适性，已被佛、道所吸纳。中国历史基本上都是儒、道、佛三教合流，儒家的人伦秩序，道家的张扬个性，佛教的终极关怀，三者融合构成了中华文化的完整文化体系。他们在本质上俱是教人向内体认，无论儒家的成圣成贤，道家的白日飞升，佛家的脱离轮回，皆认为每个人身上都具备成圣成道成佛的潜能，关键在于如何修养、修炼与苦参。而基督教则认为人天生即是罪人，人与神之间只存在拯救与被拯救的关系，具有叫人向外寻求的特性。因而，基督教和三教不存在相通甚至融合之可能，无法较好地融合在一起。

2. 形式不同

(1)建筑上，石塘民间信仰建筑坐落于“风水宝地”，一般地势较高，都是闭合的院落结构，大部分有百年历史，色彩斑斓，但一些小庙小庵也较为破败。而基督教则都是选择在热闹繁华地段，建筑西化，高大、新颖、有气派。

(2)设施场所上，石塘民间信仰除了宗教设施，还有生活设施、文化娱乐设施，功能较为齐全。基本上香烟缭绕，供品不断，往来香客众多，给人杂乱、物质的感觉。而基督教教堂设施新颖、洁净、宽敞，能够容纳众多信众礼拜，在肃穆、庄严的氛围中，倾听钢琴声和美妙的乐音，不啻是一种美的享受和精神休憩。

(3)经文上，佛教从印度文音译而来，大都有深奥难懂之感，通过枯燥的诵经形式，来祈祷和祈福、祭祀。而圣经是世界上翻译各种文字最多的经典，通俗易懂，为信众所喜闻乐见。

(4)相对来说，民间信仰的收费名目和项目更多。

3. 方式不同

首先，石塘民间信仰以老年人为主要成员，一般都是个体、自由、自在的方式，通过点香和神祇进行心灵沟通，以保平安、健康、顺利，传播仁爱精神。而基督教一般以妇女为主要成员，一般都是集体、组织的方式，通过每星期一次的礼拜，集中信众，由牧师布道，唱赞美诗，通过身边事例分析教义，以传播博爱精神。其次，民间信仰较模糊，虔诚度较低，信众之间彼此的走动、关爱，并非制度化、系统性的，信仰的可变性较高。而基督教信仰对象明晰，虔诚度高，强调串家走户、基层团契，更具团队性和严密性，和上帝的沟通也是通过祈祷和悔罪来洗刷自我的罪孽。

综上所述，民间信仰和外来宗教在内容、形式上的不同导致了信众群体的不同，但最重要的因素是基督教在石塘渔区的传播方式导致了其快速扩张。

(1)女性主导，加入教会。随着经济的发展，渔家妇女从过去繁重的体力劳动中摆脱出来，有了更多悠闲的时间，在闲聊和相互来往中，你拉我，我拉你，产生了群体入教的连锁反应，加上有些现代知识女性，更是崇尚西方理念和生活方式，由于她们掌握经济和家务，而男性基本上在海洋上作业，在家庭的时间不多，因而，通过主妇—丈夫—孩子，产生了全家入教的模式。当然，平时礼拜的时候往往都是以女的为主，而在圣诞节则全部参加。

(2)经济帮助，加入教会。渔区的民众平时在经济上有求于他人，互帮互助也是常有的事，通过这种方式，教友说服他人加入，如果他人并不坚持原有的信仰，那么也就顺理成章成为教友了。

(3)困难帮助,加入教会。它的特点是更多地访贫问苦,在弱势群体中间、在边缘社会中发展。教友都具有很强的团队和博爱精神,这种关心弱势群体、关爱他人的做法能够赢得人心,特别是对精神不好的人都带来心理的疏导作用,缓解平复心态,有着一定的抚慰作用。

三、宗教信仰流变对渔区海洋传统文化的影响

毋庸置疑,宗教信仰对人类和社会起着积极的作用。从个人来讲,有道德约束和自我完善的作用,有利于民众素质的提高和道德规范的坚守;从社会、群体、民族和国家来讲,宗教信仰是制度、法律之外的强有力的社会自我调节力量,有益于社会和谐和稳定,传播爱的正能力。但是从海洋传统文化的角度来说,它包含着民俗文化、宗教文化、人文风情等丰富内涵,反映着我们民族的海洋生活的特质和风貌,是民族特有的文化基因和符号。渔区民间信仰几千年发展历史,已经和本土文化高度融合,成为海洋传统文化的重要组成部分。而外来宗教信仰进入中国历史相对较短,其中具有某些不可相融的特质,对海洋传统文化却具有不可忽视的影响力。

渔区密布的寺庙宫观等场所,就是连接传统社会构架的网络体系,这个体系以家庭为分子,以家族、宗族为单位,主要靠口传心授的方式一代代传承,使整个社会形成了牢固的精神“骨骼”,发挥着社会和意识形态上的功能,它有着严格的辈分、亲疏之分,重视族谱的修撰;重视宗祠祭祀,将宗法性和民间生活糅合在一起,让传统文化生生不息。

张国良在《全球化呼唤中华民族文化复兴》一文中指出:民俗文化一直被认为不登大雅之堂,然而,却是民族整体文化的基础部分,是极其重要的文化遗产,比上层文化具有更大的稳定性。中国经济学家也认为,中国的经济发展,他的可持续的、潜在的精神力量是不可能向外求,只可能从自己中国传统

的文化中间去找寻，也离不开儒释道。从温岭渔区的民间舞蹈、习俗来看，很多都与传统宗教有着渊源关系。如石塘渔区的新船首航、春节社戏、渔民作业、婚丧嫁娶都要到庙里祈求；大奏鼓舞蹈、扛台阁、七夕习俗、做道场、谢洋仪式等，也都建立在民间海洋信仰之上。以渔区正月十五扛台阁闹元宵为例，扛台阁和本土信仰关系密切，如箬山的台阁以前有段时间主要是庙里组织的行为，即便现在，尽管是村干部组织的，但一般也从庙里出发。

传统文化是民族和个性的标志，是民族认同、国家凝聚、传统永延、文化传承的重要基因。民族的每个节日都蕴涵着深厚的文化内容和象征意蕴。每一次过节，除了酬神、祭祖、团聚、会友、休整、娱乐等外，无疑都是对民族记忆的一次重温。石塘民间信仰与神主的寿诞日、传统节日、生活大事等日子都是连接传统文化的时间节点，和传统文化有着因果、纽结关系。因而，传统文化如得不到重视，民族文化开始“失忆”“断层”，长久下去，对于子孙后代来说，他们身上已经没有了自己特有的文化身份标识，忘记了自己“所来之径”，成为无根的浮萍，民族的文化性格、文化基因也将泯灭。那么，身份的缺失、自我的缺失，只会带来迷惘和虚无。

四、宗教信仰流变中如何强化海洋传统文化保护

海洋是人类生命诞生的摇篮，也是重要的文明发祥地，在人类社会发展的进程中起着关键的作用。海洋传统文化是传承中华文化的重要组成部分，是我国民族多元文化的重要部分，是国家文化战略的软实力，乃是海洋强国梦的基石。

1. 加强对宗教信仰的认识，固化海洋传统文化的生态链

首先，政府要正确认识宗教，重视其存在的必要性。唯物史观认为，凡是科学达不到或者尚未达到的地方，就必然成为神秘思维活动的空间。民间信仰是任何人类社会和任何民族国家都不可超越的，既包含着迷信的部分，也包含着理性的部分，不仅

不可以否定，而且对人类社会有着一定积极的意义和作用。《中华人民共和国宪法》规定："中华人民共和国公民有宗教信仰的自由。"因而，无论是民间还是外来的宗教信仰都有自由存在的权利。其次，外来宗教文化作为民间信仰的补充，自有其存在的必要，可以成为我们民间信仰吸纳和参照的对象，但这种存在是有条件的，那就是我们生生不息、赖以生存的传统海洋文化强音在中华民族历史的长河中不能变奏，在世界的舞台上，中国的文化更不能失去话语权。外来宗教信仰可以自由选择，特别对于世界中占三分之一信众、传播国家最多的基督教，但更要注重有序发展，同时要与社会主义建设相适应，并实现与传统社会的对话和沟通。为此，从政府到老百姓都要担负起共同的历史使命。

2.加强对宗教信仰管理，永葆海洋传统文化影响力

首先，在全球化、信息化、城镇化进程中，中国传统文化面临着巨大冲击。但不能靠消极的防范"堵"能解决问题，而是要疏导。宗教部门加强管理，以避免宗教的无序发展；对于党员要加强"不信教"约束；对于教师和公职人员要注重教育，使他们具备判断力；特别重要的是，要依法不能让十八岁以下的学生参与宗教活动。其次，海洋传统文化应发挥自己的优势，在下一代的教育中起到积极作用。如温州市洞头县通过旅游和文化的结合，举办成人礼等相关活动，培养了青少年担当精神和社会责任感。温岭也可以通过海洋文化教育基地的建设，通过校本教材，吸引更多的学生加入海洋手工制作、纸亭纸轿、船模、海洋剪纸等心灵手巧的行列中，使海洋文化发扬光大。

3.加强对宗教信仰的引导，拓展海洋传统文化的传播力

首先，本土民间文化长期以来处于被压抑、被忽视的状态，原来像野草那样自生自灭，加上民间信仰的多元、逐利、松散等缺陷，都将带来存续的困境，现在如不重视，其内核将日渐衰微。因而，政府、社会力量要加强课题研究，通过成果转化，构建传统

文化的生态基础，使各种信仰能够在科学、合理的状况下生长，不至于走样、变形。其次，要热爱自己的宗教文化，要有一种“走出去”的战略，要不断地弘扬扩大。可以通过海峡两岸以及全世界的华人传播自己的民族文化，让大家形成炎黄子孙的文化认同和文化自豪，使海洋民俗文化和宗教文化相融相生，在传播中生长，在传播中弘扬，使之走出去和世界其他宗教相衡，和世界文化相辉映。

手工技艺类非物质文化遗产数字化档案建立原则的思考

杨项讷[①]

（东南大学艺术学院　江苏南京　211189）

内容摘要　数字化档案是当前档案发展的重要趋势。非物质文化遗产保护的实现必然需要相关档案记录的支持。本文针对手工技艺类非物质文化遗产的特点，即对文化空间的依赖性、传播的活态性和载体性、传承的排他性和不稳定性，提出了其数字化档案建立的原则：完整性原则、有序性原则和标准化原则。

关键词　手工技艺　非物质文化遗产　数字化档案

非物质文化遗产保护的目的在于促进非物质文化遗产的记录、传播、传承和发展。毫无疑问，档案记录是其基本方式之一。而随着数字化技术的不断演进和发展，数字化档案及数字化档案馆的建立成为必然趋势。在这样的背景下，本文试图就手工技艺类非物质文化遗产的数字化档案保护进行思考，从手工技艺类非物质文化遗产的特殊性入手，思考其数字化档案建立的原则。

---

① 杨项讷（1993—　），女，云南昭通人，东南大学艺术学院硕士研究生。

一、手工技艺类非物质文化遗产传承现状

第一，生产技术进步，机器逐渐取代人工。工业化进程的发展使得越来越多的手工技艺品可以脱离人工，通过机器完成。许多手工技艺类非物质文化遗产往往通过数字图案设计、数字模型建立以及计算机控制技术等，逐步实现机械化生产。虽然文化主体未必会认同机器生产的略显机械僵硬的产品，但是已经意识到其对生产效率提高、经济效益增加的作用。不论是对投资商还是生产者而言，纯手工制作所意味着的时间成本、人力成本及投资回报率都并不理想，甚至在市场竞争力方面也有所不足。这些时间上的花费以及回报的低廉，也在一定程度上致使当代青年对传承技艺的冷淡态度。而伴随着机器广泛使用的是商业化开发，文化产业化开发早已不再是一个新鲜的话题。当然，产业化开发必然增加文化的受众，但也往往进行了文化稀释——过度开发、重复开发现象层出不穷，也淡化了文化主体对文化的归属感。正如学者所说："但在今天的市场经济中，壮锦仅能保留民间工艺品的身份，已不再作为生存的手段，壮锦的意义也只是作为一种民族工艺美术品为人们接受。特别是现代物美价廉的优质纺织品层出不穷，壮锦消费群日益减少，需求量日益锐减。文化整体生态的转化导致壮锦文化流失。"①

第二，社会结构变化，技艺传承无力。传统的手工技艺传承是在自然经济中存在和发展，自然经济极大程度地稳定了当时的社会结构，无论是家族传承、师徒传承或社会传承，都确保了传承之间的代际关系以及传承动力。传统上，手工技艺类非物质文化遗产往往是通过家族传承、师徒传承或社会传承，毫无例外，都是通过口传心授、耳濡目染直至最终学得技艺。随着市场经济的发展，越来越多的青年人离开家乡，选择外出工作或是从

① 丁智才:《民族文化产业视域下少数民族非遗文化的生产性保护——以壮族织锦技艺为例》,《云南社会科学》2013 年第 5 期，第 102 页。

事其他更被市场需要的行业，手工技艺传承后继乏人。没有传承，何谈创新？每一个时代都会对传统进行创新，然而，由于缺乏传承，只能依靠掌握传统工艺的老人进行制作，未能适应时代的变化而创新，其传承发展活力匮乏。

第三，文化记忆萎缩，文化主体的文化自觉缺乏。这几乎是大多数非物质文化遗产都面临的共同的社会大背景。随着全球一体化的不断发展，主流文化搭载各类现代传播媒介，获得了迅速且高效的传播，打破了原本自然的文化传播传承模式，改变了文化主体应接收的文化记忆，使得地方文化或是非主流文化的发展空间一再缩小。这种打破不断减少了文化主体对地方文化、区域民族文化的接触机会，使其失去了与传统文化的“有机联系”，导致了非主流的集体文化记忆萎缩。与此相对的是，主流文化的不断扩散和传播。而文化自觉是基于对传统文化的充分接触和理解之上，对文化的一种自我觉醒、自我认同并自我保护的积极的文化发展心态。无疑，文化记忆萎缩自然导致了文化自觉的缺乏。最终，文化记忆萎缩与文化自觉缺乏成了一个恶性循环。手工技艺类非物质文化遗产亦是如此，甚至影响更甚。手工技艺生产常常不是独立存在的，多与文化记忆和文化空间以及民俗密切相关。当文化记忆、文化空间以及民俗逐渐式微时，无疑很大程度地使其丧失了存在的社会基础和传播群体。脱离了文化记忆和文化空间，文化主体对其文化产品的关注也日益淡薄，何谈工艺传承？

总而言之，生产技术的发展、社会结构的改变及文化记忆的萎缩不同程度地导致了其传播传承窘境的出现。在传统社会中，文化主体处于相应的文化空间并进行文化生产和文化产品生产，文化主体和文化载体两者关系密切，互为动力，相互促进。随着社会结构的变化和主流文化的传播，文化主体的文化记忆萎缩、文化自觉缺乏，文化载体离开文化主体，进行机器生产、商业化开发，两者失去有机联系，最终导致手工技艺类非物质文化遗产传承危机的出现。

二、手工技艺类非物质文化遗产的特点

非物质文化遗产形式多样，内容广泛，不同类型的文化遗产具有不同的特点。透过这些特点，既可以深化对文化遗产的认识，也可以对其保护提出更加具有针对性的意见。就手工技艺类非物质文化遗产而言，除了具有手工性、物质性、艺术性以外，还具有以下特点。

(一)对文化空间的依赖性

这里的“文化空间”不仅是指狭义范围内的非物质文化遗产的一种类型，更是在广泛意义上指构成非物质文化遗产内核的传统文化和传统文化精神，即非物质文化遗产存在的“社会文化空间”。我们可以通过对手工技艺类非物质文化遗产的分类来分辨出这种依赖。从产生的原因及用途来看，大致可将手工技艺类非物质文化遗产分为以下几类：生产生活类、建筑居住类、节庆民俗类、人生礼俗类和信仰民俗类。生产生活类又包括：服饰及配饰类、家具及装饰类、床上用品类、农事用具类、食炊用具类等，除了与实用功能紧密连接的工具类生产外，服饰、配饰、家具、装饰……都与其传统文化和审美相联系。如云南撒尼刺绣，其传统图案多样，富于变化且兼具装饰性，传统上认为刺绣是心灵手巧的标志，审美上讲求别致美观。而随着社会文化空间的丧失，其技艺也发生了相应变化。“虽然阿着底村的女性几乎人人都会刺绣挑花，但不同年龄段的妇女对刺绣技艺的传承情况又有所不同。村中的中青年妇女从事刺绣，主要是为普氏刺绣厂绣制各类绣片，以从中获取经济收入；而老年妇女们则大多绣制背被、围腰带、披肩带、挎包带等传统服饰，以备自用。因此，前者刺绣追求的是质量前提下的速度、数量与效益，而后者刺绣则更注重图案纹样的精巧、别致与美观。”①

---

① 肖青：《石林阿着底村彝族刺绣工艺调查报告》，《民族艺术研究》2005 年第 3 期，第 71 页。

建筑居住类既有相应实用功能又有相应审美功能，两者往往难以分割。正如孟琳在《“香山帮”研究》中所指出的那样：“‘香山帮’匠人的手艺营造出的是一种生活的方式，同样，吴地人的性情审美也都反映在了营造技艺过程中的精微之处。”[①]节庆民俗类、信仰民俗类、人生礼俗类的手工技艺与文化空间的密切联系自不必说，也正是因为这种文化空间的依赖性赋予了手工技艺产品独特的文化属性。

(二)传播的活态性及载体性

这里的活态性强调的是其生产的实践、创新、发展、传播的具体过程。载体性可以说是对上一特性的一种延续，制成的手工技艺产品必然附着相应的文化内涵，传递了相应的文化信息。这种载体性在很早的时候就已经被大家认识，萧何一句“天子以四海为家，非壮丽无以重威，且无令后世有以加也”，既是对皇权的注脚，也是对物品象征性、载体性的极佳表现。从语言学角度来看，手工技艺品好比“能指”，是文化传统的物态形象，而蕴含的文化意义则是其“所指”，是具体社会中的文化意义。这也表明了手工技艺品所可能包含的多种“活态的”社会含义。“绣球也是如此。从定情物到吉祥物，承载着壮民族历史文化、体现着壮民族的精神面貌的绣球，当下更多的是作为壮族的文化符号，出现在广西各级政府的公务活动和重要场所。”[②]在不同的语境下，它的含义可能截然不同。在这个意义上，它的活态性和载体性形成统一。无疑，它是隐性文化的物质外衣。

(三)传承方式的排他性及不稳定性

手工技艺类非物质文化遗产的传统传承方式主要有师徒传承、家族传承、作坊传承、社会传承。在传统社会中，它们无疑具有相当的稳定性和优越性。手工技艺类非物质文化遗产既是物

---

① 孟琳：《“香山帮”研究》，苏州大学出版社 2013 年版，第 250 页。

② 丁智才：《民族文化产业视域下少数民族非遗文化的生产性保护——以壮族织锦技艺为例》，《云南社会科学》2013 年第 5 期，第 102 页。

质的又是文化的。与其他类型的非物质文化相比，其生产性是最为明显的。它之所以可以经历漫长的历史时期一直传承下来，既有文化因素，也有物质因素。它最终会通过物化形式来表现，并带来一定的物质变化，甚至经济收入。这给师徒、家族、作坊、社会传承提供了双重动因。尽管存在着家族传承以血缘为纽带，作坊传承与经济效益相连，社会传承则是社会传统认识下的群体传承形态的差异，但从根本上来说，它们都是区域性师徒传授制度，传承主体单一，传承方式固化，传承活力不足。一直以来，手工技艺都是通过口传心授、耳濡目染实现技艺的代代相传和积累创造。而社会结构的改变，使其传承的文化空间和社会氛围发生变化，文化继承者的单一和缺席，最终导致了其传承的不稳定性。也正是因为这样的原因，非物质文化遗产的档案记录刻不容缓。

手工类非物质文化遗产的特殊性决定了其数字化档案建立的原则：文化空间的依赖对档案的整体性提出要求，传播的活态性和载体、传承方式的排他性及不稳定性，对档案的完整有序、有效传播提出要求。

三、手工技艺类非物质文化遗产的数字化档案建立原则

“世界记忆工程”“中国传统音乐档案数字化计划”“城市记忆工程”……都展现出对非物质文化遗产和数字化档案建设的关注。然而，当前仍是数字化档案的发展初期，学界仍未对其达成共识。《非物质文化遗产档案管理理论与实践》一书中，综合学者的观点后，认为“非物质文化遗产的档案主要包括三大部分”：(1)非物质文化遗产本体档案；(2)申报与保护工作中形成的档案；(3)传承人档案。[①] 故此处的数字化档案所指的主要是

① 周耀林、戴旸、程齐凯等：《非物质文化遗产档案管理理论与实践》，武汉大学出版社2013年版，第67—68页。

数字化的遗产本体档案、申报与保护中形成的档案、传承人档案及原有电子档案、档案元数据。作为一种新型建档方式，数字化档案既能吸纳传统档案信息，又能利用相关技术对建档对象进行更为深入的记录、挖掘和高效传播，更加符合当代文化遗产保护、发展和传播的趋势。而针对手工技艺类非物质文化遗产的特点，在以项立档、以人立档的基础上，对其数字化档案建设提出了以下原则。

(一)完整性原则

这可以说是任何档案最基本的原则。档案是实践过程的历史记录，这种记录是对历史现实最真实的反映，只有足够完整的档案才能真正反映历史的真实。在档案发展的初期，由于理论知识和实践经验的缺乏，往往很难实现档案的完整记录。尽管如此，在档案管理的发展过程中，档案有机联系理论不断完善，全宗原则，即在建档、归档中，注重被记录的对象在整个活动过程中形成的档案有机整体得到相应的重视和实践。

虽然非物质文化遗产的数字档案记录仍处于基础阶段，档案记录理论阐释和实践经验都在积累之中，但是其记录对象常常都是经历了发展的成熟阶段，走向衰落的过程中。换言之，与其他档案相比，非物质文化遗产的档案客体具备了较好的完整性。想要实现对其客体的良好记录，就必然需要反映这样的完整性。对手工类非物质文化遗产来说，主要体现在以下两个方面：

(1)基本信息的完整性。由于手工技艺类非物质文化遗产的生产者常常是文化程度不高的传统老艺人，虽然他们身怀绝技，但通常难以将自己掌握的工艺进行有效的记录和书写。因此，完整性的第一要义就是要尽可能完成与手工技艺相关的基本信息的记录。面临的问题：数字化档案的基本信息包含哪些？数字化档案的主要信息来源是传统档案的数字化记录及原有电子档案。手工技艺类非物质文化遗产的数字化档案同样如此。与数字化档案相比，传统档案发展已经较为成熟，在基本信息采集、记录和分类方面优势明显。因此，数字化档案对传统档案内容的延续是档案发展的必然过程。同时，数字化档案基本信息还包括相关的背景信息和元数据。归档的元数据同样是对档案及档案客体形成整体认识的重要部分。还需要指出的是，传承人及实物档案的建立。传承人是非物质文化遗产技艺和文化的集中代表，对其数字档案的建立也是非物质文化遗产数字化档案完整性的应有之义。二维图案再现及三维模型建立的技术的发展，为数字再现实物提供了重要技术支撑。相关数字档案的建立，既是完善文化遗产档案的重要方面，也是实现其有效传播的重要途径。

(2)文化空间的完整性。这里主要是指狭义的文化空间。档案建立又必须考虑精准、简洁以及储存空间的大小。广义的文化空间是一个过于宽泛的范畴，与档案的本质特征和职能相左。基本信息的完善仅仅是档案记录的第一步，由于文化遗产的特殊性，仅仅依赖基础信息无法反映文化的整体面貌，很难“以一斑窥全豹”。手工技艺类非物质文化遗产对文化空间独特的依赖性，使档案记录时必然需要考虑其存在的文化空间。如果没有对相关文化空间的记录，其文化内涵难以表现，好比只有丝线，难以想象最终织成的布匹。“非遗档案的建立必须遵循来源原则，不能割裂档案之间的有机联系，也不能割裂档案与所形成人文环境和自然空间的有机联系。而且在非遗建档过程中，我们不能只关注各种非遗的表象，要‘尽量记录每一种遗产所包含的文化因素’，要深入观察和记录蕴藏在非遗中的内涵和精神。”[①]因此，对文化遗产文化空间的记录需要利用文化事项之间的关联性，建立卷宗的关联性，以便对文化遗产形成整体性认识。

另外，对基本信息完整性及文化空间完整性的重视与非物

---

① 王云庆、陈建:《非物质文化遗产档案展览研究》,《档案学通讯》2012 年第 4 期,第 36 页。

质文化遗产保护的整体性原则相一致。从现实意义上说，则是构建社会记忆、深化历史文化认识、培养民族文化自觉性及档案数字化发展的必然要求。

（二）有序性原则

档案自身具有的相互关联性和整体性说明了在认识、解读档案时的一种整体性思维，有序保存则是这种整体性思维形成的必要条件。也只有有序保存才能为档案的动态调试增补提供空间。从数字档案自身的职能来看，有序存档、归档是实现档案高效检索、查阅及长期保存的基础。这也是档案有机联系理论对档案管理的现实意义，是我国档案发展与世界实现交流的必然要求。

只有完整有序的档案，才能有助于认识理解手工技艺类非物质文化遗产。对手工技艺类非物质文化遗产而言，有序性原则即是将其基本信息档案、相关信息档案、延伸信息档案进行合理的组织、编号、分类、立卷、案卷排列和案卷目录整理等。全宗整理是档案整理最基础的工作。它好比是建房的砖石，砖石为建造工作提供了足够的发挥空间。因此，此处重点说明手工技艺类非物质文化遗产全宗整理的有序性原则。全宗整理可以分为全宗之间的整理分类和全宗内的档案分类。一般来说，在档案建立过程中，全宗之间的整理分类——“全宗群”——并不是归档、整理、统计中必需的实体单位，在实际操作中具有较强的灵活性，故在此不做过多讨论。而全宗内的档案分类标准主要有时间、来源、内容、形式。针对文化遗产类的内容属性来说，内容分类更具有合理性。其主要分类方法有问题分类法、实物分类法、地域分类法、专业分类法。在具体的档案分类过程中，往往是几种方法综合使用。问题分类又称为事由分类，即按文件内容所说明的问题对象分类。尽管问题分类法具有更多的主观因素，在采用时需要更加谨慎，但对手工技艺类非物质文化遗产而言，问题分类法既有利于展现其全貌，也能灵活处理文化遗产中出现的特例。同时，还需要考虑到该档案的稳定性和延续性。

显然，实物分类法、地域分类法、专业分类法更有利于实现档案的稳定性和延续性。因此，对其全宗内的整理，总体表现出以问题分类为导向，兼实物、地域和专业分类法。我国非物质文化遗产名录数据库系统也展现出了这种取向。数据库页面上方导航条是我国非物质文化遗产的十大类型：民间文学、民间音乐、民间舞蹈、传统戏剧、曲艺、杂技与竞技、民间美术、传统手工技艺、传统医药、民俗。页面内容除了“申遗动态”栏目外，有以非物质文化遗产等级分类及地域分类的查询栏目，以及除民俗外的九大类型非物质文化遗产信息栏目。而档案信息化管理中的分级集成，“即遗产所属地域上的级别（国家、省、市、县及以下）集成也包括了遗产本身的级别（世界级、国家级、省级、市级）和类型集成”[①]。这也有效处理了不同地区的相同文化遗产档案建立与区分的问题。此外，档案的长期保存性也要求档案建立的有序性。长期性既是档案本身的职责，也是实现非物质文化遗产保护的必然要求。内容上的有序性是实现档案长期保存和内容延续的基础。简而言之，档案是手段，保护是目的，传承是根本，这样的发展目标决定了数字化档案的整体性、有序性。

（三）标准化原则

归档、存档的有序性和长期性，要求档案整理分类具有相当的稳定性和延续性；而标准化是获得稳定性和延续性的重要途径。一定意义上，标准化也是文化遗产数字档案有序性的延伸。随着档案馆档案利用的方式从馆员利用走向资源利用再走向用户利用，相关资源数据库以及数据检索系统的建立是数字化档案开发的必然方向。标准化的数字档案建设有助于其数据库、检索系统的建立、使用和推广，从而实现文化遗产的传播。当前，国家各类电子文件的归档管理方案，诸如国家标准《CAD电子文件光盘存储、归档与档案管理要求》，行业标准《全国革命历

① 周耀林、戴旸、程齐凯等：《非物质文化遗产档案管理理论与实践》，武汉大学出版社2013年版，第257页。

史档案数据采集标准》《民国档案目录中心数据采集标准》《明清档案目录数据采集机读目录数据交接格式》等的颁布与实施，也反映了当下数字化档案标准化的现实需求。

手工技艺类非物质文化遗产的数字化档案的标准化原则，在内容上表现为遗产本体档案、申报与保护中形成的档案、传承人档案及原有电子档案、档案元数据的信息标准化采集、记录和整理等；形式上表现为数据储存格式标准化、元数据格式标准化等。“为了使分散在不同地理位置上的文化艺术组织或非物质文化遗产利用者能够共享信息，需要在档案数据库的建设初期就制定好统一的标准规范，如数据采集和记录标准、压缩格式规范等。现阶段，我国信息化领域国家标准相关的有《GB20530—2006 文献档案资料数字化工作导则》《电子文件归档与管理规范》《DAT31—2005 纸质档案数字化技术规范》等可供参考。”[①]当前国内并未颁布与文化遗产数字化档案相关的执行标准，对国外相关成功经验的吸收是标准化发展的重要方式之一。1993 年，加拿大著录标准委员会完成了该国的档案著录规则(*Rules for Archival Description*，简称 RAD)。“该规则主要由四部分组成，分别是一般著录规则(general rules for description)、多媒体全宗(multiple media fonds)、文本文件(textual records)、图形数据(graphic materials)。”[②]“RAD 主要应用多层级著录的原则来著录档案。多层级著录指的是根据档案管理组织的架构(外部架构)以及档案编排的方式(内部架构)来进行著录。”[③]至 2008 年，RAD 已经远不止这四个部分，新的扩充内容包括制图数据(Cartographic Material)、建筑技术绘图(Architectural and Technical Drawings)、动态影像(Moving

① 周耀林、戴旸、程齐凯等:《非物质文化遗产档案管理理论与实践》，武汉大学出版社 2013 年版，第 262 页。

② 黄霄羽:《外国档案管理学》，中国人民大学出版社 2008 年版，第 160 页。

③ 同②，第 161 页。

Images)、音频数据(Sound Recordings)、电子信息记录(Records in Electronic Form)、缩微记录(Records on Microform)等等。这对手工类非物质文化遗产数字化档案的标准化实践,尤其是在多媒体全宗、图形数据、多层级著录等环节的处理上,必然有重要的启示意义。简而言之,标准化是数字化档案发展的必然要求,也是实现手工类非物质文化遗产数字档案的有效建立和高效传播的重要方式。

档案记录是文化重构和创新的基石,而数字化档案传播速度的突破、传播内容的丰富、传播形式的多样,极大地改善了传统档案的传播效率。立足当前,展望未来,整体性、有序性、标准化的手工技艺类非物质文化遗产数字化档案才能真正实现档案的开发利用,才能满足新形势下对数字档案的需求。

四、结　语

非物质文化遗产保护不是一时之功,而是一个不断学习、不断反思、不断创造的动态过程。数字化档案的保护仅仅是为这样的努力提供一个更加坚实的"物质基础",希望借此能最大限度地实现对手工技艺类非物质文化遗产的记录,以期为后续的发展提供支持。

云南省非物质文化遗产的数字化保护述评

杨建荣[①]

（云南省非物质文化遗产保护中心　云南昆明　650032）

内容摘要　数字化技术的发展普及，为非物质文化遗产保护开拓了新方向、提供了新手段，非物质文化遗产保护进入数字化保护时代。近些年，虽然国家在非物质文化遗产数字化保护方面做了大量的工作和尝试，但仍处在探索发展阶段，如何更好地利用数字化技术为非物质文化遗产保护服务仍有一个探索和实践的过程。本文结合工作实践，对数字化技术在非物质文化遗产保护中的运用及非物质文化资源数据库的建设进行探讨，希望能对今后的非物质文化遗产保护工作有所帮助。

关键词　非物质文化遗产保护　数字化　非物质文化遗产文化基因数据库　非物质文化遗产资源数据库

非物质文化遗产是各民族传统文化的珍贵记忆，是人类滋润心灵世界、值得人类倍加珍惜的精神家园，它对人类的生存与发展具有独特的价值。然而，在我们迎来社会经济快速发展和科技日新月异的时代的同时，却面临着传统文化的快速消失和

---

① 杨建荣，男，汉族，云南省非物质文化遗产保护中心职员。

自我文化迷失的问题，非物质文化遗产面临着损毁和消亡的威胁。抢救和保护非物质文化遗产已成为我们守护心灵家园、保护文明之根的重要工作。数字化保护利用现代科技发展的新成果，为我们开拓了非物质文化遗产保护的新方向、提供了新手段。

一、非物质文化遗产数字化保护

数字技术和网络技术发展已经成为非物质文化遗产数字化保护的直接推动力。数字化的发展普及到了生活中的方方面面。新媒介的产生和传播手段向数字化的转型对社会生产的行为标准和方式产生了巨大影响，要求与之相关联的各环节生产和产品数字化对接。网络化和智能手机的普及已深刻地影响了人们的生活、生产方式。据中国互联网络信息中心（CNNIC）发布的第34次调查报告显示，截至2014年6月，我国网民规模达6.32亿，其中手机网民达5.27亿，网民中使用手机上网的人群占比提升至83.4%，相比2013年底上升了2.4个百分点。[①] 数字化已成为当今时代的主要生产、生活方式，非物质文化遗产保护也必将踏上数字化保护这一时代洪流。运用科学手段保存、保护中华五千多年来留下的灿烂辉煌、丰富多彩的文化遗产，对于承续优秀的人类文化传统和人类社会的可持续发展都具有重要的意义。

数字化是将许多复杂多变的信息转变为可度量的数字、数据，再以这些数字、数据建立适当的数字化模型，把它们转变为一系列二进制代码，引入计算机内部，进行统一处理，这就是数字化的基本过程。[②] 多媒体技术已成为数字化处理的主要手段，多媒体技术是通过计算机对文字、数据、图形、图像、动画、声

---

① 2014年7月21日，中国互联网络信息中心（CNNIC）在北京发布第34次《中国互联网络发展状况统计报告》数据。

② ［美］尼葛洛庞帝：《数字化生存》，胡泳译，海南出版社1997年版。

音等多种媒体信息进行综合处理和管理，使用户可以通过多种感官与计算机进行实时信息交互的技术。（在计算机行业里，媒体有两种含义：第一种是指传播信息的载体，如语言、文字、图像、视频、音频等；第二种是指存贮信息的载体，如 ROM 和 RAM、磁带、磁盘、光盘等，主要的载体有 CD-ROM 和 VCD、网页等。本文中所探讨的数字化就是基于此两种媒体的多媒体技术，它贯穿于信息采集、存储、利用的整个过程，而不是拘于传播信息的多媒体技术。）

结合工作实际，笔者认为，数字化保护就是利用多媒体技术将我们需要保护的信息经过数字化处理来进行保护的过程（如数码拍摄、摄像、录音、二维成像、三维成像和全息影像技术等就是常见的数字化手段），这个过程贯穿于信息的采集、存储、展示利用等环节。

数字化保护契合非物质文化遗产保护的特点，是一种非常有效的手段。

非物质文化遗产种类繁多、内容复杂，涉及十大类别，综合性的文化遗产有它的基本特点：(1)独特性；(2)活态性；(3)传承性；(4)流变性；(5)综合性；(6)民族性；(7)地域性。但究其本质，最主要的特点是活态性、流变性和传承性。

基于多媒体技术上的数字化保护契合这些特点，能让非物质文化遗产以数字化方式"活起来"，而非物质文化遗产更侧重于活态性、流变性的传统技艺、技能和知识的传承，因而对其进行有效保护的难度非常大。过去通过文本、图片、录音的方式对非物质文化遗产项目进行保护，产生大量的实物信息，这既不能全面准确地记录所需保护的信息，也不便于后期的整理利用。通过数字化保护实践，对非物质文化遗产进行数字化保护是一项非常有效的手段。如在项目信息采集时使用数码拍摄、录音、摄像、二维三维或全息扫描等数字采集技术，最大信息量地把需要保护的项目信息进行数字化采集收录，最大限度地呈现其原真性面貌；在项目信息存储时，通过多媒体技术编辑、整理和分类，建立文字、图片、声音、影像甚至是全息影像形式的虚拟现实，最大限度地还原项目信息，通过多种载体的数据存储设备建立数据档案库。目前，数据库是最主要也是最重要的数字化存储方式，它相对传统存储方式体积小、存储量大并能实现人机交互，管理使用方便；项目信息使用时通过强大的检索引擎和网络技术可实现检索的可视化、便利化、信息呈现完整化，直观地再现项目信息。通过数字化保护，可以很好地把非物质文化遗产中活态、流变抽象的文化现象保存和展现出来。如通过全息影像技术，我们可以模拟展现出火把节的现场节日盛况，让人身临其境；通过三维技术，我们可以实现人机互动地展现木雕技术。非物质文化遗产数据化保护便于网络化，通过互联网技术，可以方便各种调查表格和文件的传递和共享，促进不同地域的专家、学者及研究人员之间的交流，也可以拉近非物质文化遗产与大众的距离，便于传播和普及非物质文化遗产相关知识。

数字化保护的突出优点是具有较好的稳定性和可靠性、存储空间小、信息处理方便、易于进行压缩及复制，一次投入可反复使用，投入与产出比高，从长远来看更经济实惠，也便于后续的研究、开发和利用。运用数字技术对非物质文化遗产进行真实、系统和全面的记录并建立档案和数据库，是全面深入推进非物质文化遗产保护工作的必然要求。

二、云南省非物质文化遗产数字化保护现状

（一）云南省非物质文化遗产数字化保护基本情况

1. 建立健全四级保护名录数据库档案

2005 年 3 月 26 日，国务院办公厅下发的《关于加强我国非物质文化遗产保护工作的意见》中明确指出：“要运用文字、录音、录像、数字化多媒体等各种方式，对非物质文化遗产进行真实、系统和全面的记录，建立档案和数据库。”云南省积极开展了非物质文化遗产数字化保护工作的探索和实践，2005—2006

年，云南省分阶段逐步建立起四级保护名录体系，并公布了第一批147项省级保护名录。2006年5月20日，国务院公布第一批国家级非物质文化遗产名录，云南省34项入选。2006年6月的第一个文化遗产日活动期间，云南省召开了全省非遗保护工作会议，认真贯彻落实《国务院关于加强文化遗产保护的通知》精神，提出进一步完善国家级、省级、州市级、县级非物质文化遗产保护名录的文字、图片和影视档案，按照科学化、规范化的标准，建立非物质文化遗产档案数据库。截至2013年10月，云南省已基本完成三批云南省非物质文化遗产保护项目的数据化采集和存储建档工作。

2. 云南省非物质文化遗产保护中心先行建成省级非物质文化遗产数据档案库和网站

2007年，云南省非物质文化遗产保护网（www. ynich. cn）正式独立开通运行，同年，云南省文化馆非物质文化遗产保护中心数据库建成。2011年11月，云南省非物质文化遗产保护中心成立（独立建制，下简称“云南省非遗中心”），云南省非遗中心数据库与原云南新闻图片社民族文化数据库合并，使其数据量得到扩充，功能进一步完善，云南省非物质文化遗产保护网得到发展。云南省非遗中心的组建也使其职责和功能得到进一步发展和完善，信息采编部和资料管理部的建立使云南省非遗中心具备了集数据化信息采集和存储管理为一体的功能，加强了数字化保护的力度。

3. 以国家数字化管理系统试点项目为契机建成辐射全省的数据库管理系统和管理平台

2013年，云南省国家级名录项目梅葛、白族扎染和彝族烟盒舞被列为国家非物质文化遗产数字化管理系统试点项目，云南省先后在楚雄、大理、红河等地开展数字化保护培训工作。试点项目为云南省数据库建设打下了良好基础，为促进非遗数字化保护工作全面、深入地开展创造了条件，提升了云南省数字化保护工作体系和数字化保护标准的水平。截至2014年底，云南试点工作取得了一定的成果，3个试点项目已有1047条资源信息录入非物质文化遗产数字化管理系统，其中文档资源48条，图片资源678条，音频资源86条，视频资源168条，全面、细致、真实、科学地记录了3个试点项目的保护传承情况。在建立国家级、省级非物质文化遗产名录项目和传承人数据库的基础上，设计开发名录和传承人数据库管理系统以及工作管理平台，并完成了覆盖全省档案及数据库管理人员的培训，为16个州（市）配发了建设档案和数据库需要的笔记本电脑和单反数码相机，形成了云南省非物质文化遗产数据库省、州（市）、县（区）三级网络化管理体系。

4.围绕数字化保护建立了集采、编、储为一体的人才队伍

云南省非遗中心成立后，整合了原云南新闻图片社信息采编部的工作职能，建立了一支专业非物质文化遗产数字化保护信息采编队伍，整合了原省文化馆非遗档案管理和原云南新闻图片社民族文化数据库，组建了一支专业数字化资源管理队伍。

2014年3月，云南省非遗中心抽调非遗专家，摄影、摄像、录音、文字等专业技术人员组成数字化采集工作组，并按国家中心《非物质文化遗产数字化保护专业标准数字资源采集规范》（讨论稿）和《抢救性记录工程业务标准》（讨论稿）的要求，根据云南省多民族、不同地域多元文化的特征，分类别制定调查提纲，并在对工作组人员进行了相关培训后，赴德宏、临沧、红河、普洱、保山、迪庆等地区进行数字化采集、拍摄。经过近一年的采集拍摄，完成传统舞蹈傣族孔雀舞、拉祜族芦笙、傈僳族阿尺木刮、佤族木鼓舞，传统技艺葫芦丝制作技艺、傣族剪纸、阿昌族户撒刀锻制技艺、傣族纳西族手工造纸技艺、藏族黑陶烧制技术，民间文学达古达楞格莱标、阿细先基、牡帕密帕，传统戏剧腾冲皮影戏等13个项目的数字化采集拍摄工作（其中国家级非遗项目12项，省级非遗项目1项），采访了39位传承人（其中国家

级传承人16人，省级传承人17人，州市、县级传承人6人）。采集了13个项目约175个小时的高清、高保真音、视频资料，1万多张图片和20多万字的文字资料。通过数字化抢救性拍摄工作，锻炼了云南省非遗数字化建设人才队伍，迈出了数字化保护工作的第一步，在全省起到了示范性作用。

同时，通过向外派员培训、向下指导培训来培养云南省非物质文化遗产数字化保护队伍。如参加在湖北省举办的"全国非物质文化遗产数字化保护摄影摄像专题培训班"。与中国艺术研究院（中国非遗数字保护中心）合作，分别在大理市、石屏县召开了"非遗数字化管理系统试点培训会"，对云南省非遗中心、楚雄州非遗中心、大理市非遗保护管理所和石屏县文化馆从事非遗数字化保护的相关人员进行了培训。2015年初，云南省先后组织了云南非物质文化遗产业务骨干培训班，针对性地就数字化保护从实践到理论进行了培训。以点带面、由上至下逐步建立起一支辐射全省的专业非物质文化遗产数字化保护队伍，为促进非物质文化遗产数字化保护工作全面、深入地开展创造了条件。

（二）存在的基本问题

1.与丰富的资源相比，数字化保护率低

云南省是一个多民族省份，非物质文化遗产数量众多且项目种类齐备，资源丰富。相对于如此丰厚的非物质文化遗产，项目的数字化保护率却较低。虽然实现了四级名录申报项目及传承人信息的数字化，但这些收录的数据信息相对于项目本身和传承人而言是不完备的，仅能满足项目申报的需要，其中文本数据化所占比重较大，图片及音频、视频比重不足且质量参差不齐。同时，除四级名录外，还有很大一批非物质文化遗产项目和传承人未能纳入数字化保护范畴。民间一些组织和个人进行的数字化保护也未能形成体系，采集的数字化信息碎片化，缺乏系统的整理归档，大大降低了其价值。

2. 数字化保护处于探索阶段，数据化保护形式单一

数字化保护在非物质文化遗产保护方面极具优势。然而，我们还处于数字化保护的探索阶段，对数字化认识不足。一是数字化处理手段单一，仅局限于实现文字、图片、音像等简单的数字化处理，未能充分利用多媒体技术。多媒体技术发展可为非物质文化遗产保护提供更多手段，如全息技术可以重现真实的场景，互动动画可以根据观者需要展现工艺流程，中国博物馆中的三维动画版《乾隆南巡图》可直观放映出乾隆南巡的整个过程、手机应用软件“卯榫”可以把中国传统木工中各种卯榫结构直观拆解出来，让人一目了然，甚至可以照此制作。这些均是很好的数字化保护应用实例，为我们提供了可借鉴的经验。二是未充分认识到数字化保护应贯穿于非物质文化遗产项目的数字信息采集、存储、检索利用等环节，要综合利用数字化技术。当前，数字化保护缺乏统一的标准和规范，各地在非物质文化遗产数字化保护工作的具体实施上差异较大。数字化保护侧重于采集和存储，偏重于存储（即数据库建设），由于缺乏统一标准和规范，信息采集专业化程度不高，致使采录、存储的大量数据资料参差不齐；同时，检索技术落后，未能实现可视化、智能化，利用率低下，给下一步的保护和利用工作带来很多不便。三是孤立看待数字化保护，未能充分认识数字化在非物质文化遗产网络化保护[①]利用上的作用。网络是非物质文化遗产保护的重要手段，因为其宣传、展示、检索、研究和开发利用等，都依赖于网络而运行。而非物质文化遗产数字信息资源则是支撑网络化的基础，尤其是数据库的建设。因此，在开展非物质文化遗产数字化保护时，应综

---

① 结合网络化释义与工作实际，笔者认为非物质文化遗产网络化保护是指利用通信技术和计算机技术，把分布在不同地点用于非物质文化遗产保护的计算机及各类电子终端设备互联起来，按照一定的网络协议相互通信，以达到所有用户都可以共享软件、硬件和数据资源进行非物质文化遗产保护的目的。

合考虑后期的网络化保护使用，而这正是当前非物质文化遗产数字化保护所欠缺的。

3. 缺乏相关数字化保护人才和机构，未形成覆盖全省的数字化保护体系

非物质文化遗产种类繁多，分支庞杂，其保护是一个跨学科的综合性工作。目前，云南省数字化保护工作的开展，急需一支既熟悉非物质文化遗产保护知识，又精通现代信息技术的复合型人才队伍。

截至目前，全省除云南省非遗中心外，有迪庆州、大理州等4个州（市），丘北县、玉龙纳西族自治县等7个县建立了独立建制的非物质文化遗产保护单位。从掌握的情况看，除云南省非遗中心建立了专业数据库和采编队伍外，其他单位还未建立或正在计划筹备自己的数据库和采编队伍。相对于云南省丰富的非物质文化遗产资源和繁重的保护工作来说，能进行专业数字化保护的机构严重缺乏。

数字化保护本身也是一个系统综合性的工作，集采编、存储、检索利用为一体，涉及的专业多，只有把各个环节的工作系统地统筹起来形成数字化保护体系，才能最大效益地发挥保护作用。2013年，云南省虽然有3个项目被列为全国首批非物质文化遗产数字化管理系统试点项目，但建立云南省统一规范的数字化标准仍处在探索试验阶段，形成标准化、体系化还有待时日。

4. 缺乏完善的非物质文化遗产资源数据库平台和信息使用平台

非物质文化遗产资源数据库平台是集数据、数据库、数据库管理系统与操作数据库的应用程序，加上支撑它们的硬件平台、软件平台和与数据库有关的人员，构成一个完整的数据库系统。简而言之，存储非物质文化遗产数据的软、硬件存储系统，数据库管理系统和存取数据的软件平台等，具体由数据库著录系统、

数据处理整合系统、检索系统、备份系统等组成。以云南省非遗中心非物质文化遗产资源数据库建设情况来看，虽已经初步构建起一套规范的软、硬件存储管理系统雏形，但仍处于初期建设阶段，硬件设施仍需进一步补充完善，软件系统平台还待继续开发建设。离建成数据库著录、处理整合系统化，信息检索可视化、智能化和信息使用平台网络化还有一段距离。省级以下非物质文化遗产资源数据库平台和信息更是缺乏，从整体上来说，还未建成完善的非物质文化遗产资源数据库和信息使用平台。

三、非物质文化遗产数字化保护的思考与建议

（一）加快云南丰富的非物质文化遗产资源数字化转换工作

云南省非物质文化遗产资源数量多且项目种类齐备、资源丰富，但数字化保护率低。截至 2014 年，云南省经各级政府批准公布了 8590 项非物质文化遗产保护名录，其中国家级 90 项，省级 197 项，州（市）级 2881 项，县（区）级名录 5422 项；全省已命名非物质文化遗产项目代表性传承人共有 3698 人，其中，国家级 69 名，省级 824 名，州（市）级 970 名，县（区）级 1893 名等。随着调查、申报和保护工作的不断深入，这些数字还将不断被刷新。目前，云南省虽然已经建立了四级保护名录数据库档案，但所收录的数据资源也局限于申报资料，相对于丰满生动的项目本身而言，数字化率还比较低，还有许多未被纳入保护体系的非物质文化遗产项目散落民间未进行数字化保护。

其次，数字化保护速度赶不上传承人保护的步伐。许多国家级、省级传承人年龄偏大，许多身怀绝技的传承人面临着“人亡艺绝”的情况。截至 2014 年底，云南省 69 名国家级非物质文化遗产项目代表性传承人中 75 岁以上的有 19 名，占总数的 27.5%，目前去世 9 名。从掌握的情况来看，云南省国家级、省级传承人已去世 200 多人。虽然传承人的去世不至于出现“人走业消”的情况，但许多具有鲜明个人特色的绝技会随着传承人的去世而消失，这将对非物质文化遗产的传承十分不利。因此，

必须加快非物质文化遗产资源数字化转换工作，为非物质文化遗产保护、传承留下宝贵的数字资料。

（二）构建起多种载体形式的“文化基因数据库”

2015 年 1 月 3 日，有着 600 多年历史的大理巍山古城拱辰楼被大火化为灰烬。在痛心、追悔文物古迹被毁的同时，我们首先要想的是拱辰楼还能不能被重建，而这就取决于文物保护单位之前是否已对拱辰楼进行了专业、细致的勘测和资料的整理收集。这同样适用于非物质文化遗产保护工作。假设某一传统技艺消失了，当我们需要恢复它时，我们是否有足够的资料来恢复这一技艺？非物质文化遗产有别于物质文化遗产的最大特点就是活态性、传承性，对其保护资料的收集、整理就不能是简单的定量收集整理。对于活态的非物质文化遗产的保护，我们可以引入生物学基因的概念。基因是生物记录和传递生物的遗传信息的重要物质，支持着生命的基本构造和性能。只要基因不变，就能忠实地复制自己，以保持生物的基本特征，只要有了生物基因就能完整地复制还原生物体。非物质文化的活态性、流变性正与生物的基因特性相似。同理，只要有足够的非物质文化基因，就可以让其延续下去。这无疑给我们指明了非物质文化遗产数字化保护的关键所在和新的工作方向。

借用基因库的概念建立“文化基因库”，这正是数字化手段的用武之地。利用数字化多媒体技术把承载着非物质文化基因的信息通过文字、图形、图像、动画、声音等多种信息载体，经过整理，存储于如数据库硬盘、光盘、移动硬盘等载体，构建起多种载体形式的“文化基因数据库”来进行综合处理和管理。当然，目前的存储方式主要以数据库为主。构建起多种载体形式的“文化基因数据库”，有利于信息的存储安全和使用安全，有利于不同媒介的传播、展示，从而使“文化基因数据库”能够安全、稳定地保存下来。2014 年，收集整理、出版了一到八届云南省民族民间歌舞乐展演的光碟和画册，并经数字化处理永久保存于云南省非遗中心数据库。这项工作,使许多参加的展演节目资料不会因时间久远而丢失,为弘扬云南优秀传统文化抢救、保存了一批珍贵的非遗资料。

(三)重视标准化、规范化建设

规范化和标准化在非物质文化遗产数字化保护中起着十分重要的基础作用,处于顶层支撑地位。非遗数字化保护标准规范,需从技术标准、管理标准、专业标准各个层次上覆盖我国非物质文化遗产的所有门类,贯穿于非物质文化遗产保护工作的各个环节。目前,因为缺乏国家层面的统筹规划和统一的标准规范,各省在非物质文化遗产数字化保护工作的具体实施上差异较大,进展缓慢。非遗数字化保护标准规范,已成为推进我国非物质文化遗产数字化保护的瓶颈。因此,确立标准、制定管理规范就成了数字化保护的关键所在。2011 年,国家文化部委托中国艺术研究院中国非物质文化遗产数字化保护中心为传统美术、传统戏剧、传统技艺三个门类,通过向社会招标的方式制定数字化标准规范形成草案。2012 年,完成了非遗数字化保护的基础标准《术语和图符》《数字资源信息分类与编码》和《数字资源核心元数据》,完成了民间文学类、传统戏剧类、传统美术类、传统技艺类中的民居营造技艺业务标准《普查信息数字化采集》《采集方案编写规范》《数字资源采集实施规范》和《数字资源著录规则》。在前期工作的基础上,国家中心又拟制了《非物质文化遗产数字化保护专业标准数字资源采集规范》和《抢救性记录工程业务标准》(讨论稿)。可以看出,国家正在为制定国家层面的统筹规划和统一的标准规范积极努力。

云南省非物质文化遗产资源类型丰富,门类齐全,在进行非物质文化遗产数字化保护时遇到的问题也较具典型性,具有范本意义。2013 年,云南省国家级名录项目梅葛、白族扎染和彝族烟盒舞被列为非物质文化遗产数字化管理系统试点项目。云南省应以试点为契机,一是积极配合国家中心做好试点工作,认真总结工作中的问题和经验,努力为国家标准化的制定提供云南经验；二是严格按照标准化、规范化来开展工作，从试点开始就把重视标准化、规范化作为数字化保护的重要工作来抓，形成一套系统的工作制度。

（四）建立健全保护机构，重视数字化保护人才培养

从保护实践来看，非物质文化遗产保护机构的缺失是制约保护工作的主要因素。目前，从建立了专门保护机构的州（市）、县情况来看，非物质文化遗产数字化保护也开展得比较好，如大理市的白族扎染技艺被列为国家非物质文化遗产数字化管理系统试点项目；迪庆州非遗保护中心通过政府采购，吸收社会技术力量完成了“阿尺目刮”“迪庆锅庄”项目全景拍摄制作并建立了多媒体电子展厅。《中华人民共和国非物质文化遗产法》第七条明确规定了县级以上地方人民政府文化主管部门负责本行政区域内非物质文化遗产的保护、保存工作；《云南省非物质文化遗产保护条例》第三十六条，对设立非物质文化遗产保护机构进行了规定，凡非物质文化遗产资源丰富的地方，州（市）、县（市、区）人民政府应当高度重视并统筹解决非物质文化遗产保护机构和人员编制问题，使非物质文化遗产保护工作真正落到实处。

人才是非物质文化遗产保护工作的重要因素，对非物质文化遗产保护事业起关键作用。因此，必须重视人才队伍的培养。建立健全完善的人才队伍和科学合理的培养机制就显得尤为重要。《云南省非物质文化遗产保护条例》第三十五条，对加强非物质文化遗产保护工作队伍建设和人才培养做了专门规定。非物质文化遗产保护涉及类别多、种类繁杂，要求从事非物质文化遗产数字化保护所需的人才是复合型人才，这就要求我们结合非物质文化遗产数字化保护工作的特点和工作实际，建立和完善人才队伍及培养机制。通过制定合理的人才配置和有效的培养计划，挖掘、开发、培养人才队伍。在人才培养中，坚持“内部培养为主，外部培养为辅”的原则，并采取“理论加实践，具体指导，逐个提高”的方式进行循环培养，并建立完善的激励机制来鼓励创新和研究工作、培养复合型人才，更好地为非物质文化遗产保护、传承服务。

（五）重视非物质文化遗产资源数据库和信息使用平台的研发工作

非物质文化遗产资源数据库平台和信息使用平台是非物质文化遗产数字化保护的重要基础和主要内容。建立非物质文化遗产资源数据库不是为了死守资源，如何便捷、高效地使用数据库资源为非遗保护工作服务才是建库的根本目的。重视针对非物质文化遗产资源特点的数据库和信息使用平台的研发工作就显得尤为重要。如何有效组织数字资源，既能方便用户检索和利用，又具有良好的展示效果，吸引公众的参与，为普及、传承非物质文化遗产知识服务就需要我们思考。如何去架构既符合非物质文化遗产资源特点，又能容纳新技术应用的简明而优化的信息服务平台就需要我们去探索和研究。

借鉴数字图书馆、数字博物馆的成功经验和结合非物质文化遗产保护的工作实际，非物质文化遗产资源数据库和信息使用平台应是集存储智能化、管理便捷化、使用网络化、检索可视化为一体的智能化平台，具有完善的检索功能、良好的展示功能和充分体现用户良好的参与性，在运行和使用时应具有很好的安全性和稳定性，具体到“数据库建设框架中，应设有普查管理系统、申报管理系统、名录管理系统、传承人管理系统、资源管理系统、检索系统等独立模块”①。同时，数据库建设中还应预留添加模块的功能，为今后工作中根据保护和管理工作需要来添加和修改留有余地。数据库建设中还应充分考虑兼容性，系统设计应根据国家非物质文化遗产保护工作四级管理体制的架构来设计，建成后的数据库可以通过联网来完成保护工作流程，也可以按行政区划进行选择性的数据交互传输，实现信息资源共

① 王路：《非物质文化遗产保护工作的数字化应用》，《数字化时代文化遗产的保护和展现——中美文化论坛文集》，文化艺术出版社2010年版，第123页。

享。数字技术的飞速发展，为建设、发展提供了多种技术手段和选项，重视非物质文化遗产资源数据库和信息使用平台的研究将会不断地提升非物质文化遗产保护的工作水平和成效，为我国非物质文化遗产保护事业做出积极的贡献。

（六）重视和吸收社会力量参与非物质文化遗产数字化保护工作

非物质文化遗产资源数字化保护是一项庞杂的工程，包括数字资源的采录（包括资源普查、田野调查、拍摄等），数据库的建设和管理以及后期的展示、运用等。所需人才涉及多个领域，如田野调查、指导采集资源和整理申报是文化、艺术领域专家、学者的所长；而在资料的整理归档、确立数字资源的标准和规范，以及数据加工和录入等方面，又是长期从事档案管理、技术编辑和计算机信息技术等领域的专家的特长；在数据资源采集、三维建模、全息影像展示等方面又是影视艺术方面专家的专长。

非物质文化遗产资源数字化保护是一项意义重大、影响深远的工作，也是一项耗资巨大的工程。我国非物质文化遗产保护坚持“政府主导、社会参与”的工作原则。《中华人民共和国非物质文化遗产法》第十五条对重视和吸收社会力量参与非物质文化遗产数字化保护工作，必须坚持政府主导的原则做了明确规定。目前，非物质文化遗产数据库的建设单位主要包括各级文化行政主管部门、非物质文化遗产专门保护机构、高等学校的研究机构和图书馆等。重视和吸收社会力量参与非物质文化遗产数字化保护工作，有利于弥补人才和资金的不足，有利于发挥社会技术优势来参与非物质文化遗产数字化保护。国家中心通过招标，吸收社会专业技术力量参与“非物质文化遗产数据库资源建设及数字化标准规范制定（一期）”工作；云南省非遗中心也与佳能公司合作，对云南省部分非遗项目进行了拍摄，形成了云南省非物质文化遗产影像数据库。

数字化保护还面临着技术、资金、人才等问题，但真正制约非物质文化遗产数字化保护发展的主要原因是对非物质文化遗产数字化保护的认识和重视不够。在许多地方进行的数字化保护还停留在解决数据库有无的问题，或者是走走形式，既浪费了资金，也耽误了时机，有的地方甚至没有专门从事非物质文化遗产数字化保护的机构和人员。当前，非物质文化遗产数字化保护已成为必然要求，只有积极主动地把握数字化时代契机，才能为非物质文化遗产保护事业打开新局面。